特別支援教育のための障害理解

未来に開かれた教育へ

濵田 豊彦 [監修]

東京学芸大学特別支援科学講座 [編]

金子書房

まえがき

2030年の特別支援教育を目指して

　令和3年1月に中央教育審議会答申としてまとめられた「令和の日本型学校教育」では，2020年代に「個に応じた指導」と「協働的な学び」によってすべての子どもの可能性を引き出すことを目指しています。すべての子どもの中には多様な障害により学習や集団参加に困難をもつ子どもたちも当然含まれます。

　教育環境を変えていく要因の1つとして子どもたち一人ひとりが1台の端末を持つGIGAスクール構想も具体化してきています。ICTの活用はさまざまに教育の形を変えていくといわれていますが，特に特別支援教育の対象児には効果が期待されています。例えば文章を音声化したり音声を字幕に変換したりすることもできるでしょうし，静止していた写真を動画にして動かすことでより視覚的にも理解しやすいものにもできます。そして何より個々に応じた最適な課題を繰り返し学習させることが容易になります。

　ジェームズ・キャメロン監督の『アバター』という映画がありましたが，怪鳥に乗って樹々を飛び跳ね大活躍する主人公は，現実世界では車いすの宇宙飛行士でした。バーチャルリアリティの世界は視覚障害の子どもと聴覚障害の子どもとマヒで発音が不明瞭な子どもが自由にコミュニケーションをとることも可能にするかもしれません。バリアを乗り越えてさまざまな体験を子どもたちに提供し，協働的な学びを一層深めてくれる可能性があるのです。

　その一方で，生身の人としてのかかわりが求められるのも特別支援教育であることは間違いありません。表出方法や理解の幅が大きく振れる子どもたちにはICTが即機能するのは限定的な場面です。子どもたちの細かな反応を読み取り，タイミングを計りながら適切な情報を提供していくことは，生身の教員だからこそできるのです。そして，この生身のかかわりの蓄積が次世代のICT活用にも寄与していくのだと思います。

　このような活動を通じてこれからの10年で教員の役割が大きく変わってくる可能性があります。子どもたちが知らないことやできないことを教員が教える形式は終わりにきているといっていいでしょう。知らないことはICT

を操作すればすぐに答えが得られます（それも一教員が教えられるよりもはるかに多くの最先端の情報を得ることができます）。ですから，これからの子どもたちに必要なことは，得た知識や技能を自分自身の目標に向かって活用していく力を身につけさせることです。教員が子どもたちを制御できている授業が良いわけでなく，子どもたち一人ひとりがいかに学びの主体者となっているかが良い授業の指標になるでしょう。そのためには教師の役割は"TeachingからCoaching"に移行しますし，face to faceをして教えるから子ども自身の学びの伴奏者としてside by sideの関係に変わっていくのだと思います。

　これまで，特別支援教育では各障害の障害特性に応じた学習方法や指導方法について多くの知見を積んできました。これらの蓄積は貴重なもので，それをないがしろに前進することはできません。本書では，初めて特別支援教育に触れる方にもわかりやすく，そしてある程度経験を積んだ方にもさらに学びを深めてもらえるように各障害種の専門家が執筆をしています。基本部分を含め関心のある章から学んでもらいたいと思います。

　2030年に向けて大きく変わっていくであろう特別支援教育の中に，この本を手にされた一人ひとりが大きな理想を描いてほしいと思います。特別支援教育の究極の目標が"インクルーシブな社会の形成"にあるなら，特別支援教育の対象は障害がないとされる子どもたちも当然含まれることになります。共に学ぶ中で子どもたちが何を得ていくのかしっかり見極めてほしいと思います。

　学びの伴奏者（Coaching）の基本は，子どもたちにその教科や領域に興味を掻き立て好きにさせることです。そのためには教師をはじめ障害児にかかわる人たち自身が協働することを喜び，感動し，そして学び続けることが求められます。本書がその一助になればこれ以上の幸せはありません。

監修者　濵田　豊彦

4章

聴覚障害 ·· 41

1. 心理・病理 ·· 41

2. 聴覚障害児の教育・指導法 ································ 52

5章

知的障害 ·· 62

1. 心理・病理 ·· 62

2. 教育・指導法 ··· 72

9章

言語障害 ……………………………………………………………………… 161

13章

学校における特別なニーズへの対応 ····························· 235

1章

特別支援教育・インクルーシブ教育とは

1. はじめに

　本章では，特別支援教育やインクルーシブ教育の理念や，これまでの展開について概観する。特別支援教育とは，さしあたり，障害や疾患その他に伴って学習上の困難のある幼児・児童・生徒の一人ひとりのニーズを把握して，その主体的な学習や生活を支えるための仕組み，と定義することができる。3章以降で学ぶそれぞれの種類の障害，7章で重点的に取り上げられる（小児慢性）疾患，13章で取り上げられる貧困等の困難，それらに伴う一人ひとりの教育的なニーズに応じて，教育的活動（授業に限らず，制度のような枠組みを作ることなども含めた公教育の全般的な取り組み）を展開することといえる。英語ではspecial needs educationの語があてられることがほとんどであり，その対象となる子どもを，children/students with special educational needsと説明することがある。これらの語を直訳すると，特別（な）ニーズ教育，特別な教育的ニーズのある生徒となり，前述した，一人ひとりの教育ニーズに応じるという趣旨はよりわかりやすくなるだろう。

　日本では，かつては特殊教育という表現が使われていた。歴史的には，いわゆる通常の教育（regular education）ではないものを指して用いられた表現であり，現在でいう特別支援学校や特別支援学級，通級指導学級など，特別な場で行われる教育を主には指していた。しかし，現在では，どのような学校，学級かといったことにかかわらず，子ども一人ひとりのニーズに対応したものを広く指している。言い換えれば，いわゆる通常の学級でも特別支援教育は展開されているといえ，まさに本書が，小学校，中学校，高等学校のようないわゆる通常の学校の通常の学級での教育実践を目指す大学生も読者として想定した書籍として企画されたことと深く関係している。そのことの手がかりとなる理念として，インクルーシブ教育がある。

　インクルーシブ教育は，特別な教育的ニーズのある子どもも，そうでない子どもも，可能な限り一緒に学ぶことを目指す理念や枠組み，といえる。英語の"inclusive"は直訳すると，包摂，包括といった訳語があてられること

が多く，さまざまな（究極的にはすべての）子どもを含みこんだ教育の理念とシステムということができる（システムについては2章参照）。

2. 特別支援教育・インクルーシブ教育の展開（1）教育の機会を確保する試み

　本節では，特別支援教育やインクルーシブ教育の取り組みを支える理念や思想について解説する。ただし，1. で指摘したように，特別支援教育の方向性をより明確に示すため，特殊教育やその仕組みが作られるプロセスから解説する。なお，これ以降は障害や疾患その他に伴う困難を有する子どもについて，冗長さを避けるために，要支援児などと表記することとする。

　障害のある子どもの教育が可能，あるいは必要とみなされるようになったのは，概ね18世紀以降と考えられる。私たちが現在知っているような（あるいは3章以降で扱うような），聴覚障害，視覚障害，知的障害，肢体不自由といった，それぞれの障害への先駆的取り組みは，その時期，形態も異なる。例えば，18世紀のヨーロッパでは，聴覚障害（聾）の子どもが社会で生活できるようにするという慈善的な動機から教育が始まったとされている。子どもの学習の権利あるいは発達の権利と呼ぶような感覚というよりは，一種の救済活動としての教育の側面が強かったと考えられている。ここでは，大きく2つの実施形態について触れる。1つめが，富裕層が個人で実施するもので，例えば自分の子どもに財産を継がせる，自分の子どもが社会でそれなりの経済活動をしながら生活していくことを目指して，家庭教師のような人材による教育に近い形で展開された。比較的よくとられた方法が口話法で，音声言語で話すことが，社会に適応していくうえで必要だと考えられていたことを傍証している。もう1つの流れはキリスト教会が中心となって行われた教育活動で，主な対象になったのは，貧困層の聾児とされる。特に経済的な理由で教育の機会を十分に得られていないような子どもに対して行われ，手話が活用された。

　視覚障害教育においても，18世紀に先駆的な取り組みがヨーロッパにおいてなされている。盲院という，現在でいう入所施設の機能も併せもったような学校で，現在でいえば貧困児童を対象とした，職業自立を目指すようなタイプの子どもへの教育と，職業的な自立が難しい場合に，家族などの負担

2

軽減を目指すような教育と，大きく2つの目的があったと考えられている。そして対象には成人も含まれていた。現在では，学齢期として，学校教育，初等中等教育を受ける時期がある年齢層に限定されているが，ここではさまざまな理由で教育機会に恵まれなかった人も含めて対象になっていたことが知られている。

　肢体不自由教育の先駆とされるのは1830年代のミュンヘンでの職業教育学校だとされる。肢体不自由の子どもの教育には，外科的な意味での肢体不自由児へのケアが前提にある。その肢体不自由児が治療の対象になるか，改善するための手立てが科学的，医学的な意味で用意されるかによって，将来仕事ができるくらいのスキルや知識を身につけることの可否が推測され，教育機会の確保の根拠とされていた。もちろん，単に身体機能を改善するだけではなく，現在用いられている表現に即せば，学びやその経験自体が治療効果を伴う，つまり心身両面についてポジティブな効果をもたらすとも考えられてきた。

　知的障害教育については，主に19世紀に入ってからスタートしたとされる。他の障害と比べてスタートが遅いのは，教育は不可能だと考えられてきたことがその理由の1つといえる。19世紀前半，現在では用いられない言葉であるが，知的障害は「白痴」と呼ばれていた（以下，知的障害に相当するカテゴリーの旧称はいずれも歴史的用語として用いる）。その子どもたちに対する教育者として，フランスでイタール（Itard, J. M. G.）やセガン（Seguin, E. O.）といった名前が知られているが，知的障害のある子どもに対してどこまで教育が可能かという，いわば実験的な取り組みがなされていた。19世紀中頃になると「白痴学校」あるいは「精神薄弱学校」と呼ばれる，全寮制の施設のような教育機関がアメリカを中心に設立され始める。そして日本では19世紀中頃にヨーロッパの教育情報が入り始めたとされている。19世紀後半には，アメリカで州立精神薄弱施設が設立されている。州立の施設を作ったということは，そこに税金を投与するようになったことを意味している。税金を（一部とはいえ）財源として活用して，社会で障害のある子どもたちの教育を支えるという仕組みが創始された時期ということができる。

3. 特別支援教育・インクルーシブ教育の展開（2） 「特殊教育」の成立

　本節では，主には19世紀以降の「特殊教育」の展開について述べる。特殊教育は英語では"special education"に相当するが，現在から遡及的に見るなら，大きく2つの意味でその特殊性が見出され得る。1つは，肢体不自由などで顕著なように，治療や医学的なサポートを伴うような教育である。18世紀から散発的ではあるものの先駆的な取り組みが見られ始め，障害のある子どもにも教育が可能だとする事例が少しずつ蓄積されてきた。そのことによって，障害のある子どもの教育が，仕組みとして整えられ始めたといえる。もう1つは，通常とは異なるという意味での特殊性である。いわゆる一般教育・通常教育の普及によって，障害のない子どもについても就学率が上がり，世の中で求められる（学習）能力の要求の内容や水準が変化してきたこととも関連している。例えば，経済発展で雇用の情勢が変わり，仕事で求められる読み書き能力が変わることによって，学習内容の水準が高度化し，そのような学習内容が適さない子どもも増えてくることがあり得る。特にこれは知的障害で顕著であったと考えられており，障害のある子どもを中心として，特別な場での，通常とは異なる内容での教育が必要になってきたということでもある。

　現在私たちがIQ（知能指数）やWISCという名前，呼称でイメージする知能検査は，20世紀初頭のフランスにおいて，当時でいう精神薄弱の子どもや学業不振児への対応のために開発された。支援が必要な子ども，特に知的な意味で支援が必要な子どもを早く見つけるためのツールとして，知能検査は開発されている。実際，この時期のヨーロッパの一部では，一種の補習教育のシステムが作られ始めている。特に支援が必要な子どもを抽出指導し，一定の成果が見られたら元のクラスに戻すという仕組みである。もちろんその補習のクラスに入る時期は個々の子どもの状況により異なるが，個々の学習の困難に応じた指導の萌芽とも解釈することが可能である。

　日本国内における展開も概観しておこう。1872年に学制が公布発布され，その中で国民皆学という理念がうたわれている。すべての子どもに教育を，ということだが，その中で「廃人学校」「変則小学」という名称で，特別な

学校の設置がうたわれていた。1890年には，松本尋常小学校に「落第生学級」が設置され，これが現在でいう特別支援学級の先駆とされている。「落第生」という言葉から推測されるように，通常の教育課程や授業方法についていけない子どもたちを抽出して教育する仕組みといえる。1896年には滝乃川孤女学院と呼ばれる施設，学校が設立され，これが私立の知的障害の特別支援学校の先駆とされている。当時は，劣等児，低能児というカテゴリーで，通常の教育とは異なる，分離した状態で教育を行うという考え方が基本であった。1920年代ころになると，先進国を中心に，児童研究という子どもの心理学，生理学的な研究が進んだことも後押しとなり，現在でいう特別支援学級の設立や増加傾向が見られている。そして，1932年に東京市立光明学校（公立の肢体不自由特殊教育学校），1940年に知的障害の公立特別支援学校として大阪市に思斉学校が開校している。

　20世紀後半の展開も確認しておきたい。日本の公教育を考えるうえで比較的影響の大きかったアメリカの例で説明する。20世紀前半に，教育方法の拡充などの展開を見せた同国であるが，同時に，収容施設の大規模化という展開を見せていた。それに対して，主に1950年代以降に脱施設化運動という社会運動が展開されている。障害のある当事者・保護者が，家族と一緒に過ごすこと，地域社会で過ごすことなどを目指した運動といえる。また，障害等があっても，できるだけ通常に近い生活ができるように，社会をそのように変えていこうという思想が提唱されたことなども背景といえる（アメリカにノーマライゼーションの理念が紹介されたのは1960年代後半）。そして，1975年には全障害児教育法（Education for All Handicapped Children Act, PL94-142）が制定される。これは，障害の程度の重い子どもも含めたすべての子どもに教育をすることを定めたもので，現在の義務教育を考えるうえで重要な法制の1つである。

　紙幅の関係で十分に紹介できないが，日本においては，のぎく寮を設立して精神薄弱児への生活綴方教育を実践した近藤益雄，八王子養護学校との共同研究で精神薄弱児の教科学習の可能性を追究した遠山啓，重度障害児への教育や生活支援に早くから取り組んだ糸賀一雄などの功績が知られている。そして，1979年に「養護学校完全義務化」がスタートしている。それまで就学猶予，免除として，障害が重度であることを理由として義務教育が一部

猶予される場合があった。このことは公教育からの疎外も同時に意味していた。もちろん，完全義務化に向けて，唐突に制度化が実現したわけではなく，京都の与謝の海養護学校（名称当時）などの例に代表されるように，すべての子どもを受け入れることに尽力した各地の実践があったことには注意を向ける必要がある。これらの完全義務化によって，すべての子どもが義務教育の対象となり，日本における特殊教育の量的拡充は一つの完成をみたといえる。

4. 特別支援教育・インクルーシブ教育の展開 (3) 質的な充実へ

　本節では，量的拡充を一応果たした要支援児の教育の質的変化に注目してみたい。先進国を中心に，障害等のある子どもの公教育へのアクセス機会が保障される展開からやや遅れて，障害等のある子どもも，そうでない子どもも，可能な限り一緒に学ぶという理念や思想，実践が模索され始めた。先駆的な例として知られるのは1970年代のイタリアである。「イタリアの実験」と呼ばれるこの取り組みは，日本の特別支援学校に相当する分離型の学校を原則廃止して障害児をいわゆる通常の学校，通常の学級で学べるようにするものである。これらの取り組みは，インテグレーション（integration, アメリカではメインストリーミングmainstreaming）と呼ばれ，日本語では統合という語があてられることが多く，日本でも「統合教育」という語で紹介されたり実践が構想されたりした経緯がある。

　このインテグレーションの普及に大きな影響があったのが，イギリスの『ウォーノック報告（Warnock Report）』（通称）（1978年）である。この報告書では，イギリスにおいて，障害等による特別な教育的ニーズをもつ子どもが5人に1人の割合で在籍することを指摘し，障害のある子どもも，そうでない子どもも可能な限り一緒に学ぶインテグレーションを提唱した。それを受けてイギリス政府は，1980年に政府白書や1981年教育法において，障害や疾患ではなく，個々の子どもの教育的ニーズに応じた教育の枠組みを提示した。

　インテグレーションの取り組みは，障害のある子どもがいわゆる通常の教育にアクセスすることの理念的根拠として，その可能性を大きくもつもので

あった。一方で，インテグレーションは，マイノリティである要支援児が，マジョリティである要支援児ではない子どもたちの集団に統合される，つまりマジョリティ集団のもっている規範や，そこで行われている教育のスタイルに，マイノリティである要支援児が合わせなければならないのか，という指摘も挙げられた。つまり，障害等の有無による二元論を前提としている点に理論的には限界があるのではないか，ということである。その二元論の克服を目指して提唱されるのがインクルージョンである。インクルージョンは，障害の有無や支援の要否によらず，すべての子どもを包摂することを目指していることが特徴といえる。

1994年にはUNESCOとスペイン政府による共催で，サラマンカ会議（特別なニーズ教育に関する世界会議：アクセスと質）が開かれた。ここではすべての子どものための教育（Education for All）の理念と実践をさらに追究すること，インクルーシブ教育をさらに進めることなどが提案され，「特別なニーズ教育における原則，政策，実践に関するサラマンカ声明ならびに行動の枠組み」が採択されている。これは，サラマンカ声明と通称されている。

サラマンカ声明は，インクルーシブ教育を進めようとする実践者，関係者を強く刺激するものであったといってよい。例えば日本においても，2000年前後より，障害のある子どもとそうでない子どもが共に学ぶ機会の拡充や，障害のある子どもの就学する学びの場として，いわゆる通常の学校，通常の学級が選択されることも増え始めた。文部科学省や各地方公共団体の教育委員会等もインクルーシブ教育の実践事例の情報発信や実践事例の報告などを進めてきた側面がある。

そして，サラマンカ声明に示されている勧告の方向性を，より具体的なアクションを伴って進めるうえで重要と考えられるのが，障害者の権利に関する条約（Convention on the Rights of Persons with Disabilities）である。この条約は2006年に国際連合で採択され，日本は2014年に批准しているが，批准までのプロセスで障害者差別解消法の制定など，関連する国内法制の整備が進められてきた。

同条約の第24条が教育条項である。その第1項では，「締約国は，教育についての障害者の権利を認める。締約国は，この権利を差別なしに，かつ，機会の均等を基礎として実現するため，次のことを目的とするあらゆる段階

における障害者を包容する教育制度及び生涯学習を確保する。」と定められており、インクルーシブ教育システムの体制づくりが求められている。同じく第2項では「合理的配慮（reasonable accommodation）」の提供が求められている。合理的配慮とは、障害者の完全な参加を可能にするための、機会の調整や変更を含むもので、学校教育でいえば、個々の児童生徒の状態やニーズに応じた教材の調整などがそれに相当する。そして日本においては、合理的配慮の制度面、財政面等の基盤づくりとして、「基礎的環境整備」が位置づけられている。これは主には国や地方公共団体が、必要な予算措置、制度や法令の整備などに取り組むものである。このような理念や取り組みと連動して、特別支援教育は展開している。つまり、特別支援教育は、個々の合理的配慮を伴う学校教育すべてにつながる実践ともいうことができる。

5. 未来に向けての展望
——ダイバーシティ・SDGsとの関連で

　最後に、特別支援教育やインクルーシブ教育の今後を、本章で十分論じきれなかった内容の部分的提示も含めて展望したい。

　まず、今日の学校教育においては、個々の子どものもつニーズの多様化が挙げられる。障害や疾患だけでなく、言語的な差異（母語が日本語ではない等）、文化的な差異（宗教上の信仰等も含む）、経済的な困難（例えば貧困）などさまざまである。しかもそれらのニーズが重層化する場合もある。個々の子どもが複数の特別なニーズを併せ有している場合、教室のさまざまなニーズが重層的に見出される場合などである。特別支援教育がすべての教育の場で展開されるものであるとしたら、学校教育に携わるすべての人が、それぞれの仕方で特別支援教育の考え方や視点をもって仕事を進めることが求められるだろう。

　そしてインクルーシブ教育を考えるうえで3つの手がかりを示したい。1つはダイバーシティである。ダイバーシティは近年では企業などでも、多様な人材を含みこむ組織、チームを作るという方向性をもった取り組みが進められているが、学校教育においても、また学校教育を経験した子どもたちが参入する社会においても、ダイバーシティの理念に基づいた環境設計が求められている（ここでの環境は物理的環境に限らない）。2つめが共生社会の

構築に向けたさまざまな社会理念の関係をもちながら学校教育を展開させることである。一例としてSDGs（Sustainable Development Goals：持続可能な開発目標）を挙げる。SDGsは，特に環境保護等に問題意識をもつ専門家を中心に，教育実践に取り入れられているものであるが，貧困の解消，すべての子どもへの質の高い教育，ジェンダーを含む不平等の解消など，特別支援教育やインクルーシブ教育と共有する理念も少なくない。特別支援教育が，ごく一部の人による，一部の人のためのものではない以上，広く社会のさまざまな取り組みと関連づけながら，特別支援教育やインクルーシブ教育について考えていく必要がある。3つめが，能力観に関することである。障害のある子どもを抽出して特別な指導を行うという取り組みは，ある意味で，その子どもの能力をその子どもに限定されたもの，その子どもが個人の心身の内部にもっているもの，とする前提に立っている。しかし，障害やニーズの有無にかかわらず，子どもの能力が個々に内包するという能力観では，特別支援教育やインクルーシブ教育は成り立たないと筆者は考えている。教室環境，学校環境，社会環境との相互作用において，その子どもの能力が発現するという考え方に立って，これらの子どもの学びと育ちを支えていく必要があるといえる。

（村山　拓）

【引用・参考文献】

○外務省（2019）障害者の権利に関する条約（略称：障害者権利条約）. https://www.mofa.go.jp/mofaj/gaiko/jinken/index_shogaisha.html（2021年5月30日閲覧）.

○柏木恭典・上野正道・藤井佳世・村山拓（2011）学校という対話空間—その過去・現在・未来. 北大路書房.

○Suzuki, S., McCulloch, G., Mingyuan, G., Rao, P. V., & Hong, J. Y.（2021）*The Routledge Encyclopedia of Modern Asian Educators: 1850-2000*, Routledge, London.

○United Nations, Education, Scientific and Cultural Organization & Ministry of Education and Science, Spain（1994）*The Salamanca Statement and Framework for Action on Special Needs Education*, UNESCO.

○Warcock, M. H.（chairman）（1978）*Special Educational Needs: Report of the Committee of Enquiry into the Education of Handicapped Children and Young People*, Her Majesty's Stationery Office, London.

2章

特別支援教育システム

1. システムとしての特別支援教育

　まず，本章のタイトルとして掲げられている，「システム」という語に注目する。システムの語は，社会システム，身体システムなど，さまざまな位相で用いられる。例えば河本は，人間の知識や経験の創発を促すものとしてシステムのとらえ方が変更されてきた哲学の展開をふまえ，システムは「視点の変更に終わるものではなく，また新たな物の考え方を身に付けるものではない。それは経験の形成そのものを誘発するものである」と説明している（河本，2001）。また田中は，「教育という営みは，教育の主体，教育の関係，教育システムと，同心円的に広がっている」としたうえで，「教育システムへの政治的システムからの操作的関与が教育政策である」としている（田中・今井，2009）。さらに，社会的ネットワーク理論を展開するカドゥシン（2012 五十嵐監訳 2015）は，支援システムについて，第1に，支援システムにはさまざまな側面が含まれるが，その根底にあるのは安全の感覚であること，第2に，支援ネットワークが効果的なものとなるためには，システム全体による支援性や，個人が安全やサポートの感覚をもたなければならず，それは「人間存在の究極のパラドックスである」ことを指摘している。

　つまり，特別支援教育をシステムとして理解しようとするとき，以下の3点をふまえる必要がある。第1に，そのシステムの内と外が明確に区別され得るものではなく，他の社会システム（例えば医療システムや政治システム）と相互に関連し合いながら，その機能を果たしていること。第2に，障害や疾患の種別による実践を支えるものとして，特別支援教育システムが機能しており，特別支援教育がその実践者（政策立案者を含む）のあいだで「概ね」の共通理解，共通認識を得るうえでの材料を提供していることである。カドゥシンの表現を援用するなら，特別支援教育が安全な仕組みとして機能するために基盤を提供するものである。第3に，そのシステムは今後の社会情勢や特別支援教育の実践の展開そのものによって変更され得る，可変性を併せもったものであるということである。この点については，章末の未

来に向けての展望で述べる。

このような特別支援教育のシステムを検討するうえで，本章では，理念や実践を支えるシステムとしての，法令や制度（law systemあるいはlegal system）に焦点を当て，次節以降で概観する。

2.　特別支援教育の理念を支えるシステム

本節では，特別支援教育の理念を支えるシステム，法制度を確認する。厳密には，日本国憲法や教育基本法から出発するのが適当であろうが，紙幅の都合により，3章以降との内容面の関連を優先する。

学校教育法は，学校教育を考えるうえでベースとなる法律である。第1条では，特別支援学校も含めて，学校教育法で定められる学校の種類が列記されているが，特別支援教育が，初等中等教育段階においては，義務教育の一環であることも確認しておきたい。同じく，学校教育法の第17条の第1項で，「保護者は，子の満六歳に達した日の翌日以後における最初の学年の初めから，満十二歳に達した日の属する学年の終わりまで，これを小学校，義務教育学校の前期課程又は特別支援学校の小学部に就学させる義務を負う」と定めている。第2項では中学校及び特別支援学校中学部について同様の規定があり，この条文で義務教育が9年であることと，6年プラス3年という義務教育の内訳も定められており，特別支援学校の小学部や中学部も，その義務教育を担う機関として位置づけられていることがわかる。

図2-1では，日本の学校体系が示されている（文部科学省，2021a）。義務教育段階のそれぞれの教育機関が年齢に応じた対応をしていること，小学校と特別支援学校の小学部，中学校ないし中等教育学校前期課程と特別支援学校の中学部とが年齢上対応していることがわかる。義務教育から外れているが，幼稚部と高等部も同様である。また，高等教育段階（より正確にいえば後期中等教育後の教育段階）について，その機会が十分には確保されていないことも課題といえる。

特別支援学校の目的を規定するのが，学校教育法の第72条である。同条では，「特別支援学校は，視覚障害者，聴覚障害者，知的障害者，肢体不自由者又は病弱者（身体虚弱者を含む。以下同じ。）に対して，幼稚園，小学校，中学校又は高等学校に準ずる教育を施すとともに，障害による学習上又

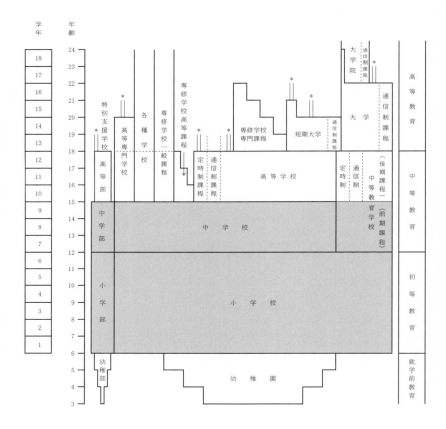

図2-1　日本の学校体系（文部科学省，2021a）

は生活上の困難を克服し自立を図るために必要な知識技能を授けることを目的とする。」とされている。

　ここでのポイントは主に３点である。まず，対象となる５つの種類の障害が記載されている。次に，特別支援学校の役割として「準ずる教育」という表現に注目することができる。幼稚園，小学校，中学校，高等学校に対応して，特別支援学校の幼稚部，小学部，中学部，高等部があり，それぞれ，単に年齢の点で対応しているだけではなく，教育そのものも，それぞれの学校

に準ずる形で，ほぼ対応している，ということになる。さらに，「障害による学習上又は生活上の困難を克服し，自立を図るために必要な知識技能」を子どもが学ぶことが保障されている。これは自立活動（具体的には3章以降の指導法・教育課程の節を参照）が想定されており，それぞれの障害に伴う困難を，軽減するような学習活動が盛り込まれた学習が用意されることが法令によっても定められていることがわかる。

　そして，特別支援教育の場は特別支援学校に限定されないことから，特別支援学級と通級の根拠規定を確認する。特別支援学級については，学校教育法第81条において，知的障害者，肢体不自由者，身体虚弱者，弱視者，難聴者，その他障害のある者で，特別支援学級において教育を行うことが適当なもの，そして，特別支援学級が小・中学校に置かれることの根拠が示されている。さらに，学校教育法施行規則第140条では，言語障害者，自閉症者，情緒障害者，弱視者，難聴者，学習障害者，注意欠陥多動性障害者，その他障害のある者で，この条の規定により特別の教育課程による教育を行うことが適当なものが挙げられており，このような困難を有する子どもについて，必要に応じて通級による指導を実施することができる根拠が示されている。

　1章で紹介したとおり，インクルーシブ教育の理念や実践の普及や蓄積により，いわゆる通常の学級においても特別支援教育が展開される今日，特別支援教育の法制は学校教育全体の法制と相互に関連しながら理解する必要があるといえる。

3.　特別支援教育の実践を基礎づけるシステム

　本節では，特別支援教育の実践を方向づける法制度に注目する。厳密には理念と実践は切り離せないものであるが，どちらかというと，特別支援教育の展開されるそれぞれの場での役割を明確にするという側面に焦点を当てて解説する。

　学校教育法第73条からは特別支援学校に関する規定が続くが，第73条では，対象となる障害の明示が定められている。同第74条では，「特別支援学校においては，第72条に規定する目的を実現するための教育を行うほか，幼稚園，小学校，中学校，義務教育学校，高等学校又は中等教育学校の要請に応じて，第81条第1項に規定する幼児，児童又は生徒の教育に関し必要

表2-1　特別支援学校で学ぶ子どもの障害の程度の目安

区分	障害の程度
視覚障害者	両眼の視力がおおむね0.3未満のもの又は視力以外の視機能障害が高度のもののうち，拡大鏡等の使用によつても通常の文字，図形等の視覚による認識が不可能又は著しく困難な程度のもの
聴覚障害者	両耳の聴力レベルがおおむね60デシベル以上のもののうち，補聴器等の使用によつても通常の話声を解することが不可能又は著しく困難な程度のもの
知的障害者	1.　知的発達の遅滞があり，他人との意思疎通が困難で日常生活を営むのに頻繁に援助を必要とする程度のもの 2.　知的発達の遅滞の程度が前号に掲げる程度に達しないもののうち，社会生活への適応が著しく困難なもの
肢体不自由者	1.　肢体不自由の状態が補装具の使用によつても歩行，筆記等日常生活における基本的な動作が不可能又は困難な程度のもの 2.　肢体不自由の状態が前号に掲げる程度に達しないもののうち，常時の医学的観察指導を必要とする程度のもの
病弱者	1.　慢性の呼吸器疾患，腎臓疾患及び神経疾患，悪性新生物その他の疾患の状態が継続して医療又は生活規制を必要とする程度のもの 2.　身体虚弱の状態が継続して生活規制を必要とする程度のもの

　な助言又は援助を行うよう努めるものとする。」と定められている。これは特別支援学校のセンター的機能と呼ばれている。特別支援学校が，特別支援教育コーディネーターを派遣するなどして，地域の小・中学校等に在籍する支援の必要な子どもについても，その子どもの在籍する学校の教職員と連携して関与するという役割が求められている。

　同法第75条に関連して，学校教育法施行令第22条の3では，特別支援学校で学ぶ子どもの障害の程度の目安が示されている（表2-1）。特別支援学級や通級による指導の対象となる（なり得る）子どもの障害の程度の目安は，文部科学省初等中等教育局長によって平成25年10月4日付で出された「障害のある児童生徒等に対する早期からの一貫した支援について（通知）」（25文科初第756号）によって示されている。

　これらの法令や通知で示されている，子どもの障害の程度の目安は，特別支援教育が行われる（特別の）場で学ぶ子どもたちの，障害の程度について，

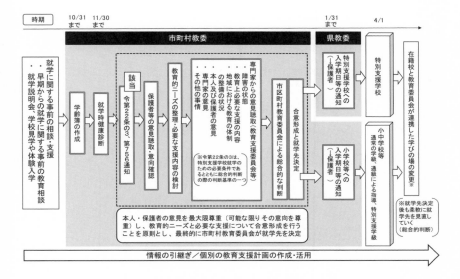

図2-2　就学先決定の手続き（文部科学省，2021b）

ある程度の共通理解を形づくっている。これらの規定を参照しながら，子ど
もがどこで，どのように学ぶのが最適なのか，そのことを検討，検証するの
が，就学支援であるといえる。図2-2には，就学支援の手続き面でのプロセ
スが示されている。学校教育法施行令において，入学期日や就学校の指定等
に関すること，障害等の状態の変化による特別支援学校から小・中学校への
転学等に関すること，就学先決定について，保護者や専門家の意見聴取の場
を設けることなどが定められており，市町村教育委員会や各学校，関連する
機関が，相互に連絡，協力しながら，一人ひとりの子どもにとって適切な学
習の場や形態を検討することになる。そして，その子どもの就学先が一度決
定したあとでも，その子どもの発達や障害等の状態の変化，適応の状況，環
境の変化等をみながら，その子どもの就学先を必要に応じて柔軟に変えるこ
とが求められていることにも留意する必要がある。

4.　特別支援教育の実践を方向づけるシステム

上記で紹介したような，就学先決定を経て，それぞれの子どもが学習を始
めることになる。図2-3は平成29（2017）年現在の特別支援教育の対象と大

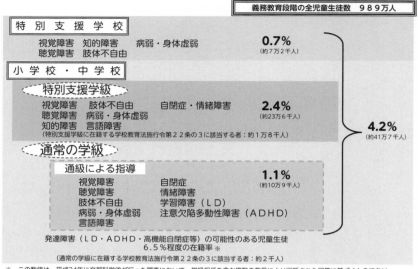

（平成29年5月1日現在）

義務教育段階の全児童生徒数　９８９万人

特　別　支　援　学　校

視覚障害　　知的障害　　病弱・身体虚弱
聴覚障害　　肢体不自由

0.7%
（約7万2千人）

小　学　校　・　中　学　校

特別支援学級

視覚障害　　肢体不自由　　自閉症・情緒障害
聴覚障害　　病弱・身体虚弱
知的障害　　言語障害
（特別支援学級に在籍する学校教育法施行令第22条の3に該当する者：約1万8千人）

2.4%
（約23万6千人）

通常の学級

通級による指導

視覚障害　　　　　自閉症
聴覚障害　　　　　情緒障害
肢体不自由　　　　学習障害（ＬＤ）
病弱・身体虚弱　　注意欠陥多動性障害（ＡＤＨＤ）
言語障害

1.1%
（約10万9千人）

4.2%
（約41万7千人）

発達障害（ＬＤ・ＡＤＨＤ・高機能自閉症等）の可能性のある児童生徒
6.5％程度の在籍率 ※

（通常の学級に在籍する学校教育法施行令第22条の3に該当する者：約2千人）

※　この数値は，平成24年に文部科学省が行った調査において，学級担任を含む複数の教員により判断された回答に基づくものであり，
　　医師の診断によるものでない。

図2-3　特別支援教育の対象と概念図（文部科学省，2018）

まかなウエイトが図示されたものである（文部科学省，2018）。近年，日本
社会は少子化が進み，学齢期の子どもの数も減少傾向にあるが，特別支援学
校，特別支援学級に在籍する子どもの数，通級による指導を受けている子ど
もの数はいずれも増加傾向にある。通級までを含めた特別な指導を受けてい
る子どもは4.2%であり，平成19（2007）年の時点でこの数字は約2.0%であ
ったことと比較すると，支援を要するとされる子どもの数は急増傾向にある
といえる。

　そしてそれぞれの教育の場における子どもの学習内容にどのような特徴が
あるのか，ここでは短く概観する。具体的には教育課程編成上の原理とでも
いうべきものである。例えば，学校教育法施行規則第127条では，特別支援
学校の中学部について，次のように定められている（算用数字の「2」は第
二項の意味である）。

　「特別支援学校の中学部の教育課程は，国語，社会，数学，理科，音楽，
美術，保健体育，技術・家庭及び外国語の各教科，特別の教科である道徳，

総合的な学習の時間，特別活動並びに自立活動によつて編成するものとする。

2　前項の規定にかかわらず，知的障害者である生徒を教育する場合は，国語，社会，数学，理科，音楽，美術，保健体育及び職業・家庭の各教科，特別の教科である道徳，総合的な学習の時間，特別活動並びに自立活動によつて教育課程を編成するものとする。ただし，必要がある場合には，外国語科を加えて教育課程を編成することができる。」

この条文をみると，知的障害以外の特別支援学校中学部では，中学校で学習する内容に自立活動を加えた教育課程の編成が基本となっているが，知的障害の特別支援学校中学部については，設定されている教科にも中学校との違いがあることがわかる。また，知的障害特別支援学校では，学校教育法施行規則第130条で，これらの教科や領域を合わせて指導することができることも規定されている（各教科等を合わせた指導）。特別支援学校に限らず，初等，中等教育段階の各学校では，学習指導要領によってその学習内容（一部学習方法についても）の方針が定められているが，それぞれの学習指導要領は，これらの法的根拠に則って規定されており，各学校での教育課程も，それらの法的，制度的ルールに基づいて編成されている。

そして，自立活動の具体的内容は，3章以降で説明されるので，ここでは制度上共通する内容のみ指摘しておく。自立活動はそれぞれの障害種別，個々の発達の状態やその偏り等に応じて，適切な学習内容，学習時間が設定されることになっているが，特別支援学級や通級による指導においても，特別支援学級の場合は，「特別支援学校小学部・中学部学習指導要領第7章に示す自立活動を取り入れること」が，通級による指導では，「特別支援学校小学部・中学部学習指導要領第7章に示す自立活動の内容を参考と」することが，それぞれ求められている（文部科学省，2017）。やや複雑であるが，法令で定められている特別支援学校以外においても，支援が必要な子どものために自立活動が取り入れられることに注意したい。

これらの背景には，1章でみたように，インクルーシブ教育の（理念的）進展があり，支援を要する多くの子どもが特別支援学校以外のさまざまな場で学んでいることが関係している。インクルーシブ教育システム（inclusive education system）は，障害者の権利に関する条約の第24条に明記されている語で，日本においては，「特別支援教育は，共生社会の形成に向けて，

インクルーシブ教育システム構築のために必要不可欠なもの」という表現で，特別支援教育とインクルーシブ教育との関係が説明されている（文部科学省，2012）。そして，第三次障害者基本計画（平成25年9月閣議決定）に基づきインクルーシブ教育システム構築事業が展開され，取り組まれた事業として挙げられたのが「早期からの教育相談・支援体制構築事業」「インクルーシブ教育システム構築モデル事業」「特別支援学校機能強化モデル事業」の3つであり，それぞれ，就学先決定の新たな仕組みづくり，合理的配慮の提供，交流及び共同学習，障害のある児童生徒への専門的支援，医療的ケアといった取り組みが含まれている。

5.　特別支援教育とつながるシステム
——未来に向けての展望

　本節では，特別支援教育において対象となる子どもについて，さまざまな領域の専門性をもってチームで，あるいは社会全体でその育ちを支えることが重要であり，学校教育をベースとしながらも，さまざまなシステムとつながって，その子どもが支えられていることの一端を示したい。

　例えば，障害者基本法では，障害者を「障害及び社会的障壁により継続的に日常生活又は社会生活に相当な制限を受ける状態にある」とし，社会的障壁は事物から慣行まで，あらゆる形で存在することを示している（第2条）。また，障害者差別解消法においては，「障害者から現に社会的障壁の除去を必要としている旨の意思の表明があった場合において，（…）社会的障壁の除去の実施について必要かつ合理的な配慮をしなければならない」と定められている（第7条，第8条）。発達障害者支援法（2005年施行）では，発達障害の対象となる障害を示し（第2条），関連する政令（厚生労働省令）において，さらに具体的な障害を追加している。

　本章の冒頭で，筆者は，システムは，他のシステムと相互に関連をもちながら，可変性をもった仕組みであるという特徴を指摘した。支援を要する子どもへの生活，学習上の支援は，その発達のプロセスにおけるさまざまな困難さ，また子どもの生活環境を取り巻くさまざまな困難さ（例えば貧困や格差問題）ゆえに，（特別支援）教育システムだけでその子どもたちを支えることが困難なプロジェクトでもある。前節でみたように，特別支援教育の対

象となる子どもの数は「増加」しており，いわゆる通常の学校，学級での支援は今後さらなる課題になるであろう。極論すれば，特別支援教育が「特別」とはいえなくなる時代も意外と近いのかも知れない。

　個別の教育支援計画（12章の2. 参照）の作成や「チームとしての学校」などからも想起されるように，特別支援教育は，医療，福祉，心理，保健，看護，就労など，さまざまなシステムと結びついており，システム相互の関連をもちながら，その実践が誘発，展開されている。実践の基盤となる法制度や関連する領域の知識を活用しながら，指導や支援の知見を積み重ねていく必要があるといえる。

（村山　拓）

【引用・参考文献】

○ カドゥシン，C.（2012）社会的ネットワークを理解する．五十嵐祐（監訳）（2015）北大路書房.
○ 河本英夫（2001）システム．現代思想，29(15), 168-171.
○ 文部科学省（2012）共生社会の形成に向けたインクルーシブ教育システム構築のための特別支援教育の推進（報告）.
○ 文部科学省（2013a）障害のある児童生徒等に対する早期からの一貫した支援について（通知）（25文科初第756号）.
○ 文部科学省（2013b）教育支援資料.
○ 文部科学省（2017）小学校学習指導要領（平成29年告示）解説 総則編，東洋館出版社.
○ 文部科学省（2018）文部科学白書.
○ 文部科学省（2021a）諸外国の教育統計令和3（2021）年版.
○ 文部科学省（2021b）障害のある子供の教育支援の手引—子供たち一人一人の教育的ニーズを踏まえた学びの充実に向けて.
○ 田中智志・今井康夫（編）（2009）キーワード 現代の教育学．東京大学出版会.

3章

視覚障害

1. 心理・病理

1.1 視覚の仕組み

1.1.1 視覚機構

　視覚機構は，眼球，視神経，及び大脳視覚中枢等で構成されている（香川，2016）。図3-1に眼球の構造を，図3-2に大脳視覚中枢への信号伝達の経路を示した。以下ではそれぞれの主な構造・機能について述べる。

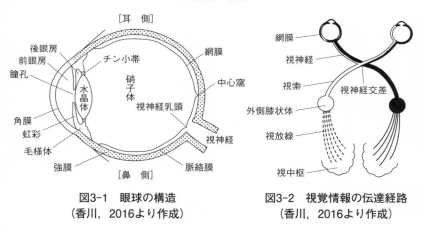

図3-1　眼球の構造　　　　　図3-2　視覚情報の伝達経路
（香川，2016より作成）　　　（香川，2016より作成）

● 眼球

　眼に入った外界の光（視覚情報）は，角膜，房水（眼房を満たす透明の液体），水晶体，硝子体を通って網膜に至る。これらの組織は「透光体」と呼ばれており，光を通すために透明である。また，人間の眼の中央部分には，黒目と呼ばれている黒い部分と，その周辺に茶色などの色が付いている部分がある。前者は瞳孔，後者は虹彩と呼ばれる（香川，2016）。眼に入った外界の光は，瞳孔を通って眼の中に入るが，その際に虹彩が伸び縮みすることにより，眼の中に入る光の量が調節される。

　眼球は三層の膜で覆われている（青柳・鳥山，2020）。一番外側にあるのが強膜（いわゆる「白目」の部分）及び角膜であり，強・角膜とも呼ばれる。

中央の膜は「ぶどう膜」と呼ばれ，虹彩，毛様体，脈絡膜からなる。眼球の内部を暗室状態に保つための機能を有している。一番内側の膜が網膜であり，眼に入った光の処理が行われる。網膜には錐体細胞と杆体細胞の2種類の細胞がある。錐体細胞は中心窩付近に多く存在し，形態覚や色覚に関与している。中心窩を含んだ網膜の中心部は「黄斑」と呼ばれ，網膜の中で最も視力が高く，中心部から離れるほど視力が低くなる。一方，杆体細胞は網膜の周辺部に多く分布し，主に光に反応する（香川，2016）。

- **視神経**

視神経は，網膜で処理された視覚情報を大脳視覚中枢に伝達する役割を担っている。図3-2において，視神経は視神経交差（視交差）で左右に交差しているように見えるが，実際には両眼の網膜の右側の視覚情報が右脳に，左側の視覚情報が左脳に伝達される仕組みになっている。

- **大脳視覚中枢**

伝達された視覚情報は大脳内で処理され，視覚が成立する。視覚中枢として最も重要な役割を果たしているのは，大脳後頭葉皮質にある線条野（有線野）と呼ばれるエリアである（香川，2016）。

1.1.2 視機能

われわれが外界の事物や事象を見るための機能を視機能と呼ぶ。視機能は，視力，視野，色覚，光覚，眼球運動，調節，両眼視などさまざまな機能から成り立っている。教育的な観点から特に重要なものとして，視力，視野，暗

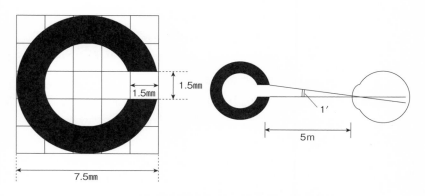

図3-3　ランドルト環と視力（香川，2016より作成）

順応障害がある（香川，2016）。

● **視力**

視力は細かいものを見分ける機能である。一般的にランドルト環を視標とする標準視力表を用いて測定され，5mの距離から1分の大きさ（1.5mm）のランドルト環の切れ目が識別できる場合，視力が1.0である（図3-3）。

● **視野**

視野は眼を動かさない状態で見える範囲であり，固視点を中心とする角度で表される。片眼で見た場合の正常視野は，耳側が100度，鼻側と上方が60度，下方が70度である。視野に一部でも見えない部分が生じた場合，学習や日常生活に影響が生ずる可能性がある。視野に見えない部分が生じた場合，その場所を暗点といい，特に中心部が見えない状態を中心暗点という。また，視野が狭くなっている状態を視野狭窄といい，特に周辺部の視野が見えず中心のみ見える状態を求心性視野狭窄という（青柳・鳥山，2020）。

● **暗順応障害**

明るい所から急に暗い所へ入ると非常に見えにくくなり，30分くらい経つと最初よりは見えるようになる。このように，暗さに眼が適応することを「暗順応」という。逆に，暗い所から明るい所に出るとまぶしいが，すぐに明るさに慣れることを「明順応」と呼ぶ。視覚障害児の中には，このような明順応や暗順応ができない子どもがおり，暗い所や明るい所で眼が慣れないことがある（青柳・鳥山，2020）。

1.2 視覚障害とは

視覚障害とは，視機能の永続的，かつ回復不可能な低下を総称した概念である。したがって，視機能に低下が見られたとしても，治療などにより短期間に回復する場合は視覚障害とは言わない（香川，2016）。

学校教育における視覚障害の程度としては，学校教育法施行令第22条の3に，視覚障害特別支援学校の就学の目安として示されている（表3-1）。視力（両眼の矯正視力）が0.3より低い，視野が狭いなどの原因によって，見えない，または見えにくいという状況の場合に視覚障害教育の対象として検討される。

また，社会福祉制度における視覚障害の程度としては，身体障害者福祉法

に規定されている。視力（視力の良い方の眼の視力），視野の状況を基準として，障害の程度が１級〜６級までに分類されている（表3-2）。それぞれの程度に該当する人には身体障害者手帳が交付される。

表3-1 学校教育法施行令第22条の3（視覚障害者の区分）

両眼の視力がおおむね0.3未満のもの又は視力以外の視機能障害が高度のもののうち，拡大鏡等の使用によっても通常の文字，図形等の視覚による認識が不可能又は著しく困難な程度のもの

表3-2 視覚障害の程度と等級（身体障害者福祉法施行規則別表第５号より）

1級	視力の良い方の眼の視力（万国式試視力表によつて測ったものをいい，屈折異常のある者については，矯正視力について測ったものをいう。以下同じ。）が0.01以下のもの
2級	1 視力の良い方の眼の視力が0.02以上0.03以下のもの 2 視力の良い方の眼の視力が0.04かつ他方の眼の視力が手動弁以下のもの 3 周辺視野角度（I／4視標による。以下同じ。）の総和が左右眼それぞれ80度以下かつ両眼中心視野角度（I／2視標による。以下同じ。）が28度以下のもの 4 両眼開放視認点数が70点以下かつ両眼中心視野視認点数が20点以下のもの
3級	1 視力の良い方の眼の視力が0.04以上0.07以下のもの（2級の2に該当するものを除く。） 2 視力の良い方の眼の視力が0.08かつ他方の眼の視力が手動弁以下のもの 3 周辺視野角度の総和が左右眼それぞれ80度以下かつ両眼中心視野角度が56度以下のもの 4 両眼開放視認点数が70点以下かつ両眼中心視野視認点数が40点以下のもの
4級	1 視力の良い方の眼の視力が0.08以上0.1以下のもの（3級の2に該当するものを除く。） 2 周辺視野角度の総和が左右眼それぞれ80度以下のもの 3 両眼開放視認点数が70点以下のもの
5級	1 視力の良い方の眼の視力が0.2かつ他方の眼の視力が0.02以下のもの 2 両眼による視野の2分の1以上が欠けているもの 3 両眼中心視野角度が56度以下のもの 4 両眼開放視認点数が70点を超えかつ100点以下のもの 5 両眼中心視野視認点数が40点以下のもの
6級	視力の良い方の眼の視力が0.3以上0.6以下かつ他方の眼の視力が0.02以下のもの

1.3 視覚障害の種類

　視覚障害は，医学，教育，福祉などの立場によって詳細な定義が異なっているが，一般的に盲と弱視に大きく分類される。教育的な観点からは，教育活動の際に用いる学習手段に基づいて盲と弱視を分類することが多い。例えば，盲児の場合には主に点字を，弱視児は普通の文字を利用する（表3-3）。

　なお，医学分野では，視覚機構に異常がないのに，なぜか視力が出ない状態のみを弱視（医学的弱視）と呼んでいる。教育分野では，このような医学的弱視だけでなく，さまざまな病気の結果，治療が難しく，眼鏡等でも直せない視機能の低下により，社会生活や教育で特別な配慮を必要とする社会的・教育的な意味での弱視（社会的弱視・教育的弱視）を対象としている。英語では医学的弱視をamblyopia，社会的弱視・教育的弱視を low vision または partial sight と呼んでいる（小田・中野，1993）。

表3-3　教育的な観点による視覚障害の定義（香川，2016より作成）

盲児	点字を使用し，主として聴覚や触覚を活用した学習を行う必要のある者
弱視児	矯正視力が0.3未満の者のうち，普通の文字を活用するなど，主として視覚による学習が可能な者

1.4 視覚障害の原因

　1.1.1で述べたとおり，生理学的な観点では，視覚機構は，眼球，視神経，および大脳視覚中枢等から構成されている。視覚障害は，この視覚機構のいずれかに障害がある場合に生じる（香川，2016）。図3-4は視覚障害の主な原因とその部位を示している。

　2010年度において，視覚障害特別支援学校の児童生徒における原因疾患の上位5位は，未熟児網膜症（18.6%），網膜色素変性症（13.9%），視神経萎縮（11.8%），小眼球・虹彩欠損（8.7%），緑内障・水（牛）眼（5.8%）である（香川，2016）。厚生労働省の生活のしづらさなどに関する調査（全国在宅障害児・者等実態調査）によると，2016年の身体障害者手帳を所持する視覚障害者は31万2,000人（推計値）であり，このうち18歳未満の視覚障害児は5,000名である（厚生労働省，2018）。

　文部科学省による2019年度の特別支援教育資料（文部科学省，2020）に

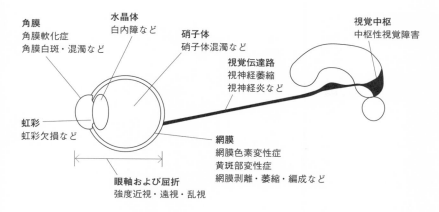

角膜
角膜軟化症
角膜白斑・混濁など

水晶体
白内障など

硝子体
硝子体混濁など

視覚伝達路
視神経萎縮
視神経炎など

視覚中枢
中枢性視覚障害

虹彩
虹彩欠損など

網膜
網膜色素変性症
黄斑部変性症
網膜剥離・萎縮・編成など

眼軸および屈折
強度近視・遠視・乱視

図3-4　視覚障害の原因部位（小田・中野，1993より作成）

よると，全国の特別支援学校に所属する視覚障害幼児児童生徒（重複障害を含む）は5,083名である。このうち，視覚障害のみを対象とする特別支援学校（視覚障害特別支援学校）の在籍者数は，2,467名である。近年，視覚障害特別支援学校の在籍者は，1959年度の1万264名をピークとして年々減少傾向にある（全国盲学校長会，2018）。また，重複障害を有する児童生徒の割合が高くなっており，現在，視覚障害特別支援学校小学部で5～6割，中学部で4～5割，高等部では2～3割を重複障害児童生徒が占めるに至っていると言われている（香川，2016）。一方，2019年度における弱視特別支援学級の在籍者は627名，通級による指導（弱視）は222名と報告されている（文部科学省，2020）。

1.5 視覚障害の特性と発達

1.5.1 一般的傾向

　子どもに視覚障害があっても，適切な支援が行われるならば，ほぼ通常と同じ道筋をたどって成長する。しかし，視覚的な刺激や情報の不足から外界への関心が育ちにくく，発達のいくつかの領域に滞りを生ずることがあるといった点に留意する必要がある（香川，2016）。視覚障害のある乳幼児の発達に影響を与える要因として，①行動の制限，②情報入手の制限，③模倣（視覚的模倣）の困難，④視覚障害児に対する社会の態度が指摘されている

（青柳・鳥山，2020）。

1.5.2 運動・動作

　視覚障害乳幼児の発達の傾向として，体力および運動能力の発達に関しては早期から遅れが現れ，また多かれ少なかれ手指運動の領域に遅れが現れると言われている（五十嵐，1993）。例えば，定型発達の乳幼児の場合，生後5カ月になるとリーチング（外界のものに手を伸ばす）行動を示すが，盲乳幼児の場合，リーチングが現れるのは生後10カ月頃であり，盲乳幼児が外界のものに対して積極的な探索行動を始める時期は，定型発達乳幼児のそれよりも遅れることになる（青柳・鳥山，2020）。

　また，視覚障害児には，「目押し」や「身体揺すり」などの反復性の行動（癖）が見られることがある。これは「ブラインディズム」と呼ばれるが，外界への興味関心が育ちにくいことなどから，自己の身体を刺激する感覚遊びに浸ってしまうために出現すると言われている。無理にやめさせるのではなく，子どもが身体を十分に動かし，外界に関心を向け，いろいろな遊びを楽しめるようになると減少に向かうと言われている（香川，2016）。

1.5.3 認知・言語・社会性

　視覚障害乳幼児は，見えない，見えにくいために視覚的共同注意や共感，模倣が成立しにくいことが指摘されている。また，相手の表情を読んで判断するといった社会的参照も困難なため，認知や言葉，社会性の発達に影響等を与えると言われている。しかし，乳幼児の手指の動きをよく観察して応答したり，触れ合ったり，音を活用したりすることで乗り越えることができる（全国盲学校長会，2018）。

　また，視覚による情報収集が困難なために，限られた情報や経験の範囲内で概念を形成する場合もある（全国盲学校長会，2018）。言葉のもつ具体的な意味や機能的な意味を実際には理解せず，言葉や概念を文字や音声の上だけで表面的に理解するといったバーバリズムの問題が指摘されている（香川，2016）。しかし，これは視覚障害児に特有のものでなく，多くの乳幼児において言語の習得過程に現れる現象である（全国盲学校長会，2018）。体験に裏づけられた確かな言語の習得にあたっては，直接経験の機会を増やすことが極めて重要であると指摘されている（青柳・鳥山，2020）。

1.5.4 盲における視覚経験の有無

　盲の心理的特性や教育には，視覚的経験の記憶の有無が大きく関係する。視覚的経験の記憶がない場合を早期盲，ある場合を後期盲と呼ぶ。視覚的経験の記憶の有無と失明年齢との関係には個人差があるが，3〜5歳くらいまでの失明は視覚的経験の記憶が残らないと言われている（佐藤，1988）。一方，3〜5歳くらいまで見えていた子どもは視覚記憶があるため，視覚イメージを想起できる可能性がある（全国盲学校長会，2018）なお，医学的には生まれつきの盲を先天盲，生後失明したものを後天盲と呼んでいる。

1.5.5 弱視の見え

　弱視の見え方には大きな個人差があると言われている。弱視の見えにくさとして，表3-4に示したものが指摘されている。また，佐藤（1988）は，弱視児のものの見え方の特徴として，次の9点を指摘している。①細かい部分がわからない。②大きいものの全体把握が困難。③全体と部分を同時に把握することが困難。④境界が不明確。⑤立体感が欠ける。⑥運動知覚の困難なものが多い。⑦遠くのものがよく見えない。⑧知覚の速度が遅い。⑨目と手の協応動作が遅い。

表3-4　見えにくさを規定している主な要因（香川，2016；猪平，2018より作成）

ピンボケ状態	屈折異常で網膜に像が鮮明に結ばれない状態
混濁状態	角膜や水晶体が混濁することで光が乱反射している状態
暗幕不良状態	虹彩疾患や色彩欠損などで眼球内が暗く保てない状態
照明不良状態	視細胞機能の低下で光量の過不足の状態
振とう状態	不随意な眼球の動き（眼振）で網膜像が常に動いている状態
視野の限定状態	視野狭窄や中心暗点のある状態

1.5.6 視覚障害を併せ有する重複障害

　視覚障害特別支援学校の重複障害学級に在籍する幼児児童生徒の障害の状況は，2017年度の調査によると視覚障害及び知的障害を併せ有する場合が最も多く（63.4％），次いで視覚障害・知的障害・肢体不自由を併せ有する場合が多い（23.2％）。重複障害幼児児童生徒の実態把握が重要であるが，重複障害のために視力不明・測定ができない場合は日常生活における行動観

察から評価を行うことも大切である（全国盲学校長会，2018）。

1.6 未来に向けての展望

　視覚障害分野の将来的な展望に関しては，日本視覚障害者団体連合（旧：日本盲人会連合）が結成70周年の記念事業として，視覚障害者を取り巻く現状や課題を整理・分析し，将来的な到達目標等をマスタープランとしてまとめた報告書を作成している（日本盲人会連合，2019）。この報告書の第3章が「教育・リハビリテーション」に関係する内容になっており，第1節「視覚障害者の教育」，第2節「高等教育」，第3節「障害児の保育」，第4節「中途障害者の教育・リハビリテーション」の4点についてまとめられている。

　また，上記の団体のホームページに掲載されている「視覚障害者に関する諸問題」（http://nichimou.org/impaired-vision/）にも教育に関する項目があり，こちらの資料では，「視覚障害者教育の概要」「特別支援学校の普通教育」「視覚障害者と高等教育」「盲学校教育の課題」「弱視者教育の課題」「インクルーシブ教育」の6点について整理されている。

　ここでは，これらの資料で指摘されている主な課題について述べる。なお，課題のほとんどは，本節よりも次節に関係する内容であるため，そちらで説明することにするが，ここでは本節の内容に関連している2点の課題を指摘することにしたい。

(1)視覚障害特別支援学校における学生の減少，障害の重複化・多様化

　前述のように，視覚障害特別支援学校の在籍者数は減少傾向にある。在籍者数が一桁の学校も複数ある状況であり，公教育としての教育機能を十分に行えない状態であると指摘されている。

　一方で，重複障害児童生徒の割合が増加しており，視覚障害に加え，知的障害や肢体不自由を併せ有する児童生徒に対する専門的な教育的対応が求められる。

(2)インクルーシブ教育への対応

　インクルーシブ教育を受けている視覚障害児童生徒の状況についてはあまり詳しい調査がなされていない。専門的な教育環境や質がまだ不十分であるという指摘もあるため，実態調査が求められる。また，視覚障害は希少な障

害であるため，インクルーシブ教育を受けている児童生徒や教育関係者のネットワーク構築が必要であろう。

（小林　巌）

【引用・参考文献】

○青柳まゆみ・鳥山由子（編著）（2020）新・視覚障害教育入門．ジアース教育新社.
○五十嵐信敬（1993）視覚障害幼児の発達と指導．コレール社.
○猪平眞理（2018）視覚に障害のある乳幼児の育ちを支える．慶應義塾大学出版会.
○香川邦生（編著）（2016）五訂版 視覚障害教育に携わる方のために．慶應義塾大学出版会.
○厚生労働省社会・援護局障害保健福祉部（2018）平成28年生活のしづらさなどに関する調査（全国在宅障害児・者等実態調査）結果．https://www.mhlw.go.jp/toukei/list/dl/seikatsu_chousa_c_h28.pdf（2021年10月6日閲覧）.
○文部科学省（2020）特別支援教育資料（令和元年度）．https://www.mext.go.jp/a_menu/shotou/tokubetu/material/1406456_00008.htm（2021年10月6日閲覧）.
○日本盲人会連合（2019）わが国の視覚障害者の将来―将来ビジョン検討委員会 報告書．http://nichimou.org/wp-content/uploads/2019/04/future_vision_eport.pdf（2021年10月6日閲覧）.
○小田浩一・中野泰志（1993）弱視者の知覚・認知的困難．鳥居修晃（編著），視覚障害と認知．放送大学教育振興会．pp.52-61.
○大川原潔・香川邦生・瀬尾政雄・鈴木篤・千田耕基（編）（1999）視力の弱い子どもの理解と支援．教育出版.
○佐藤泰正（編著）（1988）視覚障害心理学．学芸図書.
○全国盲学校長会（編著）（2018）新訂版 視覚障害教育入門Q＆A. 青木隆一・神尾裕治（監修），ジアース教育新社.

2. 教育・指導法

2.1 視覚障害の学習上・生活上の困難

　視覚は，情報入手の大変多くの部分を担っているため，視覚障害を情報障害ということがある。さらに，視覚が担っている情報の多くは，空間の広がりに関する情報であるので，視覚障害は「空間に関する情報の障害」といったほうが正確である。このような状況のため，視覚障害者は行動上さまざまな困難を有することになるが，中でも最も大きな困難として，表3-5に示した3点が指摘されている。これらの3点は「視覚障害の三大不自由」とも呼ばれている（香川，2016）。

表3-5　視覚障害の三大不自由（香川，2016より作成）

①安全に効率よく歩くこと（歩行）
②日常生活上の諸々の動作をスムーズに行うこと（日常生活動作）
③普通の文字や絵などを認知して対処すること（文字処理）

2.2 視覚障害のための教育の場（教育機関の特徴）

2.2.1 視覚障害特別支援学校

　視覚障害教育の専門的機関として，視覚障害特別支援学校がある。従来は「盲学校」と呼ばれていたものであるが，2007年度の学校教育法の改定に伴い，盲学校，聾学校，養護学校は「特別支援学校」になった。ただし実際の学校名については，「〇〇視覚支援学校」「〇〇視覚特別支援学校」「〇〇盲学校」等のさまざまな表記が使用されている。

　2019年度の時点で，国内には62校の視覚障害特別支援学校がある。また，視覚障害を含む複数の障害種に対応した特別支援学校が20校ある（文部科学省，2020）。視覚障害特別支援学校は都道府県に1校の場合が多く，自宅が遠方の場合は通学困難なため，他の障害領域を対象とした特別支援学校と比較して，寄宿舎の設置率が極めて高いという特徴がある（加藤・小林，2017）。

　多くの視覚障害特別支援学校には，幼稚部，小学部，中学部，高等部が設置されており，高等部には本科と専攻科がある。高等部の本科は一般の高等

学校に相当する。専攻科は，高等部本科卒業後（一般の高等学校卒業を含む）に入学可能な教育課程で，理療科，保健理療科，理学療法科，音楽科などの学科が設置されており，職業教育が中心とした教育が行われる。多くの場合，修業年限は３年である（香川，2016）。

　以上のように，視覚障害特別支援学校においては，幼稚部から高等部専攻科までの幅広い教育活動が展開されている。しかし，前節で述べたとおり，視覚障害特別支援学校の在籍者は年々減少傾向にある。一方で，重複障害児童生徒の占める割合は年々増加し，障害の状態も非常に重度化しており，現在の視覚障害教育の中で重要な課題の１つである。さらに，近年の特別支援教育の展開の中で，地域の視覚障害に関するセンター的機能としての役割もより一層求められるようになっており，今後の展開が期待される（香川，2016）。

2.2.2 　特別支援学級・通級による指導等

　義務教育段階における視覚障害児の教育は，視覚障害特別支援学校の他に，通常の小中学校でも行われる。「弱視特別支援学級」及び「通級による指導（弱視）」が制度的によく知られているが，この他に，通常の学級で「合理的配慮」を受けながら他の子どもたちと一緒に教育を受ける場合もある（青柳・鳥山，2015）。

　全国の特別支援学級で指導を受けている視覚障害児童生徒の数は，2019年度現在，小学校で447人，中学校で179人，義務教育諸学校で１人（計627人，全体の約0.2％）である。通級による指導（弱視）を受けている児童生徒は，小学校で191人，中学校で27人，高等学校で４人（計222人，全体の約0.2％）という状況である（文部科学省，2020）。

　通級による指導の設置場所については，在籍校や他の学校に設置などのさまざまな方法がある。視覚障害特別支援学校に開設することも可能であり，前述した視覚障害特別支援学校のセンター的機能との位置づけから関係者の注目を集めている（香川，2016）。

2.3 　視覚障害特別支援学校での教育課程の特徴

　一般の小・中・高等学校の教育課程の基準と比較して，特別支援学校の教育課程の基準の大きな違いは，下記の３点に集約される（香川，2016）。

① 　教育課程の編成領域に「自立活動」が位置づけられている。

② 　重複障害者に対するさまざまな特例規定が設けられている。

③ 　独自に目標や内容をもついくつかの教科が設定されている。

　視覚障害特別支援学校においてもこのような点が教育課程の特徴といえる。特に，②の重複障害者に対する特例については，「教科（各教科・科目）を合わせた授業」（学校教育法施行規則第130条の１）や「特別な教育課程」（同規則第131条）などさまざまなものがある。

　また，視覚障害特別支援学校の教育課程における③の例としては，高等部の職業に関する教科・科目がある。2.2で述べたとおり，高等部専攻科には保健理療科や理療科などの主に職業教育が行われる学科が設置されているが，そこで行われる保健理療，理学療法，理療等の教科・科目は，一般の高等学校の教科・科目にはない独自の名称のものが見られる（香川，2016）。

2.4 　視覚障害に対する自立活動の内容

　特別支援学校学習指導要領において，自立活動の内容は６つ（①健康の保持，②心理的な安定，③人間関係の形成，④環境の把握，⑤身体の動き，⑥コミュニケーション）の区分に関する27項目が示されている。自立活動の実施にあたり，個別の児童生徒の障害の状態や発達や経験の程度等をふまえ「個別の指導計画」を作成したうえで進められる（文部科学省，2017）。視覚障害教育において実際に行われている自立活動の具体的な内容としては，表3-6に示されたものが代表的である。

2.5 　視覚障害への指導と支援

2.5.1 　指導と支援に関する基本事項

　視覚障害児童生徒を対象とした各教科の指導について，特別支援学校学習指導要領（文部科学省，2017）では児童生徒の障害の状態や特性及び心身の発達の段階等を十分考慮するとともに，①的確な概念形成，言語の正しい理解活用，②文字（点字または普通文字）の系統的な指導，③指導内容の精選，基礎・基本からの指導，④教材教具の効果的な活用，⑤空間時間の概念の重要性に関する５項目を配慮事項として留意するよう指摘している。

　視覚障害児童生徒における各教科等の指導の際，盲児においては点字を利

表3-6　視覚障害教育における自立活動の主な内容
（香川，2016；青柳・鳥山，2020より作成）

項目	指導の例
(1)手指の使い方・探索	・両手によって対象物の手触り，形，大きさ，構造，機能等を観察する指導 ・手指の粗大運動や微細運動を巧みに行う指導
(2)空間概念・運動動作	・ボディイメージや身体座標軸，空間座標軸を形成する指導 ・座位や立位において正しい姿勢を保持する指導
(3)歩行	・白杖を用いて，安全で能率的に歩く指導 ・道路の構造や交通規則を理解して，歩行環境を総合的にまとめあげる指導
(4)点字の指導	・中途失明者に対する点字の指導 ・点字タイプライター，各種の点字器あるいは携帯用点字器を用いて，点字を書く指導
(5)日常生活動作（ADL）	・洗面，手洗い，洗髪，髪の手入れ等ができ，身だしなみに気をつける指導 ・買い物や金銭のやりとりを行う際，貨幣や紙幣を見分ける指導 ・場に応じて音量を調節したり，相手の声の調子から，言語以外の情報を聞き取る指導
(6)視知覚の向上	・保有する視覚によって，対象物の形や大きさ，構造，機能等を観察する指導 ・近用や遠用の弱視レンズ類を用いて，対象物を巧みに認知する指導
(7)ICT等の活用	・コンピュータを用いたさまざまな情報処理のための指導 ・携帯電話を有効に活用する指導
(8)その他	・自己の障害についての理解に関する指導 ・自己の障害との関連における，生活規制や医療的ケアに関する指導

用し，主に視覚以外の触覚や聴覚などの感覚を活用する。弱視児の場合は合理的配慮（文字の拡大や照明の調整等）を行ったうえで，普通文字を活用し指導が行われるのが基本的な方針である。そのため，点字使用の場合は点字教科書が，普通文字を使用する場合は拡大教科書，または通常学級で用いられている一般の教科書が採用される。また，近年ではICTを活用したデジタル教科書やデジタル図書の導入も行われてきており，今後の進展が期待されている。視覚障害児童生徒の利用を想定したデジタル教科書・デジタル図

書として，DAISY教科書（図書），マルチメディアDAISY教科書（図書），UDブラウザなどがある。

　また，前述の配慮事項にもあるとおり，視覚障害教育において教材教具の工夫が大切であり，適切な教材教具を準備し，活用して学習を進めることが望まれる（表3-7）。

表3-7　教材教具の例（全国盲学校長会，2018より作成）

種類	教材教具の例
視覚を活用して学習を進める際に見やすい教材教具	弱視者向けに開発された文房具（定規，ノートなど），拡大地図，視覚補助具（遠用弱視レンズ，近用弱視レンズ，拡大読書器）など
触覚を活用して学習を進める際の教材教具	・立体の教材：標本，模型など ・平面の教材：コンピュータで作成する点図，立体コピー，バキュームフォーマー，レーズライター（表面作図器）など
視覚情報を聴覚情報に置き換える教材教具	視覚障害者用の音声時計，計算機，タイマー，感光器など

2.5.2 盲児童生徒に対する指導と支援

●指導・支援の基本

　盲児童生徒の教育や発達においては，触る，聞く，歩くといった，自分自身の直接的・能動的な体験が不可欠である。盲児童生徒にとってより質の高い体験として，具体的に以下のような体験が挙げられている（青柳・鳥山，2020）。

①　**核になる体験**：物事の概念やイメージを形作るための土台となる体験であり，その体験の枠組みから類似の事物との比較をしたり，未知の情報を想像したりできるような基本的な体験である。

②　**切れ目のない全体の体験**：目が見えないと体験が部分的・断片的になりがちで，物事の全体像を理解できない場合が多いため，ある事象に関する一連の流れの全部を切れ目なくすべて体験させる配慮が重要である。

③　**身体全体を使った体験**：空間の理解やイメージの形成，運動発達の基礎として重要である。

④　**音を手がかりにした体験**：盲児童生徒にとって，音は情報入手のため

に重要であるため，周囲の音や人の声に注目する習慣や，音を上手に聞き分ける力を養っていくことが大切である。

●　**指導の例⑴：文字学習（点字）**

　盲児に対する指導の代表的な例として，まず文字学習（点字）について示す。点字は，縦3点，横2列の計6つの点で構成されており，それぞれの点には1から6までの番号が振られている（図3-5）。また，母音（ア行）の点の配列をベースとして五十音の表記が定められている（図3-6）。

　点字の指導は，まずレディネスレベルの指導において，触って理解するための基礎的な学習が行われる。その後，読みの指導が行われ，単語や文節の理解ができるようになってから書きの指導が導入される（青柳・鳥山，2020）。

　標準的な日本語の点字はカナ表記であり，漢字を使用しない。しかし，日本語の文章の正確な理解や表現のためには漢字・漢語の知識も必要である。また，近年の情報技術の進展・普及により，点字使用者が普通文字の文章を直接取り扱う機会も増えている。そのため，1989年告示以降の特別支援学校学習指導要領には，点字使用者に対する漢字・漢語の指導についての配慮が示されている。触読教材などを活用し，漢字の字形や意味等の理解が深まるように工夫する必要がある。

　なお，点字に対して普通文字を視覚障害の分野では「墨字（すみじ）」とも呼ぶため，この分野の専門用語として理解しておきたい。

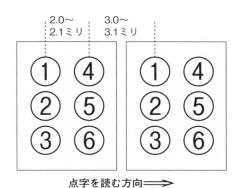

図3-5　点字の配列とサイズ（橋本ら，2006より作成）

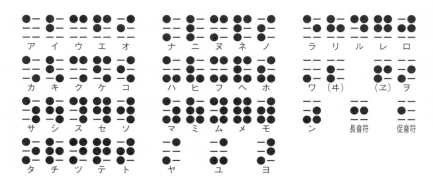

図3-6　点字の五十音（橋本ら，2006より作成）

● 指導の例(2)：触察・触図

　触って確認することを「触察」という。遊びや学習のさまざまな場面で，手指を能動的・探索的に動かして正確な情報を効率的に受け取る力を系統的に育てる。大事なものやイメージの基本になるものを選択してじっくり触らせることや，触って感じたことを言語で表現させ，周囲の人がフィードバックするなどの蓄積が大切である。

　教科の学習では触図が使われることも多い。触って図を読み取ることは非常に難しく，系統的な指導が必要である。触図を理解するには，手指を自由に動かす力や，読み取った情報と頭の中にある図形のイメージを結びつけながら理解する力を育てる必要がある。また，触覚は視覚と比べて細かい部分の理解や全体像の把握が難しいため，触図を作る際には情報量を減らしたり，形が細かすぎる場合はデフォルメしたりするなどの工夫も大切である（香川，2016）。

● 指導の例(3)：歩行指導

　歩行指導は，盲児童生徒のみならず，視覚障害児童生徒の自立活動の中で重要な内容である。児童生徒が行きたい時に行きたい場所（目的地）へ行くことができる力を育てていくことが歩行指導であるが，1人で歩行することが到達点ではなく，他者に支援を依頼して行くことも含まれる。視覚障害者の歩行は，英語でオリエンテーション・アンド・モビリティ（Orientation and Mobility）と呼ばれる。オリエンテーションは「定位」と訳し「環境認知」を，モビリティは「身体の移動」と訳し，「歩行運動」のことを意味し

ている。歩行運動により身体を移動させる側面と，周囲の環境の把握により
自分のいる場所や向いている方向を知る側面の両方が大切である（全国盲学
校長会，2018）。

　視覚障害者の歩行指導というと白杖の操作が連想されやすいが，それだけ
ではなく，事前の準備段階として身体の動き，ボディイメージの形成，環境
理解，室内の伝い歩きなどの指導が導入される。白杖歩行の指導では，白杖
の操作のみならず，手がかり（ランドマーク）の活用，メンタルマップの形
成に関する指導や，他者への支援依頼，歩行のマナーなどについても取り上
げられる（青柳・鳥山，2020）。

2.5.3 弱視児童生徒に対する指導と支援

●指導・支援の基本

　1.5.5で示したとおり，弱視児童生徒の見えにはさまざまな特徴（見えに
くさ）があるため，指導・支援にあたっては一人ひとりの見えの特徴を十分
に理解したうえで，さまざまな方法で補って学習を行う必要がある。弱視児
は物を見るときに，目を近づけたり，一見通常とは異なる行動を示すことが
あるが，見え方に起因する行動であったり，少しでもよく見るための工夫と
して行っているものであることを理解する必要がある。また，弱視児はよく
見えた経験がないために「よく見える」という状態を知らなかったり，見え
にくさを理解しても周囲から特別の人と思われるのではないかと恐れてしま
うなどの理由から，自分から「見えにくい」と言わないことがある。したが
って，行動を観察し，何が見えていて何が見えていないのか，何に困ってい
るのかを判断して指導・支援することも必要である（青柳・鳥山，2020）。

●弱視児童生徒の指導・支援における2つのアプローチ

　弱視児童生徒に対する指導・支援を進めるうえでは，大きく分けて，見や
すい環境を整備し，視覚により明確に認識させるための方策（外的条件整
備）と，本人の視覚認知能力を高めるための方策（内的条件整備）の2つの
アプローチがある。外的条件整備の代表的な内容を表3-8に示した。

　後者の内的条件整備に関して，弱視児童生徒が外界を認知する能力には，
①見えても見ずの段階，②見る能力相応に見える段階，③見えないものまで
見ることができる段階（明確に見えなくても，今までの経験や体験に基づき，
こうであるに違いないという確かな予測を働かせることができる）の3つの

表3-8　外的条件整備の例（香川，2016より作成）

①網膜像の拡大	対象物に目を接近させる方法が簡易であるが，多くの場合，拡大教材や拡大教科書，光学機器（弱視レンズ，拡大読書器）の活用が有効である。
②単純化とノイズの除去	地図などのように１つの紙面にたくさんの情報が煩雑に書き込まれていると，そこから必要な情報を選択して見るのは苦手であるため，書き込む情報は必要最小限に限定する。
③図と地のコントラストの増強	図と地を際立たせて明確にする。
④色彩への配慮	同色系の色を使う場合は明度差をつける，色と色の境界線に輪郭線を入れるなどの配慮を行う。
⑤照明のコントロール	一人ひとりに合った条件の照度を確保する。
⑥疲労しない学習環境の整備	適切な机，書見台の利用などの配慮を行う。
⑦適切な学用品の選定	できるだけ見やすく使いやすい学用品（ノート，鉛筆，色鉛筆，消しゴム，定規，三角定規，分度器など）を選定する。
⑧教具の工夫	拡大，単純化，輪郭線を太くするなど，見えやすい条件を整える。

段階があると考えられる。最初の①の段階に留まっている児童生徒に対しては，図と地の関係認知，図形群化の認知（たくさんある形をあるまとまりとして捉える），ものの属性（形，大きさ，色，材質など）の認知などの基礎的認知能力の指導がなされる。①から②の段階になったら，応用的認知能力の指導に進み，「見えないものまで見る」認知能力を育てていく。これは概念の枠組みを作る学習といってもよく，「核になる学習」をしっかり行う必要がある。例えば，漢字の学習では，漢字の要素をしっかり学習していれば，一画一画が詳細に見えなくても，この漢字に違いないと特定する力が生まれるといえる（香川，2016）。

2.5.4　アセスメントと指導・支援

　児童生徒の実態把握においては，生育歴，家庭状況，相談・教育歴，身体・視機能などの情報を，観察，面接，検査などの方法により入手する必要がある。これらの情報をもとに，児童生徒の実態と課題を理解・解釈し，子どもと保護者のニーズをふまえ，具体的な支援の指針を立てる。これが個別

の教育支援計画につながる。

　実態把握のためには，さまざまなアセスメントが用いられているが，視覚障害児童を対象とした発達検査として，広D-K式発達診断検査がある。また，視知覚の検査として，フロスティッグ視知覚発達検査がよく用いられる。また，弱視児童生徒に対する視覚的な支援のためには，視機能検査や，最適な文字サイズや補助具の選定等が必要になる（全国盲学校長会，2018）。

2.6 未来に向けての展望

　1.6で述べた2つの資料（日本視覚障害者団体連合の報告書［日本盲人会連合，2019］及びホームページに掲載されている「視覚障害者に関する諸問題」［http://nichimou.org/impaired-vision/]）をもとに，本節の内容に関係する課題や展望を述べる。

① **視覚障害児の保育**：視覚障害乳幼児に対する教育指導・支援は，視覚障害特別支援学校の幼稚部等において3歳児未満の児童の教育相談も含め行われているが，このような専門的な指導・支援を提供できる機関は数少なく，視覚障害乳幼児及び家族に対する支援の充実が必要である。

② **視覚障害児童生徒の教育**：1.6で述べた課題の他，視覚障害教育における専門性の維持の問題が深刻であると指摘されている。管理職も含め，教員の異動が多く，視覚障害教育での在職年数が少ないと専門性の維持が懸念される。また，教員のスキルアップも大切であり，視覚障害特別支援学校教員免許状の保有率を高める必要もある。

③ **高等教育**：視覚障害者の大学進学は大幅に進んでいる状況である。受験時や在学中の就学における合理的配慮のもと，健常の学生と平等に教育を受ける機会が保証される必要がある。

（小林　巖）

【引用・参考文献】
○青柳まゆみ・鳥山由子（編著）(2020)新・視覚障害教育入門．ジアース教育新社.
○橋本創一・霜田浩信・林安紀子・池田一成・小林巖・大伴潔・菅野敦（編著）(2006)特別支援教育の基礎知識―障害児のアセスメントと支援，コーディネートのために．明治図書.
○香川邦生（編著）(2016)五訂版 視覚障害教育に携わる方のために．慶應義塾大学出版会.

○ 加藤彩・小林秀之（2017）視覚特別支援学校における「寄宿舎教育」の実態．障害科学研究．41, 163-172.

○ 文部科学省（2017）特別支援学校 幼稚部教育要領 小学部・中学部学習指導要領（平成29年4月告示）．https://www.mext.go.jp/content/20200407-mxt_tokubetu01-100002983_1.pdf（2021年10月6日閲覧）．

○ 文部科学省（2020）特別支援教育資料（令和元年度）．https://www.mext.go.jp/a_menu/shotou/tokubetu/material/1406456_00008.htm（2021年10月6日閲覧）．

○ 日本盲人会連合（2019）わが国の視覚障害者の将来―将来ビジョン検討委員会 報告書．http://nichimou.org/wp-content/uploads/2019/04/future_vision_eport.pdf（2021年10月6日閲覧）．

○ 全国盲学校長会（編著）（2018）新訂版 視覚障害教育入門Q＆A．青木隆一・神尾裕治（監修），ジアース教育新社.

4章

聴覚障害

1．心理・病理

1.1 きこえの仕組み

　「音」の基は空気や水などの振動によって生じる疎密波（縦波）（図4-1）である。例えば太鼓を叩くとお腹にビリビリと振動のような響きを感じるだろう。太鼓を叩いたことによって生じた衝撃がその周囲の空気を押し，空気の密度が濃い，気圧の高い部分（密）ができる。この密の部分が放射状に広がっていくことによって空気中に密の部分と疎の部分（空気の密度が薄く，気圧の低い部分）とが交互に生じる。この疎密波が耳介，外耳道（図4-2）を通ってその奥にある鼓膜に触れると，鼓膜の内側との気圧差によって密の部分であれば鼓膜が押され，疎の部分であれば鼓膜が引っ張られる。これが高速で繰り返されることで「鼓膜が振動」している状態となる。

図4-1　疎密波（縦波）のイメージ

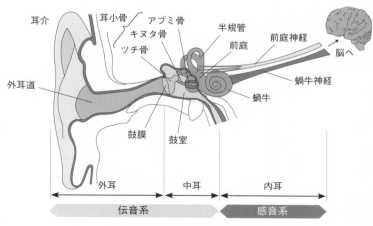

図4-2　耳の構造

なお，耳介は前向きについており，前方の音をより大きく耳の奥に届けることができ，音の方向感を高めている。外耳道はトンネルのような形状になっており，高い周波数の音を共鳴させ増幅する効果（外耳道共鳴）がある。また，外耳道があることで外からの衝撃や異物混入から奥側の器官を守っている。ここまでの耳介から外耳道を併せて外耳と呼ぶ。

　鼓膜の振動は，その内側に付着したツチ骨，その奥にあるキヌタ骨，蝸牛につながるアブミ骨という３つの小さな骨（耳小骨）の連なり（耳小骨連鎖）に伝えられる。耳小骨の振動は，①鼓膜面とアブミ骨底の面積比，②ツチ骨とキヌタ骨の長さの違いによるテコ比によって，より効率良く奥に伝えるべく増幅される。鼓膜の内側は鼓室と呼ばれる空気に満たされた空間となっており，耳小骨と併せてこの部分を中耳と呼ぶ。中耳の大きな役割は鼓膜の振動をより増幅して蝸牛に伝えることであるが，一方でアブミ骨には筋肉が付着しており，強大音が入ってきた際に筋肉を収縮させ振動を減少させることで過大な振動から内耳を守る働き（アブミ骨筋反射）もある。アブミ骨の振動は内耳にある蝸牛に伝えられる。蝸牛は字のとおりかたつむりのような渦巻き状の器官で，その中はリンパ液で満たされている。振動がリンパ液に伝わると蝸牛内にある有毛細胞を振動させ，ここで物理的な振動を電気的な刺激に変換する。電気刺激を蝸牛神経を通して脳に電気信号を送ることで，脳が「聞こえた」と認識する。なお，蝸牛内の有毛細胞はピアノの鍵盤のように並んでおり，入り口近くが高い音，奥の方が低い音により反応しやすくなっていて，ここですでに大雑把な音の高さの判別が行われている。内耳には他に，体の回転を感じる部分である半規管，半規管と蝸牛をつなぐ部分で体の傾きを感じる前庭も含まれる。

1.2 聴覚障害とは

　聴覚器官に何らかの問題が生じ，聞こえない，もしくは聞こえにくい状態になることを聴覚障害という。

　音の大きさは「dB」という単位で示し，特に聴力検査で得られた値は「dB HL（Hearing Level）」と表すことがある。聴力を表す際には聴力検査でその人の聞こえる一番小さな音を調べて表す。聴力正常な20歳前後の聴力を０dBとして，24dBまでを聴力正常とし，25dBからを軽度難聴，40dBからを

中等度難聴，70dBからを高度難聴，90dBからを重度難聴と表す（図4-3）。dBという単位にはあまり馴染みがないかもしれないが，30dBがささやき声，60dBが1m離れての通常の会話，90dBが普段聞かないようなびっくりするほどの大きな音，つまり日常生活の最大音とおおよそイメージしておくとつかみやすい。例えば，聴力90dB以上の人が補聴器等を付けずにそのまま日常生活を送るとほぼ音のない世界になる，ということが想像できるだろう。

　また，聴力検査の結果を示す図をオージオグラムといい，縦軸に聴力レベル（音の大きさ。数値が大きいほど大きな音。0dBよりも小さな音をマイナスで表す），横軸に周波数（音の高さ。単位はHz，数値が大きいほど高い音）

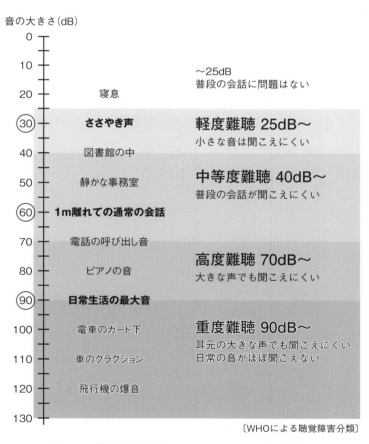

図4-3　難聴の程度（4Heartsホームページより作成）

をおき，各周波数での「聞こえる最も小さな音」をプロットしていく。その際，気導聴力の右耳を「○」で，左耳を「×」で，また骨導聴力の右耳を「〔」で，左耳を「〕」で示す。聴力レベルの数値が大きくなり縦軸の下方に行くほど，大きな音でないと聞こえない，すなわち聴力が低下している状態である。人によって，低音は聞こえにくいが高音は正常に近いとか，低音は保たれているが高音が聞こえにくいなど，音の高さによって聞こえやすさが異なる場合があり，そういった場合「右耳の聴力はいくつ」と表す際にどの数値を言えばよいのか煩雑になってしまう。そのときは，平均聴力レベルといって代表値を用いて表すことができる。

　平均聴力レベルの求め方は複数あるが，一般的によく使われるのは4分法A（(500Hz + 1000Hz × 2 + 2000Hz) ／4）や4分法B（(500Hz + 1000Hz + 2000Hz + 4000Hz) ／4）である。4分法Aでは1000Hzの閾値を2倍して重みづけをしているが，1000Hz周辺は言語音の聞き分けに重要な役割を果たすとされているためである。なお，いずれかの周波数で1カ所でも25dB以上の値があった場合は難聴ありと判断する。

1.3　聴覚障害の種類と原因

　聴覚障害の原因が聴覚器官のどの部分に生じているかで分類する方法がある。伝音系，つまり外耳から中耳の音が物理的振動として伝わっている部分に何らかの問題が生じ，きこえの低下を示している場合を伝音難聴という。その奥の感音系，内耳以降の振動を電気信号に変えてそれを中枢に伝える過程で何らかの問題が生じ，きこえの低下を示している場合を感音難聴という。また，伝音系と感音系の両方に問題が起こっている場合を混合性難聴と呼ぶ。

　難聴の原因が聴覚器官のどの部分にあるか，つまり難聴の種類は何かを推定するためには純音聴力検査を行う。聴力検査にはさまざまな方法があるが，これが最も基本的なもので，各周波数において小さな音からだんだん音を大きくしていき（上昇法），初めて音が聞こえたらボタンを押すというものである。この検査で用いる機械をオージオメーターという。提示に使用する音を純音といい，1つの周波数の正弦波からなる純粋な音から作られているもので，ピーとかボーといったような単純な機械音のように聞こえる。完全な純音は理論上のものであるが，音叉を叩いたときの音などはこれに近い。

純音聴力検査には気導聴力検査と骨導聴力検査がある。気導聴力検査はヘッドフォンを耳介部分に装着して検査音を聞かせ，外耳道→鼓膜→耳小骨→蝸牛→脳というルートを通って認識される気導聴力を測る。骨導聴力検査では振動で音を伝える骨導受話器を耳介後ろ側の頭蓋骨が出張っている部分（乳突部）に押し当てる。振動が頭蓋骨を通じて直接蝸牛に届き，脳へ至り音を認識するまでの骨導聴力を測る。骨導聴力は外耳及び中耳を介さないため，その部分が正常に働いていなくても聴力は低下しない。

　伝音難聴の場合，図4-4のオージオグラムのように気導聴力は低下するが骨導聴力は正常域に保たれるため，気骨導差（air bone gap，A-B gap）が生じる。その理由として，伝音難聴は伝音系に何らかの問題が生じているため，そこを介する気導聴力は影響を受け低下する。一方，骨導聴力は伝音系を介さないため聴力に影響を及ぼさず低下しない。一般に伝音難聴のみの場合，難聴の程度は最大でも60dB程度であり，語音聴力検査による明瞭度も比較的高く保たれる。伝音難聴をきたす疾患としては，外耳道異物，先天性外耳道閉鎖症，外傷性鼓膜穿孔，耳小骨奇形，耳硬化症，中耳炎，中耳腫瘍などがある。治療や手術によって症状の改善が見込まれるものも多く，また感音系の機能は保たれており，内耳にまで音が届けば聴覚反応を得られるため，補聴器装用効果も高い場合が多い。

　感音難聴の場合は，図4-5のオージオグラムのように気導聴力と骨導聴力

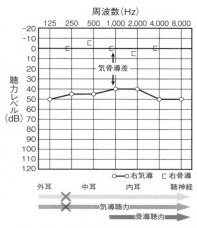

図4-4　伝音難聴のオージオグラム例

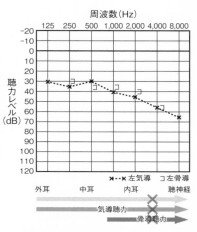

図4-5　感音難聴のオージオグラム例

がほぼ同程度障害され気骨導差は見られない。ただし，骨導聴力がスケールアウト（オージオメーターから出せる最大音を出しても反応がない），気導聴力がそれよりもさらに低い状態の場合は，見かけ上気骨導差が見られることもある。感音難聴は感音系のどこかに問題が生じているため，そこを通る気導聴力も骨導聴力も同様に影響を受け聴力が低下する。

　感音難聴の原因疾患として，まず大きく先天性，後天性に分けられる。先天性，つまり生まれつきの原因として遺伝性難聴があり，先天性難聴の約70％に遺伝子が関与していることが報告されている（伊藤，2015）。難聴の原因遺伝子は現在100種類ほどが同定されており，聴力損失の程度や進行性，症候群性の有無，人工内耳装用の予後などが異なることが明らかになってきた。我が国においては2012年より難聴の遺伝子検査が保険適応となり，適切な治療方法の選択，予後の予測や早期の人工内耳装用の判断材料の１つとしても活用されている。また，胎生期の母子感染としてヘルペスウイルス，ムンプスウイルス（流行性耳下腺炎，いわゆるおたふく風邪），風疹ウイルス，サイトメガロウイルス等による聴覚障害がある。どれもありふれたウイルスであるが，特に抗体をもたない妊婦が妊娠中に初感染すると胎児に影響を及ぼすことがある。近年では抗体をもたない者が男女ともに増加しているとの指摘があり，社会全体での予防接種や感染予防が重要である（工藤，2014）。周産期性難聴としては，未熟児，新生児仮死，重症黄疸などが挙げられる。

　後天性の感音難聴としては，ウイルス性難聴，薬剤による中毒性難聴（ストレプマイシン，カナマイシン等），騒音性難聴，突発性難聴，メニエール病，老人性難聴などがある。騒音性難聴のオージオグラムの特徴として4000Hz付近から聴力低下が始まり，徐々にそこに引きずられるようにして周囲の周波数も低下していくケースが多い。騒音性難聴には現在効果的な治療方法はないとされるため，騒音レベルを軽減させる，環境の転換などが求められる。また，聴覚器官及び伝達経路に器質的疾患がないにもかかわらず，本人は「聞こえない」と訴える心因性難聴（機能性難聴）も感音難聴型の聴力図を示すことが多い。この場合，純音聴力検査の結果と本人の訴える日常生活での困り感が一致しないことも多く，他覚的な検査（耳音響放射や聴性脳幹反応など）等も併せて行う必要がある。特に学童期の女児に多く見られ，

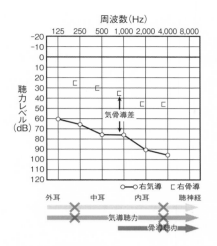

図4-6　混合性難聴のオージオグラム例

自身の心理的不安定を投影しているとされており，環境調整や心理的手法を用いてストレスを軽減させることで，一般的に予後は良好である。さらに，蝸牛よりも上位の聴覚伝達路に起因する後迷路性の聴覚障害として聴神経腫瘍や聴皮質損傷，APD（聴覚情報処理障害：Auditory Processing Disorder）もある。これらは言語の聞き取りや音の認知等の低下が聴力検査から予測される値よりも低下していることが多い。

　伝音系と感音系の両方に問題が生じている混合性難聴の場合，オージオグラムでは骨導聴力が低下し，気導聴力はさらに低下して気骨導差が見られる（図4-6）。伝音系に何らかの問題があるために，そこを介する気導聴力が低下する。この時点では骨導聴力は伝音系を介さないため低下しない。また，感音系にも何らかの問題があることにより，気導聴力，骨導聴力ともに低下することとなる。つまり，気導聴力は伝音系を通る際に一度影響を受け，さらに感音系を通る際にもう一度影響を受け二段階で聴力が低下するため，一度しか影響を受けない骨導聴力よりも聴力低下が大きくなる。伝音難聴のうち慢性中耳炎や耳硬化症など中耳の病変が内耳にまで侵入したために起こることが多い。

　伝音難聴は音（振動）を内耳まで伝えることに障害があるが，内耳以降の機能は保たれており，振動を電気的刺激に変換することは正常である。その

ため，聞こえ方の特徴としてはテレビのボリュームを小さくしたようにそのまま音が小さくなるイメージである。つまり，補聴器等を用いて音を大きく調整し，内耳まで音を届けることができれば比較的（すべて，ではないことには留意したい）困難感を軽減することができる。通常の気導型補聴器（耳掛け型，耳穴型など）だけでなく，伝音難聴専用の骨導刺激を用いた骨導型補聴器（カチューシャ型，軟骨伝導型，埋込型など）も選択でき，装用効果も高い場合が多い。また，2015年より振動端子を手術で体内に埋め込み耳小骨を直接振動させる人工中耳が厚生労働省に認可され，新たな治療の選択肢も広がった。

　感音難聴及び混合性難聴の場合，振動を電気的信号に変換し，それを脳にまで届ける過程で障害が生じており，聞こえ方の質自体が異なってくる。その特徴として，①閾値の上昇，②大きな音への抵抗力が低下（リクルートメント現象・補充現象），③音源定位や雑音下での聞き取りが低下，④語音弁別能の低下，が挙げられる。①は閾値，つまり初めて聞こえたと反応できる音が上昇し，小さな音では聞こえず，反応できなくなる状態である。②は音の大きさの変化に対して，音の感じ方がとても敏感になることで，聴力正常の人にとっては問題のない程度の音の大きさであっても，非常に敏感に感じてしまいうるさく聞こえたり，音が割れて聞こえたりすることがある。そうなると①で小さな音が聞こえづらくなるうえに，②で大きな音もうるさく感じてしまい，その人が無理なく聞こえる音の範囲（ダイナミックレンジ）は両側から狭まってしまうことになる。難聴者とコミュニケーションを取る際に耳元で大きな声で話すことがあるが，返って効果的ではない場合があることを理解しておきたい。③が起こることで複数名での会話が難しくなったり，騒音下で聞きたい音を選択的に聞くこと（カクテルパーティ効果）が難しくなったりする。静かな場所で少人数という環境の工夫ができるとよいだろう。④は伝音難聴では音のボリュームがそのまま小さくなるように聞こえるとあったが，感音難聴では音が小さくなるだけでなく，音が歪みまるでラジオのチューニングがズレてしまっているように，何か音がしていることはわかるけれども，何と言っているかがわからない，言葉の聞き分けが難しい状態になる。感音難聴者にとって「聞こえる」と「聞き取れる（理解できる）」には大きなギャップが生じることがあるため，コミュニケーションを取る際に

は十分理解が必要である。

1.4 聴覚障害への対応

　長らく子どもの聴覚障害は，音反応への弱さや言語発達の遅れによって親や保育士などが不安に思い病院を訪れて発見されることが多く，3歳頃になってようやく発見，支援につながることも多かった。聴児は生まれてすぐからさまざまな言語音や環境音を聞いて学習し，それが1歳頃になると言葉として現れるのだが，聴覚障害があると自然に音を聞いて学ぶことに制限が生じるため言語発達にも遅れが生じやすい。また保護者にとっても不安な気持ちを長期間抱えて子育てをすることは非常にストレスが大きく，愛着関係をうまく築けないこともある。先天性聴覚障害は1,000人に1人から2人といわれ他の先天性疾患に比べても頻度が高い。聞こえにくさをできるだけ早く発見し，母子ともに支えていくことが求められていた。

　そこで生後3日頃には受検できるAABR（自動聴性脳幹反応）やOAE（耳音響放射）を用いた新生児聴覚スクリーニング検査の実施が2000年よりモデル事業として先行開始され，その後各地に広まった。自治体の受検費補助の有無によって地域差はあるが，全国で90％近くの新生児が受検するようにまでなっている（丹羽・高橋，2021）。新生児聴覚スクリーニング検査で聴覚障害が発見された後，切れ目なく支援につなげることが必要である。補聴器の装用，人工内耳の検討，手話やろう文化との出会いや療育の場など多様な情報をバランスよく伝え，不安な保護者もともに支えたい。

　補聴器の基本的な機能は，[1]利得（gain）の調整，[2]音質（tone）の調整，[3]出力制限，である。[1]は装用者の聴力に合わせて音を大きくすることで，先述の感音・混合性難聴の特徴の①に対応する機能である。[2]は高い音をより大きくしたい，低い音を大きくしたいなど周波数帯毎に音の大きさを調整する機能である。テレビのボリュームはどの周波数の音も一律に調整するが補聴器は装用者の聴力に合わせて周波数帯毎の調節が可能となっている。これも①により個別に対応する機能である。[3]は②に対応して大きすぎて不快に感じる音を制限するものである。そうなると③や④，言葉の聞き取りにくさに対応する機能がないことに気づく。もちろん今まで聞こえなかった音が聞こえるようになることで聞き取りが良くなる部分はあるが，音の歪み

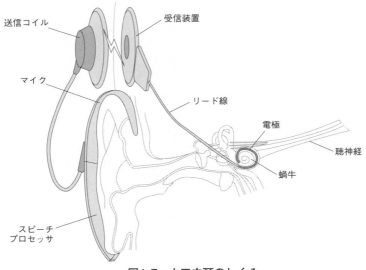

送信コイル

受信装置

マイク

リード線

電極

聴神経

蝸牛

スピーチ
プロセッサ

図4-7　人工内耳のしくみ

自体を解消する機能は現時点ではなく，装用したからといって聴者のように
聞こえているわけではないことは十分理解したい。

　人工内耳とは，蝸牛に機能障害がある場合に，そこに電極を埋め込み代替
させるものである（図4-7）。これまで補聴器では効果に限界のあった者に
も高い効果が期待でき，おおよそ30〜40dBの軽度難聴の状態にまで改善さ
せることを目指す。我が国では1980年代後半頃から開始され，高い効果が
見込まれたことから1991年より日本耳鼻咽喉学会が適応基準を定め，1994
年には保険適応となり手術件数は急増した。当初は18歳以上を対象として
いたが，低年齢のうちに手術を行うことで言語発達の予後が良いとの実績を
積み，2014年以降は1歳（体重8kg以上）などといった基準になっている。

　人工内耳の効果は，言語のspeechの側面については直接的かつ高いこと
が期待されるが，とはいえ術後も軽度難聴程度の状態であり聴者と同じよう
には聞こえていないこと，またlanguageの側面についても自然の発達に任
せるだけでなく，丁寧な指導が必要であることを忘れないようにしたい。ま
た，補聴器や人工内耳と併せて使う補聴援助機器（赤外線システム，磁気ル
ープシステム，FMシステムなど）を用いて，話者の声を直接補聴デバイス
に届け，距離や騒音といったバリアを解消するものもある。状況に合わせて

活用を選択できる力もつけていきたい。

　また，ろう文化宣言（木村・市田，1995）に代表されるように，聞こえない，聞こえにくいことを「障害」ではなく，自らのアイデンティティとして捉え，手話やろう文化を大切にしたいとする考えもある。「ろう者」として自分らしく生き生きと活躍しているロールモデルや，先輩保護者との出会いの場，手話と触れる機会を提供するなど，聞こえないことに価値をもつという選択肢も情報提供し，二者択一なものに限らず，保護者が多様な価値観の中から自分たちにとってより良いものを選んでいけるように支援したい。

1.5　未来に向けての展望

　聴覚障害をめぐる状況は近年多様性を増している。補聴器や人工内耳など補聴デバイスの新技術の開発や，それに合わせた医療技術，リハビリ方法も発展してきた。最先端の医療として再生医療についても研究が進められているところである。より聴覚を活用したいと願う者にとってはどれも待ち遠しいものだろう。また一方で，聞こえないことは障害ではないと考え，手話を自らの言語や文化として誇りを持つ者もいる。日本は単一言語，単一文化の側面が強く，馴染みを感じにくいかもしれないが，だからこそ「言語的少数者であるろう者」とはなんだろうかとしっかりと向き合い，尊重することが重要なのではないだろうか。もちろんこれらは相反するものではなく，一人ひとりにとっての最適バランスがあるだろう。違いを排除するのではなく，互いに認め合い，多様性が尊重されるからこその豊かさを見据えていきたい。

（大鹿　綾）

【引用・参考文献】

○4Hearts 聴覚障害って？　https://4hearts.net/deaf/（2021年11月19日閲覧）.
○伊藤真人（2015）遺伝性症候群性難聴の診断と取り扱い．日本耳鼻咽喉科学会会報，118(2), 160-161.
○木村晴美・市田泰弘（1995）ろう文化宣言―言語的少数者としてのろう者．現代思想，23(3), 354-362.
○工藤典代（2014）先天性風疹症候群の予防と対応．専門医通信，117(12), 1496-1497.
○日本耳鼻咽喉学会（2014）人工内耳適応基準．2018年1月12日．http://www.jibika.or.jp/members/iinkaikara/artificial_inner_ear2018.html（2021年7月29日閲覧）.
○丹羽健一・高橋晴雄（2021）2.ガイドラインのエッセンスと活用．日本耳鼻咽喉科学会会報，124(4), 435-439.

2. 聴覚障害児の教育・指導法

2.1 聴覚障害の学習上・生活上の困難

　聴覚障害とは，聴覚器官の損傷等による音の入力が制限され「聞こえない・聞こえにくい」状態となることで，学習や生活，あるいは発達に支障をきたす障害ということができる。聴覚障害児の発達において生じやすい学習上の課題や困難としては，言語習得，コミュニケーションの難しさ，教科学習の困難などが挙げられる。デジタル補聴機器の進歩や人工内耳の装用によって聴覚活用や発声・発語の力を高め，専ら音声を介してコミュニケーションを行う子どもも増えてきているが，聞き取りにくさが完全に解消できるわけではなく，必要に応じて手話などの視覚的なコミュニケーション方法を用いることが必要となる。

　特に障害の程度が重い子どもが多く在籍する聴覚特別支援学校では，聴覚の活用と併せて幼少期から手話を活用した指導が行われており，日常のコミュニケーションを手話で行っている子どもも少なくない。子どもによって使用するコミュニケーション方法には違いがあるが，いずれの子どもにおいても共通の課題として読み書き能力の習得が挙げられる。学齢期後半以降の学習では，教科書などを介した抽象的な思考が求められ，文字で書かれた文章を読む力，正しい文章を書く力が強く要求される。小学校中学年頃に現れやすい学習上の困難は，「9歳の峠」と呼ばれることもあり，具体的な思考から抽象的・概念的思考へとスムーズに移行することの難しさが指摘されている。

　生活上の困難についても言語習得とコミュニケーションの課題が強く関与し，社会的な行動面，対人関係面の困難につながることが懸念される。社会的行動や対人関係の課題には環境要因が強く影響し，個々の子どもの個体要因との相互作用によってさまざまな困難を引き起こしやすい。近年は，通常の学校に在籍する聴覚障害児が増加しており，教室内での聞こえる子どもとの集団生活の中で音声コミュニケーションの難しさを経験したり，意思疎通に関するトラブルなどが生じたりすることも少なくない。このような集団適応における困難が自己肯定感の喪失を引き起こすことも考えられ，ひいては社会適応の困難につながることも想定される。

　一方聴覚特別支援学校では，1学級あたりの子どもの数が少ないことから

（文部科学省，2020a），大きな集団の中で生活する経験が不足しがちになる。幼児期から人間関係の変化が少ない環境で生活することで，学校や学級内での役割の固定化なども生じやすい。また多くの子どもは通学に要する時間が長く，居住する地域での活動時間も制限されやすいなど，1日の生活時間にゆとりが少ない状況にある。聴覚障害児の発達における生活上の困難については，子どもの障害に関する実態とともに，生活環境の特徴をふまえた対応が必要となる。

2.2 聴覚障害のための教育の場

　聴覚障害児の教育の場については，乳児期から就学前の段階と就学後（小学校以降）の段階に分けることができる。主な教育の場をまとめると表4-1になる。現在は，新生児聴覚スクリーニングの普及によって，生後間もない段階で聴覚障害が発見される事例が増加しており，早期からの教育・支援が一般化しつつある。特に聴覚特別支援学校に設置されている乳幼児相談教室では，近年，相談件数が顕著に増加している。また従来，難聴幼児通園施設として設置されていた機関は，2012（平成24）年の制度改定後，児童発達支援センターとしてその機能を継続しているが，難聴児のみを対象としている児童発達支援センターの数は限られている。センターが設置されている都道府県等では，聴覚特別支援学校の乳幼児相談と連携したり，対象となる子

表4-1　聴覚障害児の主な療育・教育機関

	就学前段階（0〜5歳）	就学（後）段階（6歳〜）
学校教育機関	特別支援学校（聴覚障害）乳幼児相談・幼稚部 通常の幼稚園 特別支援学級（難聴学級）※ 通級指導教室（きこえの教室）※	特別支援学校（聴覚障害） 特別支援学校（その他の障害） 特別支援学級（難聴学級） 通級指導教室（きこえの教室）※※ 通常の学校
学校以外	児童発達支援センター（旧 難聴幼児通園施設） 病院等に付設の医療クリニック 保育園 私設の療育機関　等	

※地域の保護者からの相談などに対応
※※特別支援学校に設置される例もある

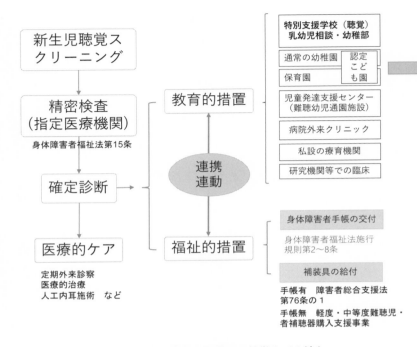

図4-8　障害の発見から就学までの流れ

どもの実態に応じて役割をある程度分担していることもある。

　障害の発見から，小学校就学までの大まかな流れを図4-8に示した。小学校以降の就学にあたっては，学校教育法施行令第22条の3，及び文部科学省初等中等教育局長通達（25文科初第756号 H25.10.4）「障害のある児童生徒等に対する早期からの一貫した支援について（通知）」において，各機関での教育の対象となる障害の程度等について規定されている。実際には子どもの障害の実態に応じて，保護者や専門家の意見をふまえた柔軟な選択がなされており，特に保護者や本人の意向を尊重した教育の場の選択がなされている。地域によっては聴覚特別支援学校の数が限られていることなどから，通学の利便性などによっても就学先は異なってくる。

　聴覚特別支援学校の設置数は，各都道府県によって異なっており，学校が1校のみ設置されている県では，乳幼児相談・幼稚部〜高等部・専攻科までのすべての学部を備えた「総合学園型」の形態を有している。一方，複数の

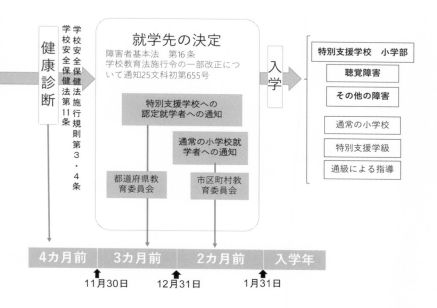

学校が設置されている県では，学校によって学部構成が異なっており，さまざまな設置形態がある。また国立学校が1校，私立学校が2校設置されており，これらの学校では聴覚活用や手話による指導など，主体となる教育・指導方法に特色がある。平成19年に特別支援教育体制へと移行した後は，聴覚障害児のみが通ういわゆる"聾学校"は減少傾向にあり，他の障害の学校との統合や並置が進みつつある。特別支援学校全体では，聴覚障害児の在籍数は増加しているが，聴覚障害のみの子どもが通う特別支援学校では児童生徒数の微減傾向が続いている（文部科学省，2020a）。聴覚特別支援学校は，聴覚障害児の集団が形成される場であり，手話などのコミュニケーション手段を子どもの実態を考慮して柔軟に活用しながら指導が行われている。特に"準ずる教育"に応じた教科指導を重視する点は，他の特別支援学校とは異なる特色といえよう。近年では特別支援学校を卒業後，大学等に進学する生徒の数も増えてきており，通常の学校と同様に教科学習における力量を形成することが大きな役割の1つとなっている。

　通常の学校に通う場合，特別支援学級（難聴学級）や通級による指導（きこえの教室）に在籍・通級する子どもも少なくない。難聴学級では，教科とともに特別支援学校の自立活動的な内容を含めた指導を行っている。教科指

導については，特定の教科（国語，英語等）以外は通常学級の児童生徒と同じ教室で学習するなど，いわゆる通級による指導に類似した形態で指導が行われている例が多い。通級による指導は，特定の時間，通級教室に通って指導を受ける形態であり，主に聴覚活用や発音指導，言語指導などの自立活動的な内容について，基本的に個別指導による教育を行っている。また通級教室に通う子どもの場合，他の聴覚障害児と交流したり集団を形成したりすることが難しいことから，自己の障害認識を深めるために定期的に集団による活動を実施している教室も多い。

　近年，聴覚障害の早期発見に伴って，乳幼児期からの聴覚活用が進んできており，人工内耳を装用する子どもの数も増えてきている。そのため，通常の学校で学ぶ子どもの数が増えてきており，今後，難聴学級やきこえの教室の役割は一層重視されるだろう。また特別支援学校においても人工内耳児は増加傾向にあり，コミュニケーション方法の選択や活用についても一層の工夫が求められる状況にある。

2.3　聴覚障害特別支援学校での教育課程の特徴

　聴覚障害特別支援学校での教育課程は，準ずる教育に応じた通常の教育課程と重複障害に応じた教育課程の2つに分けることができる。通常の教育課程においては，通常の学校と同様に各教科等の内容を扱い，自立活動を含めた教育課程編成を行っている。自立活動の授業時数（週あたり1～2時間）を含めるため，各教科等にあてる授業時数は標準授業時数よりも少なくなる傾向があるが，いずれの学校でもカリキュラム・マネジメントの工夫によって授業時間を確保できるように努めている。また高等部では普通科に加えて専門学科を設けている学校も多い。聴覚障害特別支援学校では独自の専門学科として，「印刷科」「理容・美容科」「クリーニング科」「歯科技工科」の設置が認められているが（文部科学省，2020b），近年の職業形態の変化により，これらの課程を設けている学校は減少傾向にある。最近では，事務的な職業に就くことを想定し，「ビジネス」「情報」などのコースを設ける学校が増えてきており，また「調理師」などの資格取得が可能な特色のあるコースを設置している学校もある。

　現在，聴覚障害特別支援学校での重複障害学級の設置率は全国平均で30

％程度であり，在籍している子どもの多くは知的障害との重複を有している。そのため，教育課程も知的障害特別支援学校に準じた設定を行っている場合が多い。重複障害学級では，子どもの実態に応じて教科の内容を工夫したり，自立活動的な内容を重視した指導が行われている。特に将来の社会生活を見据えて，有効なコミュニケーション方法を習得することは重要な指導内容となる。

2.4 聴覚障害に対する自立活動の内容

特別支援学校学習指導要領では，自立活動について6区分27項目の指導内容が設定されている。特別支援学校では，これらの内容を網羅して指導することが求められるが，自立活動に充てられる授業時数には制限もあり，個々の子どもに応じて学習や生活上の困難も異なるため，実際の授業では重視する内容を選択しながら指導が行われている。また自立活動の扱いについては，「○曜日の○時間目」のように週ごとに所定の時間を決めて行う場合や，「帯自立」と呼ばれるように「毎日，朝の○分間」というように決まった時間に毎日行うといった指導形態がある。さらに各教科等すべての教育活動を通じて自立活動の内容を扱うことも必要であり，さまざまな形での実践が行われている。

1999（平成11）年の学習指導要領改訂に伴い，それまでの「養護・訓練」から「自立活動」という用語と概念への変更がなされた。「養護・訓練」では障害による困難の克服という観点から，主に心身の発達と機能向上にかかわる内容が扱われることが多かったと考える。特に聴覚障害児に対しては，聴能訓練，発音指導，言語指導といった内容が重視され，音声言語の理解や産出にかかわる能力の育成が重視される傾向にあった。一方，自立活動では活動や社会参加という視点が重視され，学校を卒業した後，社会的に自立した生活を営むうえで必要となる知識や技能の育成が大きな目標となっている。

聴覚障害児については，それまでの聴覚活用や言語力の向上に加え，社会生活を営むうえで必要となる社会常識や規範意識，対人能力，自分の障害を社会との関連の中で認識できる力など，実際の生活環境を視野に入れた内容を扱う。とりわけ思春期を迎える中学部や高等部段階では，自身の障害を客観的に見つめ，社会生活上の困難に対した際にどのような考えや行動が必要

なのかを考える活動が重視される。さらに進学や就職を控える高等部段階では，大学生活や職業生活の中で対面する困難について，具体的な対応方法などの理解を深めていく。聴覚障害者の職業生活については，離職率の高さが課題となっており，その要因の1つとして聞こえる人とのコミュニケーションにおける課題が挙げられている。企業等で働く場合，聞こえる人と協働することが求められることから，聞こえる人の行動様式や的確なコミュニケーションのために必要な工夫などについて，職業体験や聴覚障害成人の話を聞くといった活動を通じて学びを深めていく。

　自己認識や社会性の育成は，通常の学校に在籍する聴覚障害児にとっても同様の課題となっている。特に近年では幼少期から高性能の補聴器や人工内耳を装用し，一定程度の聴覚補償を経験している子どもが増加しており，「聞こえにくい」ということに対する意識が十分に育っていない例も少なくない。小学生の時期は周囲の聞こえる子どもたちの障害に対する意識や知識が不足していることもあるため，担任教員と連携しながら障害への理解啓発と聴覚障害児の自己理解の促進を並行して行うことが重要である。また同じ障害を有する子ども同士の集団活動を適宜取り入れ，聞こえない者同士のコミュニケーションについての体験を積み上げていくことも大切である。

2.5 聴覚障害への指導と支援

2.5.1 コミュニケーションを保障する

　聴覚障害児への指導における最も大きな特色は，多様なコミュニケーション方法を子どもの実態に応じて用いることにある。聴覚特別支援学校で用いる主なコミュニケーション方法としては，表4-2に示したように，①聴覚の活用，②発声・発語，③読話，④キュード・スピーチ，⑤手話，⑥指文字，⑦文字（筆談）などが挙げられる（文部科学省，2020c）。このうち①と②は聴覚的な方法，③〜⑦は視覚的な方法として大別できる。ただし視覚的な方法である③読話と④キュード・スピーチは聴覚的な方法と併せて使用する方法であり，音声日本語を介して指導を行う聴覚口話法で用いる。⑤手話と⑥指文字は単独で用いるよりも，伝える内容に応じながら混合して用いるのが一般的である。

　手話については，音声と併せて使用する日本語対応手話と，独自の文法体

表4-2　聴覚障害教育における主なコミュニケーション方法（文部科学省，2020cより作成）

分類		方法	概要	指導に係る分類
総合的方法 トータルコミュニケーション 多様な方法を組み合わせて用いるという理念	聴覚的方法	聴覚活用（理解）	補聴器・人工内耳などを通じて音声を聞き取る方法	聴覚口話法
		発語・発話（産出）	発声によって音声で伝える方法	
	視覚的方法	読話	話し手の口形を読み取り，発話の内容を理解する方法	
		キュード・スピーチ	日本語の子音を手指の形や動きによるサインで表し，口形で表す母音と組み合わせて理解・産出する方法	
		手話	手指の形，動き，位置によって意味を表す方法。日本手話と日本語対応手話に大別される。	手話法（手指法）
		指文字	日本語の五十音を手指の形や動きで表現する方法	
		文字（筆談）	文字の読み書きで意味を伝える方法。パソコンによるテイクや電子メールなども含まれる。	上記の方法と適宜組み合わせて使用
		その他	・空書（空間に文字を描く方法） ・表情・ジェスチャー（身体の動きで意味を伝える方法） ・視覚的情報呈示（事物や絵，写真，シンボルなどを用いる方法）	

系や意味を有する日本手話に大別される。いずれの手話を用いるかは，子どもの実態や保護者の要望，教員の考え方や手話技術等に応じて異なるが，公立の特別支援学校では音声と日本語対応手話を用いた総合的な方法（トータルコミュニケーション）を用いる例が多いといえよう。また2校の私立学校では，それぞれ手話や聴覚活用を重視した特色ある教育実践が行われている。

　聴覚特別支援学校の授業では，教科の種類や指導内容に応じて，さまざまな視覚情報を活用した指導を展開している。板書，プリント，絵カード，文字カードなどに加えて，最近ではパソコンやタブレットなどのICT機器も利用し，目で見てわかりやすくなるような工夫を行う。また教師の発話を聞き取りやすくするために，補聴援助システム（ループ，赤外線，FM，デジタル情報送信機器など）を活用している学校も多い。一方，難聴学級やきこえの教室では，相対的に軽度・中等度障害の子どもが多く，コミュニケーション方法としては音声が使用される例が多い。視覚情報の活用や補聴援助シ

ステムの使用については特別支援学校と同様であるが，在籍学級での補聴援助システムとしては，個々の子どもに応じて使用しやすいFMシステムやデジタル情報送信機器を用いることが多い。

2.5.2 実態に応じた教科指導

　聴覚障害は，その障害の特性から自分にとって必要な情報の受信や発信に困難が生じやすい。前項でも述べたように，聴覚障害教育では情報の確実な伝達が重要であり，コミュニケーション方法や視覚教材の工夫と併せて，わかりやすい授業展開や，発問の工夫によるやりとりの促進，言葉による思考の深化，確実な理解の確認などに留意する必要がある（佐渡，2013）。特に目に見えにくい登場人物の心情（国語）や物理的な法則（理科），社会の構造や歴史（社会）などの抽象的概念については，子どもの理解に応じて教師が発問や教示を工夫するなど，言葉によるやりとりを通した学習が求められる（深江・江口，2013）。また言葉による説明に留まらず，プリント教材などを活用した理解の確認や振り返りを行いながら，学習の定着を促す必要がある。

　聴覚特別支援学校での教科指導においては，通常の学校と同じ教科書を使用する例が多いが，丁寧な情報伝達を行い学習内容の理解を促すために標準的な授業時数では不足することもしばしばある。教科での学習内容は学年や学部の進行に合わせて積み上げていく必要があるため，学期や年間を通じた授業計画を綿密に設定する必要がある。特に学習内容が高度となる中学校以降は，確実に習得すべき内容を軸としながら，内容を扱う順序や時間数についてそれぞれの教科目標に応じたカリキュラム・マネジメントが必須となるだろう。また子どもの実態に応じては，特別支援学校小学部・中学部聴覚障害者用教科書の活用や下学年適用による指導など，子どもの力を最大限に延ばせるような対応が必要となる。

2.6 未来に向けての展望

　新生児聴覚スクリーニングの普及によって，早期に聴覚障害が発見される事例は確実に増加しており，早期教育は一層の充実を見せている。早期教育の充実に向けては，医療，教育，福祉の密接な連携が必要となるが，地域に応じて圏域の広さや人口には多寡があり，設置されている教育機関の数や規

模にも違いがある。聴覚障害教育のシステムをより発展させていくうえでは，それぞれの地域の実情に応じて学びの連続性を保障するための連携体制の構築が大きな課題となるだろう。

　聴覚障害教育は他の障害児教育と比較して，歴史が長く，指導方法についてのさまざまな考えが提示され，多様な実践がなされてきた。また指導方法の変遷には補聴器や人工内耳，補聴援助システムなどのデバイスの発展が強く関係している。デジタル機器やICT技術は，今後も大きく変化・進化することが予想され，発展する情報化時代に応じた新たな指導のあり方を検討していく必要がある。

　また学習指導要領の改訂等に伴い，学校での教科学習の内容や学習方法についても変化しており，特に聴覚障害教育においては小学校からの外国語の学習が大きな課題となっている。通常の学校における外国語の授業では，コミュニケーションを通じた学習がより重視されているが，聞こえにくい子どもに対して同様の方法による指導を行うことには一定の限界もあるだろう。通常の学校と特別支援学校の違いを問わず，聴覚障害児への効果的な外国語の学習方法について，実践を積み上げながら検討していくことが求められている。

　また聴覚特別支援学校では，障害の重度化・重複化が進みつつある。特に発達障害を併せ有する子どもが相応数在籍しており（大鹿・渡部・濵田，2019），これらの子どもたちに対する有効な指導方法を考えるとともに，教育課程編成の工夫や多様化を想定した検討が必要であろう。

（澤　　隆史）

【引用・参考文献】

○ 深江健司・江口朋子（2013）物語文の読解授業における聴覚障害児の推論過程に関する研究―読書力が異なる児童の読解授業の比較．聴覚言語障害，41(2), 89-101.
○ 文部科学省（2020a）特別支援教育資料（令和元年度）.
○ 文部科学省（2020b）特別支援学校学習指導要領解説 聴覚障害者専門教科編（高等部）.
○ 文部科学省（2020c）聴覚障害教育の手引き―言語に関する指導の充実を目指して．ジアース教育新社.
○ 大鹿綾・渡部杏菜・濵田豊彦（2019）特別支援教育制度開始以降の発達障害の可能性のある聴覚特別支援学校在籍時に関する研究―過去10年の全国聴覚特別支援学校調査の動向．聴覚言語障害，48(2), 91-105.
○ 佐渡雅人（2013）授業力．ろう教育科学，55(1), 1-16.

5章
知的障害

1. 心理・病理

1.1 知的障害とは

1.1.1 概要

　知的障害という用語は教育・福祉・医療等の現場において広く用いられているが，障害としての概念は幅広いと言える。精神遅滞（Mental retardation）や知的能力障害（知的発達症：Intellectual disability）といった言葉で表されることもある。日本において，知的障害の用語が主に用いられるようになったのは1999年以降である。それまで使用されていた精神薄弱という名称は，知的機能や適応機能の遅れが中枢神経系における脳病変による原因である点を重視したものであった。しかし，原因にかかわらず知的・適応機能の遅れがある状態を指す用語が求められ，現在使用されている名称に変容してきた経緯がある。

1.1.2 知的障害の定義

　文部科学省によると，知的障害は「記憶，推理，判断などの知的機能に有意な遅れがみられ，社会生活などへの適応が難しい状態」と定義されている。このことは，知的機能の発達の遅れに伴い，言語や運動，情緒，行動といったさまざまな分野において発達上の遅れが見られることを示唆している。

　また，医学的視点から知的障害を捉える場合，DSM-5（アメリカ精神医学会）やICD-10（WHO）の定義を引用することができる。DSM-5では「知的能力障害」が診断名となり，知能検査によって確かめられる知的機能の欠陥があること，適応行動・社会的機能において明らかな欠陥があること，発達期（概ね18歳まで）に生じることの3点が記載されている（APA, 2013）。

　ICD-10の定義では「確定診断のためには，知的機能の水準の遅れ，そのために通常の社会環境での日常的な要求に適応する能力が乏しくなければならない。IQや一つの領域の特定の障害や能力によらず，全体的な能力の評価によって基づくべきである。」とある（WHO, 1992）。

　以上をまとめると，知的障害とは知的機能に明らかな遅れ，及び適応行動

に困難がある状態と表すことができる。また，留意すべき点として，知的障害は発達期の障害であるため，主に18歳以降に事故や病気などによって一度獲得された知的機能等が失われた場合は知的障害とは診断されない。

| 1.1.3 | 知的機能

DSM-5における定義では，知的機能は論理的思考，問題解決，計画，抽象的思考，判断や経験からの学習などによって構成されている。また，「知的機能に明らかな遅れのある状態」について，国立特別支援総合研究所（2020）では，同年齢の子どもと比較した際の認知や言語などにかかわる機能の発達などの知的面における遅れであると述べている。

知的機能を捉える指標としては知能指数（IQ）があり，ウェクスラー式知能検査やビネー式知能検査などを用いて算出することができる。ビネー式である田中ビネー式知能検査Ⅴでは，精神年齢の測定とそれに基づいたIQが算出される。ウェクスラー式知能検査は対象年齢によってWPPSI（適用範囲：2歳6カ月〜7歳3カ月），WISC（適用範囲：5歳0カ月〜16歳11カ月），WAIS（適用範囲：16歳0カ月〜90歳11カ月）に分けられる。学齢期の子どもに主に使用されるWISC-Vでは，言語理解（言語情報から読み取る力），知覚推理（視覚的な情報から読み取る力），ワーキングメモリ（聴覚的な情報を読み取る力），処理速度（単純な視覚情報を素早く読み取り，効率よく取り組む力）の4つの指標得点から知能を多面的に捉えることができる。ただ，知能検査によって算出されたIQ値は，実際には誤差が含まれていることや測定した状況等によって数値に影響を与えることもあるため，数値が変動する可能性について留意する必要がある。

| 1.1.4 | 適応行動

適応行動とは，日常生活を安全で自律的に送るために必要となる年齢相応のスキルのことを指す。アメリカ精神遅滞学会（AAMR, 2002）によると，適応行動は大きく概念的領域，社会的領域，実用的領域の3つの領域に分けることができる（表5-1）。

適応行動を捉える指標には，日本版Vineland-Ⅱ適応行動尺度や新版S-M社会生活能力検査などがある。特に，日本版Vineland-Ⅱ適応行動尺度では，適応行動をコミュニケーション，日常生活スキル，社会性，運動スキルの4領域に分けており，検査の適用範囲は0〜92歳である。また，不適応行動

表5-1　適応行動の３つの領域（AAMR, 2002より作成）

○**概念的領域**：言葉の理解や表出する力などを含む言語発達や書字，読字や
　　　　　　　　計算などの学習技能が含まれる。
○**社会的領域**：対人スキルや集団行動や社会的なルール理解などの社会的行
　　　　　　　　動が含まれる。
○**実用的領域**：食事や身の回りの支度といった日常生活習慣行動，買い物や
　　　　　　　　乗り物に乗るなどのライフスキル，体育技能などの運動機能
　　　　　　　　が含まれる。

についても測定が可能であり，これには内在化問題と外在化問題の２指標が
含まれる。適応行動は個人的または社会的充足に必要な日常活動の能力であ
り，実際の行動の遂行によって定められている。このように，日常の生活を
送るうえで必要なさまざまな機能において困難を抱えていることが，知的機
能の遅れに加えて知的障害児では見られる。

1.2　知的障害の種類

　知的障害は，その困難の程度について軽度・中等度・重度・最重度の４つ
の区分により重症度が分けられる。以前は重症度を知能指数（IQ）の値に
よって捉えた区分（図5-1）が主流であり，DSM-Ⅳ-TRでは軽度（IQ50〜
55からおよそ70），中等度（IQ35〜40から50〜55），重度（IQ20〜25から35
〜55），最重度（IQ20〜25以下）とされていた。また，IQ値が71〜85であ
る場合は境界領域知能（ボーダー）となり，明らかな知的な遅れは見られな
いものの，日常生活において困難を抱える子どももいる。しかし，現在はあ
くまで参考値としてIQ値を用いており，先述のDSM-5においてもIQ値で
はなく知的機能と適応機能の状態による区分となっている。４つの区分につ
いてDSM-5などを参考にした場合，それぞれの状態像は以下のように捉え
られると考える。

・**軽度**：身辺自立はしているものの，日常生活に助言が必要な状態
　　　　学童期より学業不振がみられるが，成人期で家庭をもつ場合もある。
・**中等度**：身辺自立への助言，日常生活にかなりの支援が必要な状態

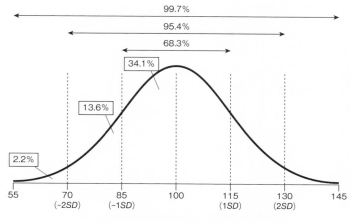

図5-1　知能指数（IQ）の分布

　ある程度の読み書きや計算ができ他者とのコミュニケーションも可能ではあるが，完全な自立は難しいとされる。

・**重度**：日常生活すべてに援助や監督が必要な状態

　読み書き等への難しさがあり，簡単な単語や身振りによるコミュニケーションが中心となる。身の回りのことの難しさがあるため，日常生活では他者介助を必要とする。

・**最重度**：日常生活のすべてを他者に依存している状態

　多くの場合には器質的な疾患の合併がみられ，自分で動くことが難しく，他者の介助が必要である。非言語によるコミュニケーションが中心となる。

1.3　知的障害の原因

　知的障害が生じる原因として考えられるものにはさまざまあるが，発症時期や疾患の病因によって「先天性・後天性」「病理型・生理型」などに分類することができる。

1.3.1　先天性・後天性

　知的障害の原因と考えられる状態が生じた時期が，出生前あるいは出生後かという観点から捉える分類法である。

　先天性には，染色体異常や単一遺伝子疾患などのように出生以前の状態が含まれる。他にも，周産期の脳障害として，低酸素性脳障害や頭蓋内出血な

どがある。また，出生前の母体の疾患や飲酒・薬物接種等が影響を与える可能性もある。例えば，妊娠中の母親と飲酒との関連では胎児性アルコール症候群があるが，母親が妊娠中に飲酒をした場合に子どもの奇形や脳障害が引き起こされるリスクが高まり，知的障害を伴う場合もある。

　後天性には，出生時あるいは出生後早期の段階での感染症，外傷などが含まれる。出生後の要因としては，外傷性の脳損傷や感染症，水銀や鉛などの中毒，頭部への外傷などが挙げられる。

1.3.2　病理型・生理型

　知的障害の原因の有無による観点から捉える分類法である。病理型は，知的障害の原因となる疾患が明確であるものを指し，生理型は原因が特定できないものである。一般的に，知的障害は複数の環境や遺伝要因が関与する多因子疾患であるが，この分類によると，知的障害の多くは原因がはっきりと特定できない生理型に当てはまるとされている。

1.3.3　知的障害と染色体異常

　知的障害児では，染色体異常を原因とする疾患を有している場合がしばしば見られる。ヒトは22対の常染色体と2本の性染色体の23対，計46本の染色体をもっているが，これらの染色体の数や構造に異常があることが知的障害の発症につながると考えられる。形態異常の原因として考えられるのは遺伝要因が約95%であり，この中に染色体異常や単一遺伝子の異常，多因子遺伝病が含まる。このような染色体や遺伝子に異常が見られる疾患を遺伝性疾患と呼ぶ。遺伝性疾患は遺伝子疾患や遺伝疾患とも呼ばれ，大変希少なものも含めると1,000以上の疾患があると言われている。遺伝性疾患に共通するのは，知的障害だけではなく内部疾患などさまざまな障害や疾患を合併しうる点である。日常的な医療的ケアを必要とする場合も多いため，身体疾患についての特徴への理解も求められる。また，知的障害が軽度であるとその他の障害や疾患も軽度な場合もあるため，周囲から子どもの困難が見過ごされやすい点には注意を払う必要がある。知的障害を有する遺伝性疾患の例として，以下にダウン症候群，脆弱性X症候群，22q11.2欠失症候群，ウィリアムズ症候群の概要を記載する。

ダウン症候群

　知的障害を併せ有する遺伝性疾患の1つであるダウン症候群は21番目の

染色体の全長あるいは一部の重複によって生じる。染色体が1本多いことを
トリソミーというため，21トリソミーと呼ばれることもある。発症率は約
700人に1人と，遺伝性疾患の中でも最も発症頻度が高い症候群である。染
色体異常がどのように生じているかによっても影響を与え，ダウン症候群は
標準型（トリソミー），転座型，モザイク型に分けられ，全体の95％が標準
型である。なお，転座型は染色体全体あるいは一部が染色体内／間で移動し
再結合している状態であり，モザイク型は染色体異常をもった細胞と正常の
染色体数の細胞が混在している状態を指す。知的障害の程度は軽度から重度
と人によって大きく異なる。身体的な症状として，特徴的な顔貌，筋緊張，
先天性心疾患，成長障害などが挙げられる。

脆弱性X症候群

　脆弱性X症候群は，X染色体上にあるFMR1遺伝子の変異によって生じ
る進行性の疾患である。約4,000〜6,000人に1人の有病率であり，特に男児
に多く見られる（Coffee et al., 2009；Saldarriaga et al., 2014）。知的障害の
程度は軽度から中等度の場合が多く，認知機能や実行制御機能の障害などが
見られる。また，特徴的な顔貌であることや，自閉症スペクトラム障害
（ASD）との併存が多いことが知られている。

22q11.2欠失症候群

　22q11.2欠失症候群は胸腺低形成やディ・ジョージ症候群といった名称で呼
ばれることもあるが，22番染色体（22q11.2）の微細欠失により生じる。微細
欠失とは，染色体のごく一部の遺伝子にのみ欠失がみられる状態である。発
症率は約2,000〜6,000人に1人だが，知的障害の程度が重度の場合もあれば
境界例知能の場合もある（McDonald-McGinn, 2018）。主な合併症としては，
ファロー四徴症といった先天性心疾患や胸腺低形成による細胞性免疫不全，
口蓋裂・鼻咽腔閉鎖不全，副甲状腺低形成による低カルシウム血症，特徴的
な顔貌などが挙げられる。また，発達障害の併存もしばしば見られ，特に視
空間認知や算数能力などの障害についても近年指摘されている（宮寺，2016）。

ウィリアムズ症候群

　ウィリアムズ症候群は，7番染色体（7q11.23）の微細欠失により生じる
遺伝性疾患である。約7,500人に1人の有病率であり，先天性心疾患，高カ
ルシウム血症，筋骨格の異常，特徴的な顔貌などの身体的症状を有する。ま

た，表出言語には流暢さがみられるものの，視空間認知の障害がしばしば指摘されている。ウィリアムズ症候群では，社交性の高さが特徴として挙げられることが多いが，その一方で聴覚過敏や注意などの行動問題が見られることも報告されている（Klein-Tasman et al., 2017）。

1.4 知的障害の特性と発達

　知的障害は定義にもあったように発達期の障害であり，幼少期からの発達特性や行動特性においてさまざまな特徴を有する。発達特性として，言語や運動の遅れ，生活習慣行動，発達障害の合併等が挙げられる。

　知的障害の状態については，①知的機能，②身辺自立（日常生活習慣行動：食事や排泄，衣服の着脱，清潔行動など），③社会生活能力（ライフスキル：買い物，乗り物の利用，公共機関の利用など），④運動機能（協調運動，体育技能，持久力など），⑤成育歴や家庭環境（成育歴上の特記すべきことなど），⑥身体的状況（てんかん，麻痺，アレルギー性疾患など），⑦学力などについて検査や調査等を通して実態を把握することが求められる。

　知的障害は前述したように，その程度が軽度から最重度まで幅が広いため，個人によって特性や発達の過程が大きく異なる点について留意する必要がある。このため，以下に記載した特性はあくまで一例として捉えることが重要である。

1.4.1 言語

　知的障害児では，しばしば言語を理解する力（理解言語）と比べて言語を表出する力（表出言語）が遅れる場合がみられる。このことから，子どもによっては表出言語と理解言語の発達において差異が生じている可能性がある。知的障害児の中には一語文が未獲得の子どももいる。また，構文（統語）の理解よりも語彙の発達が先行することや，知的障害特有の反応の緩やかさや未熟さがみられることもある。また，障害の程度がより重度な場合には，言語でのやりとりが難しいこともあるため身振り行動などノンバーバルなジェスチャーによる意思伝達が行われることもある。

1.4.2 運動

　身体の動きは学習や生活を送るうえでのさまざまな作業に影響しているため，運動面の困難が学習・生活面における困難につながることもある。運動

は微細運動や粗大運動など分けて捉えることができるが，身体の各部位を協調して動かすこと（協調運動）への苦手さがしばしば見られる。微細運動には，掴む，押す，指さす，触るなどのような手指運動や舌の動きが含まれる。このような微細運動が苦手な場合，例えば鉛筆で書く，ボタンを留める，靴ひもを結ぶなどの動作に困難が生じる可能性がある。粗大運動には歩く，走るといった全身運動や姿勢のコントロールなどが含まれる。このため，ボール投げや縄跳びといった運動での困難さや姿勢が崩れやすい，バランス感覚がとりにくいなどの状態が生じる可能性がある。特に，肢体不自由と知的障害が重複し重度な場合には，異常な筋緊張に身体が支配されてしまい，リラックスできないことや姿勢が保てないことがある。この場合，異常な姿勢筋緊張や呼吸パターンがみられ，肺炎などの重篤な状態に陥りやすいことが知られている。

1.4.3 視知覚

視知覚とは，目から入った情報を脳で適切に処理し，適切な対応をとることのできる能力のことを指す。物の位置を把握することや，見た形を頭の中でイメージする力，目から入ってくる情報を取捨選択する力などが含まれるため，書字や読書，スポーツなどさまざまな学習へ影響を与える可能性がある。知的障害児では特定の部分にのみ着目することへの苦手さがみられることがあり，似た文字や数字の区別がつかない等により学習面でのつまずきにつながる可能性もある。ウィリアムズ症候群では視知覚認知の障害があることが知られているが，その背景として視覚認知に関係する脳領域の機能障害による影響が指摘されている。特に，物の位置や三次元知覚に関連する背側経路における障害との関連が強いとの報告がある（Atkinson et al., 1997；中村，2009）。

1.4.4 記憶

記憶には大きく分けて短期記憶と長期記憶があるが，知的障害のある子どもの中には，短期記憶の容量が十分でなく記憶に留めておくことが難しい場合や，短期記憶から長期記憶へ移行する際の効果的な方略を利用できていないことがある。特に耳からの情報を記憶するといった音韻性のワーキングメモリにおいて，困難が見られる場合がしばしばある。一方，一度長期記憶まで記憶が輸送されている場合には，記憶の保持や消失速度は健常児とそれほ

ど変わらないといった報告もある（McCartney, 1987）。このことは，記憶を短期記憶から長期記憶へ移し替える際の方略を身につけることの重要性を示唆していると考えられる。

1.4.5 心理・精神

　知的障害児では日々の生活によって生じるストレスを言語化できない場合などにおいて，それが身体症状や精神症状として現れることもある。本人が対処できないほどのストレスがかかった場合，例えば腹痛や嘔吐といった消化器系症状がしばしば見られ，特に軽度の知的障害児では過敏性腸症候群を有することもある。また，重度や最重度の知的障害がありASDを併せ有している子どもにおいては，環境等によるストレスによって自傷・他害行為といった強度行動障害の状態が生じることがある。ダウン症候群では，青年期退行現象といってストレスをきっかけに，それまでできていたことができなくなることもある。

　このような状態が生じる背景には環境要因としてのストレスの影響が大きく，二次的に生じる場合が多いと考えられる。特に，軽度や中等度の知的障害児においては周囲からの要求や指示理解への困難が不安や劣等感等のメンタルヘルス問題につながる傾向にあることも指摘されており（内閣府，2010），予防的観点からも早期の段階より心理的側面に注意を払うことは重要であると考える。

1.5 未来に向けての展望

　知的障害は単に知的な遅れがあることだけを指しているわけではなく，包括的な概念であるため状態像も個人によって大きく異なり，一言で表現することの難しい障害と考える。実際には，知的障害がなぜ生じるのかについては不明なことが多く，原因を解明するという観点から基礎的な研究がさらに推進されることが求められる。指導・支援を行ううえでも個人によって異なる遺伝的背景なども含めて理解する必要があるため，さまざまな疾患への理解のためにも基礎的な研究が進むことは，指導・支援法の発展のためにも必要不可欠と言えるだろう。その一方で，現場では医学的な側面に目を向けすぎず子ども自身を見ることが重要と言えるため，双方のバランスが求められる。

（田中　美歩）

【引用・参考文献】

○ American Association on Mental Retardation（2002）*Mental retardtion:Definition classification, and systems of supports, 10th ed. own.*［栗田広・渡辺勧持（共訳）（2004）精神遅滞―定義，分類および支援体制 第10版. 日本知的障害福祉連盟］.

○ American Psychiatric Association（2013）*Diagnostic and Statistical Manual of Mental Disorders Fifth Edition: DSM-5.* American Psychiatric Press, Washington, DC. 髙橋三郎・大野裕（監訳）（2014）DSM-5 精神疾患の診断・統計マニュアル. 医学書院.

○ Atkinson, J., King, J., Braddick, O., Nokes, L., Anker, S., & Braddick, F.（1997）A specific deficit of dorsal stream function in Williams' syndrome. *NeuroReport*, 8, 1919-1922.

○ Coffee, B., Keith, K., Albizua, I., Malone, T., Mowrey, J., Sherman, S. L., & Warren, S. T.（2009）Incidenca of Fragile X syndrome by newborn screening for methylated FMR1 DNA. *American Journal of Human Genetics*. 85, 503-514.

○ Klein-Tasman, B. P., & Lee, K.（2017）Problem behaviour and psychosocial functioning in young children with Williams syndorome: parent and teacher perspectives. *Journal of Intellectual Disability Research*, 61(9), 853-865.

○ 国立特別支援教育総合研究所（2020）特別支援教育の基礎・基本2020. ジアース教育新社.

○ McCartney, J.（1987）Mentally retarded and nonretarded subjects' long-term recognition memory. *American Journal of Mental Retardation*, 92(3), 312-317.

○ McDonald-McGinn, D. M.（2018）22q11.2 deletion syndrome: A tiny piece leading to a big picture. *American Journal of Medical Genetics Part A*, 176(10), 2055-2057.

○ 宮寺千恵（2016）22q11.2 欠失症候群児・者の算数能力障害について. 特殊教育学研究, 54(1), 23-34.

○ 文部科学省（2013）教育支援資料.

○ 内閣府（2010）ユースアドバイザー養成プログラム（改訂版）. https://www8.cao.go.jp/youth/kenkyu/h19-2/html/ua_mkj_pdf.html（2021年7月30日閲覧）.

○ 中村みほ（2009）ウィリアムズ症候群の視覚認知機能. 認知神経科学, 11(1), 48-53.

○ Saldarriaga, W., Tassone, F., González-Teshima, L. Y., Forero-Forero, J. V., Ayala-Zapata, S., & Hagerman, R.（2014）Fragile X Syndrome. *Colpmbia Médica*, 30, 45(4), 190-198.

○ World Health Organization（1992）*The ICD-10 Classification of Mental and Behavioral Disorders:Clinical Descriptions and Diagnostic Gidelines.* 融道男・中根允文・小見山実他（監訳）（2005）ICD-10 精神および行動の障害―臨床記述と診断ガイドライン（新訳版）. 医学書院.

2. 教育・指導法

2.1 知的障害の学習上・生活上の困難

　知的障害のある児童生徒に適切な教育的対応を行ううえで，子どもたちの特性を正しく理解する必要がある。特に，知的障害のある子どもの学習上の困難さとして，以下の特徴が挙げられる。

- ・学習によって得た知識や技能が断片的になりやすく，実際の生活の場面の中で生かすことが難しい。
- ・成功経験が少ないことなどにより，主体的に活動に取り組む意欲が十分に育っていないことが多い。
- ・抽象的な内容の指導よりも，実際的な生活場面の中で，具体的に思考や判断，表現できるようにする指導が効果的である。

　以上の特徴をふまえた教育的対応として，実際の生活場面に即しながら，繰り返して学習すること，継続的・段階的な指導，児童生徒の自信や主体的に取り組む意欲を育むことなどが重要視されている（文部科学省，2018）。

2.2 知的障害のための教育の場

2.2.1 知的障害特別支援学校の概要

　知的障害のある子どもの教育の場の１つとして，知的障害特別支援学校がある。知的障害特別支援学校は，知的障害を主たる対象とした特別支援学校であるが，知的障害のある子どものすべてが知的障害特別支援学校に在籍しているかというと，そうではない。

　特別支援学校の対象となる程度，つまり目安が学校教育法第75条に定められている。その第75条には，「第72条に規定する視覚障害者，聴覚障害者，知的障害者，肢体不自由者又は病弱者の障害の程度は，政令で定める」と記されている。ここに書かれている政令というのは，学校教育法施行令第22条の３のことである。この学校教育法施行令第22条の３の知的障害者の部分について，2002年の改正前と改正後を比較してみる（表5-2）。

　改正前は，障害の程度を「中度」「軽度」のように規定し，知能指数（IQ）等の値が重視される傾向にあった。しかし，現在は「中度」「軽度」の表現はなくなり，「日常生活」や「社会生活」などの視点も含めて程度が規定さ

表5-2 知的障害特別支援学校の対象となる程度：学校教育法施行令第22条の3
（佐藤，2014より作成）

2002年改正前
1　知的発達の遅滞の程度が中度以上のもの 2　知的発達の遅滞の程度が軽度のもののうち，社会的適応性が特に乏しいもの

2002年改正後
1　知的発達の遅滞があり，他人との意思疎通が困難で日常生活を営むのに頻繁に援助を必要とする程度のもの 2　知的発達の遅滞の程度が前号に掲げる程度に達しないもののうち，社会生活への適応が著しく困難なもの

れている。また，「頻繁に援助を必要とする程度のもの」というように，知的障害という状態を援助（支援）との関係で捉えるようになった。このことは，援助によって，知的障害の状態が変化することを示している。

　上記の程度に該当する場合，必ず知的障害特別支援学校へ就学しなければならないということではない。以前は，一定の障害のある児童生徒は原則として特別支援学校に就学するというのが基本的な考え方であった。しかし，現在は，市町村の教育委員会が子ども一人ひとりについて障害の状態等をふまえた十分な検討を行ったうえで，就学先を判断・決定する仕組みに改められた。その際，特に重要となるのは，本人・保護者の意向を尊重しながらも，本人の教育を第一に，本人・保護者と市町村教育委員会等が教育的ニーズと必要な支援について合意形成を行うことである（文部科学省，2013a）。

2.2.2 知的障害特別支援学級の概要

　知的障害特別支援学級は，小学校等に設置された特別支援学級の1つである。学校教育法第81条の第2項に「小学校，中学校，義務教育学校，高等学校及び中等教育学校には，次の各号のいずれかに該当する児童及び生徒のために，特別支援学級を置くことができる。一　知的障害者…六　その他障害のある者で，特別支援学級において教育を行うことが適当なもの」と記されている。知的障害特別支援学級の対象となる程度については，「平成25年10月4日付け25文科初第756号初等中等教育局長通知」（文部科学省，

2013b）に「知的発達の遅滞があり，他人との意思疎通に軽度の困難があり日常生活を営むのに一部援助が必要で，社会生活への適応が困難である程度のもの」と示されている。

　先に示した知的障害特別支援学校の対象となる程度との違いはどこにあるだろうか。支援との関係に注目すると，知的障害特別支援学校の対象となる程度には「頻繁に援助を必要とする」とあるが，特別支援学級の対象となる程度では「一部援助が必要」となっている。このように，援助の程度の違いによって対象となる程度の違いが表されている。

2.3 知的障害特別支援学校の教育課程の特徴

　特別支援学校には，幼稚部，小学部，中学部，高等部が設置され得るが，知的障害特別支援学校については，幼稚部を設置しているのは一部の学校に限られている。多くは，幼稚部を除く学部が設置されており，設置学部は学校によって異なる（例：小学部・中学部のみ，高等部のみ等）。また，高等部においては，普通教育を主とする学科の他に専門教育を主とする学科を設けている場合がある。

　学校教育法第72条には「特別支援学校は，視覚障害者，聴覚障害者，知的障害者，肢体不自由者又は病弱者（身体虚弱者を含む。以下同じ。）に対して，幼稚園，小学校，中学校又は高等学校に準ずる教育を施すとともに，障害による学習上又は生活上の困難を克服し自立を図るために必要な知識技能を授けることを目的とする。」と定められている。つまり，特別支援学校では，通常の小学校等と同じ教育を行うことに加え，障害による学習上又は生活上の困難の克服，自立を目指すための知識・技能を身につけさせる指導を行うことを目的としている。この後者の指導が，自立活動に該当し，特別支援学校の教育の特徴の１つである。

　では，特別支援学校の１つである知的障害特別支援学校では，どのような指導が行われているのだろうか。知的障害特別支援学校では，各教科の構成，目標や内容が小学校等とは異なっている。

　知的障害特別支援学校小・中学部の各教科の構成と履修は表5-3に示したとおりである。例えば，小学部では，小学校の第１学年及び第２学年の２年間で履修する「生活」を第１学年から第６学年まで６年間を通して履修する。

表5-3　知的障害特別支援学校 小・中学部の各教科の構成と履修について
（国立特別支援教育総合研究所，2020より作成）

学部	教科等
小学部	生活，国語，算数，音楽，図画工作及び体育の6教科 第1学年から第6学年を通して履修 （外国語活動については，児童や学校の実態を考慮の上，小学部3学年以上に，必要に応じて設けることができる）
中学部	国語，社会，数学，理科，音楽，美術，保健体育及び職業・家庭の8教科 第1学年から第3学年を通して履修 （外国語科は，生徒や学校の実態を考慮し，各学校の判断により必要に応じて設けることができる） （その他特に必要な教科を学校の判断により設けることができる）

　また，小学校では第3学年より開始する「理科」や「社会」，第5学年及び第6学年で履修する「家庭」は小学部では教科としては設定されていないなどの違いがある。

　各教科の内容は学年別ではなく，学部ごとに段階で示されており，小学部3段階，中学部2段階，高等部2段階（高等部の専門学科で開設される教科については1段階）となっている。段階別に内容を示す理由は，同一学年であっても，知的機能の個人差が大きいこと，それをふまえた効果的な指導を行えるようにするためである（文部科学省，2018）。

　また，学校によって異なるが，普通学級と重度重複学級の2つの学級が設けられている場合や，普通学級がさらに知的障害を対象とする学級と自閉スペクトラム症を対象とする学級に分けられ，重度重複学級と合わせて3つのの学級が設けられている場合等がある。現在，知的障害特別支援学校には，自閉スペクトラム症を有するまたはその傾向を示す児童生徒が多く在籍している（国立特別支援教育総合研究所，2018）。そのため，自閉スペクトラム症のある児童生徒の学習上・生活上の特性をふまえた指導が必要とされており，多くの知的障害特別支援学校において，その特性をふまえた指導・支援が取り入れられている。

　知的障害特別支援学校において使用される教科書は，文部科学省が小・中

学部用の国語，算数・数学，音楽の教科書を作成しており，基本的には，それらの教科書の使用が義務付けられている。一方，小・中学部における他の各教科，高等部の各教科については文部科学省による著作本または検定教科書は発行されていない。そのため，現在，学習指導要領の着実な実施のための教科書の作成が課題となっている（文部科学省，2021）。

　なお，知的障害特別支援学級の教育課程は以下のとおりである。特別支援学級は小学校等に設置された学級であるため，基本的には，教育課程は小学校等の学習指導要領に基づくこととなる。しかし，児童生徒の障害の状態等によっては，小学校等の教育課程を適用することが，児童生徒の実態に即していない場合がある。そのため，特別支援学級の教育課程の編成においては「特別の教育課程」を編成し，教育を行うことが認められている（学校教育法施行規則第138条）。この場合，自立活動を取り入れる，各教科の目標や内容を下学年のものに替える，各教科を知的障害特別支援学校の各教科に替えるなどの教育が考えられる。

2.4 知的障害に対する自立活動の内容

　自立活動とは，特別支援学校に特徴的な教育活動の1つである。現行の学習指導要領では，自立活動は「健康の保持」「心理的な安定」「人間関係の形成」「環境の把握」「身体の動き」「コミュニケーション」の6区分，各区分に3～5の項目が設定され，計27項目でその内容が示されている。自立活動の指導では，これらの27項目の内容のすべてを指導しなければならないというわけではなく，「内容の中からそれぞれに必要とする項目を選定し，それらを相互に関連付け，具体的に指導内容を設定する」よう定められている（学習指導要領第7章第3の1から一部抜粋）。

　自立活動はかつて「養護・訓練」として指導がなされていたが，それ以前は各教科の中で障害による困難さの改善・克服を目指す指導が行われていた。例えば，視覚障害特別支援学校（かつての盲学校）では歩行訓練を「体育」に，聴覚障害特別支援学校（かつてのろう学校）では，言語指導を「国語」として位置づけていた。一方，知的障害特別支援学校（かつての養護学校）では，そのような特別な指導が明確に位置づけられていなかった。現在は，自立活動として，障害種ごとに共通した指導内容が確立されているものの，

知的障害のある児童生徒については，個々の児童生徒のニーズに応じた指導がより一層求められる傾向にある。

　知的障害特別支援学校の自立活動について，小学部単一障害学級を対象とした調査では，先の6区分のうち「コミュニケーション」が主な区分として扱われる傾向にあるものの，「健康の保持」を除く他の区分との間で著しい差は認められていない（大井・中西・日高・岩井・丹羽・濱田・渡邉・蓮香・上地，2020）。このことは，知的障害のある子どもの自立活動においては，さまざまな区分を扱う必要があることを示している。

　従来から，知的障害特別支援学校では，自立活動の時間を特に設定していない学校数が他の障害種に比して多いことが報告されており，その理由として，各教科等を合わせた指導の中で自立活動の内容を指導する学校が多いこと，指導体制確保の困難さ等が挙げられている（下山，2018）。このような現状をふまえると，自立活動の指導が適切に行われるためには，指導目標及び内容，授業計画の明確化に加え，各教科等を合わせた指導の中での自立活動の位置づけも明確にしておく必要があると思われる。

2.5 知的障害への指導と支援

2.5.1 各教科等を合わせた指導

　先に述べた，知的障害のある児童生徒の学習上の特性をふまえると，子どもの発達段階や障害の状態，実生活等に即した内容を中心に教育課程を編成しなければならない。知的障害特別支援学校では，各教科，道徳科，特別活動及び自立活動のそれぞれの時間を設けて指導を行う形態（教科別の指導），道徳科，外国語活動，特別活動の時間を設けて指導を行う形態と各教科等を合わせて指導を行う形態（各教科等を合わせた指導）を組み合わせて指導を行っている。知的障害特別支援学校においては，この各教科等を合わせた指導が積極的に行われてきた。各教科等を合わせた指導とは，各教科，道徳科，特別活動，自立活動及び小学部においては外国語活動の一部または全部を合わせて指導を行う形態のことであり，従来から，①日常生活の指導，②遊びの指導，③生活単元学習，④作業学習として指導されてきた。以下では，それぞれの指導について触れる。

①日常生活の指導

　日常生活の指導は，児童生徒の日常生活が充実し，高まるように日常生活の諸活動について指導するものである。具体的な指導の例は，衣服の着脱，洗面，手洗い，排泄，食事など基本的な生活習慣にかかわる内容，あいさつ，言葉遣い，時間やきまりを守ることなど日常生活や社会生活において必要となる基本的な内容である。

②遊びの指導

　遊びの指導は，遊びを学習活動の中心に据え，身体活動，仲間とのかかわりに視点をおきながら，心身の発達を促していくものであり，主に小学部を中心として展開される。子どもが積極的に遊びに取り組めるよう，場の設定や教員の対応，遊具等を工夫する必要がある。ブロックを用いた遊びを例にとると，ブロックを組み立てて，車などに見立てることができる，ブロックを介して教員や友人と一緒に遊ぶことができるようになる等の目標を設定し，その手立て（例：指導者がブロックや人とのかかわり方のモデルを示す）を明確にする。遊びとはいえ，このように，計画的に実施すべきものである。

③生活単元学習

　生活単元学習は，児童生徒が生活上の目標を達成したり，課題を解決したりするために，一連の活動を組織的・体系的に経験することによって，自立や社会参加のために必要な事柄を実際的・総合的に学習するものである。指導では，実際の生活上の目標や課題に沿って目標や内容を組織することが重要である。また，指導計画を作成するうえで，個人差の大きい集団においても実施でき，かつ集団全体で単元の活動に協働して取り組めるものであること等を考慮する必要がある。例えば，調理の活動，栽培の活動，学校行事や地域の行事を中心とした活動等が考えられる。

④作業学習

　作業学習は，作業活動を中心として，児童生徒の働く意欲を培い，将来の職業生活や社会自立に必要な事柄を総合的に学習するものである。作業学習では，将来の職業にかかわる直接的な知識や技能の習得よりも，その前段階として，児童生徒の働く意欲や社会的自立の基盤となる資質・能力を育むことに重きを置く。作業学習の指導で行われる活動の種類は，農耕，園芸，紙工，木工，縫製，金工，窯業，印刷，調理，食品加工，クリーニングなどの

他，事務，販売，清掃，接客など多種多様である。

　知的障害のある子どもにとって，社会的・職業的自立は大きな目標の１つである。学習指導要領（文部科学省，2017）では，早期からのキャリア教育の充実を図ることが規定されている。作業学習はキャリア教育の一環としてみなされ，学年が上がるにつれて作業学習の時間が多くなる傾向にあるが，それ以外の学習や課外活動等も社会的自立の基盤を形成する重要な時間であることに留意しなければならない。

│ 2.5.2 │ 就学前における早期相談・支援

　ここまでは，就学後の内容が中心であったが，知的障害者である乳幼児がどのようにして学齢期を迎えるのかの知識も子どもの正しい理解と支援という点で必要である。

　先に述べたように，知的障害のあるすべての児童生徒が知的障害特別支援学校に入学するのではないのと同様に，知的障害のある幼児のすべてが知的障害特別支援学校の幼稚部に籍を置いているわけではない。特に，知的障害特別支援学校では，幼稚部を設置している学校がそう多くないこともあり，地域の保育所や療育施設等で指導・支援を受けている子どもが多い。保育所等では，いわゆる「加配制度」（特別の配慮を必要とする子どもの支援を主として行う職員を追加で配置する制度）を利用して，集団生活をおくる場合が多い。

　また，療育とは，子どもの発達の遅れや偏りの特性をふまえた指導・支援を中心に行うものであり，知的障害に限ったものではなく，さまざまな障害または障害の疑いの可能性がある子どもを対象として行われるものである。指導の形態は障害種や程度，施設ごとに異なるが，個別指導，集団指導，それらを組み合わせた指導が行われている。また，保育所等のように毎日通所する場合と，保育所等への通所を基本としながら，週に１～２回ほど療育施設に通い指導を受ける場合がある。

　このように，就学前から，知的障害のある子どもはその特性に応じた指導・支援を受けていることが多く，子どもや保護者が時間をかけて積み重ねてきたものがある。学校教育にかかわる者は，それまでの本人・保護者の積み重ねを大切にし，子どもたちが充実した学齢期，それ以降を過ごせるよう，切れ目のない指導・支援を実現しなければならない。そのために，就学前後

の情報交換はもちろんのこと，日常的な連携体制づくり，個別の指導計画，個別の（教育）支援計画の作成・活用等をより一層充実させる必要がある。

2.6 未来に向けての展望

「新しい時代の特別支援教育の在り方に関する有識者会議 報告」（文部科省，2021）において，今後の特別支援教育のあり方の基本的な方針が示された。その中に「インクルーシブ教育システムにおいては，障害のある子供と障害のない子供が可能な限り同じ場で共に学ぶことを追求するとともに，障害のある子供の自立と社会参加を見据え，一人一人の教育的ニーズに最も的確に応える指導を提供できるよう，多様で柔軟な仕組みを整備することが重要」という記述がある。これと関連して，最後に，交流及び共同学習について触れたい。

特別支援学校の幼稚部教育要領，小・中学部，高等部の学習指導要領（文部科学省，2017，2019）では「障害のない幼児児童生徒との交流及び共同学習の機会を設け，組織的かつ計画的に行うものとし，共に尊重し合いながら協働して生活していく態度を育むようにすること（教育要領では「育むよう努めるものとする」）」とされており，交流及び共同学習を組織的，計画的に行うことが記されている。

我が国では，障害者権利条約に基づく障害者基本法の改正，障害を理由とする差別の解消の推進に関する法律（いわゆる「障害者差別解消法」）の施行など，共生社会の形成に向け法的整備が進みつつある。教育現場においても，これらをふまえた教育のあり方が模索されている。近年では，多様性を尊重する態度を養うことが重要視されており，この点で，交流及び共同学習は子どもの豊かな人間形成に大きく貢献できると思われる。特に，知的障害特別支援学校及び知的障害特別支援学級はすでに多くの実績を有しており，今後も重要な役割を果たすと期待される。

また，近年，交流及び共同学習の取り組みの1つとして副次的な学籍の制度を取り入れる自治体が増えつつある（寺島・吉井，2020）。副次的な学籍とは，特別支援学校に在籍する児童生徒が，居住する地域の学校に副次的な籍を置き，その学校での交流や学習活動への参加を通して，居住地域でのつながりを強めるものである。先の報告（文部科学省，2021）に示されている

ように，この副次的な学籍の制度を取り入れることによって，継続的な交流及び共同学習が可能となる。また，知的障害を含め障害のある子どもの的確な指導の場に関して，評価・改善を行う機会を与え得ることが期待される。

（村尾　愛美）

【引用・参考文献】

○国立特別支援教育総合研究所（2018）特別支援学校（知的障害）に在籍する自閉症のある幼児児童生徒の実態の把握と指導に関する研究―目標のつながりを重視した指導の検討（平成28〜29年度）研究成果報告書.

○国立特別支援教育総合研究所（2020）特別支援教育の基礎・基本2020．ジアース教育新社.

○文部科学省（2013a）教育支援資料.

○文部科学省（2013b）平成25年10月4日付け25文科初第756号初等中等教育局長通知. https://www.mext.go.jp/a_menu/shotou/tokubetu/material/1340331.htm（2021年10月13日閲覧）.

○文部科学省（2017）特別支援学校幼稚部教育要領・小学部・中学部学習指導要領.

○文部科学省（2018）特別支援学校学習指導要領解説 各教科等編（小学部・中学部）.

○文部科学省（2019）特別支援学校高等部学習指導要領.

○文部科学省（2021）新しい時代の特別支援教育の在り方に関する有識者会議 報告.

○大井靖・中西郁・日高浩一・岩井雄一・丹羽登・濵田豊彦・渡邉健治・蓮香美園・上地ひかり（2020）知的障害特別支援学校を対象にした「自立活動の時間における指導」についての研究. *Journal of Inclusive Education*, 9, 1-22.

○佐藤克敏（2014）知的障害の理解と指導・支援. 柘植雅義・渡部匡隆・二宮信一・納富恵子（編），はじめての特別支援教育―教職を目指す大学生のために　改訂版. 有斐閣アルマ，pp.141-153.

○下山直人（2018）知的障害特別支援学校における自立活動. 全国特別支援学校知的障害教育校長会（編），知的障害特別支援学校の自立活動の指導. ジアース教育新社，pp.18-22.

○寺島和彦・吉井勘人（2020）特別支援学校在籍児童生徒の「副次的な学籍」の現状と課題―交流及び共同学習の視点から. 教育実践学研究：山梨大学教育学部附属教育実践総合センター研究紀要，25, 265-283.

6章

肢体不自由

1. 心理・生理・病理

1.1 はじめに

　体の不自由な子どもたちと一口に言っても，脳や脊髄のような中枢神経系の障害や筋肉の障害によるものもあれば，骨形成の障害や四肢の先天奇形などが原因である場合もある。また，運動障害の原因となる疾患が非進行性の場合もあれば，進行性の場合もある。

　こうした多様性が認められる子どもの体の不自由さではあるが，本節では私たちが自らの意思で運動する，すなわち随意運動を行うための基本的な仕組みである「運動路」に着目し，そこで生じる障害の特徴をいくつかを見ていく。

1.2 運動路とその障害

　私たちの運動は，大脳の運動皮質から脊髄，筋へと至る経路（運動路）により，実現される。肢体不自由教育の対象となる障害の多くも，この道筋における障害として捉えられる。この運動路が障害された場合に生じる随意運動の問題を，運動麻痺と呼ぶ。運動麻痺は四肢や体幹のどこを動かせないかという点から，それぞれ名称がつけられている。

　例えば，体の半側のどちらかに麻痺が生じた場合は「片麻痺」（片麻痺は，最近では「かたまひ」と呼ぶこともあるが，本来は「へんまひ」と呼ぶのが正しい。平山，2010），四肢や体幹に麻痺があるが，その程度が上半身よりも下半身で強い場合を「両麻痺」，下半身のみに麻痺が生じている場合を「対麻痺」，全身に麻痺がある場合を「四肢麻痺」と呼ぶ。

　運動路を構成する神経細胞（ニューロン）は，上位運動ニューロンと下位運動ニューロンに分けることができる（運動制御の神経機構については数多くの優れた成書があるが，ここでは柴崎，2013を挙げておく）。上位運動ニューロンは，大脳の一次運動野や補足運動野，運動前野などの運動関連領域から出ているニューロンであり，中でも左右の一次運動野は脳から脊髄への

移行部である延髄の錐体交差を経由することで，自らとは反対側にある筋を，脊髄を介してそれぞれ支配している。こうしたことから，右の一次運動野からの上位運動ニューロンが障害された場合，左の片麻痺が生じる。下位運動ニューロンは，脳幹や脊髄の運動核から出ているニューロンであり，代表的なものとしては脊髄の前方部である左右の前角から同側の筋へと，それぞれ至るものが挙げられる。

　上位運動ニューロンと下位運動ニューロンが障害された場合には，そのニューロンが支配している身体部位に，何かしらの運動麻痺が生じる。しかし，いくつかの点で対照的な特徴も現れる。そうした特徴の1つとして，筋緊張の異常が挙げられる。筋緊張とは，筋の緊張状態（収縮の程度）のことを指し，筋が一定以上の長さになると収縮する反射である伸張反射などが，その成立に関与しているとされている（工藤，2009）。上位運動ニューロンが障害された場合には，こうした筋緊張を調整するメカニズムが十分に作用しなくなり，筋緊張が必要以上に強く生じる。これを「筋緊張の亢進」や「痙性麻痺」と呼ぶ。痙性麻痺は，より具体的にはジャックナイフ現象の出現などによって確かめられる。これは筋が伸展に対して，はじめは強い抵抗が生じるが，その後は弱まる現象を指す。ジャックナイフ現象は，速度依存性であることが知られており，ゆっくり筋を伸展させた場合には，生じづらい。

　一方，下位運動ニューロンが障害された場合には，筋を収縮させることができなくなるため，筋緊張の低下が生じる。これを「弛緩性麻痺」と呼ぶ。肢体不自由教育における代表的な上位運動ニューロンの障害としては，痙直型の「脳性麻痺（Cerebral Palsy：CP）」が挙げられる。また，代表的な下位運動ニューロンの障害としては，「二分脊椎」が挙げられる。

　CPとは，我が国でよく用いられる1968年の旧厚生省脳性麻痺研究班の定義によると，以下のような障害である。すなわち，「受胎から生後4週以内の新生児までの間に生じた，脳の非進行性病変に基づく，永続的な，しかし変化しうる運動および姿勢の異常」である（藤森・安田，2021）。この定義からも明らかなように，CPの原因はその発生時期も含め多様である。また，国内のさまざまな疫学調査を見ると，染色体異常をCPの原因とするかについては，必ずしも一致していない（平田ら，2014a）。脳が2つの大脳半球や間脳，脳幹，小脳といった部位から構成され，運動の実現に関して，それぞ

れが異なる寄与をしていることをふまえると，脳の損傷部位の違いにより，異なる特徴のCPが現れることは，よく理解できる。上位運動ニューロンの障害である痙直型CPは，そうした中でも大脳の脳障害が原因によるものということになる。

　二分脊椎は，先天奇形の一種であり，胎生期における神経管の形成過程で生じた異常（神経管閉鎖障害）により，脊髄の形成異常や，それを包む骨である脊椎の癒合不全が生じるものである（岩間，2021）。二分脊椎は，開放性二分脊椎（脊髄髄膜瘤）と潜在性二分脊椎に分けられ，前者は背中の皮膚が神経や髄液を含んでこぶ状に隆起することから，のう胞性二分脊椎とも呼ばれる（師田，2016）。脊髄髄膜瘤では，生後まず修復手術が行われるが，脊髄のニューロンが障害されていることから，典型的には弛緩性麻痺が生じる。潜在性二分脊椎では多くの場合，脊椎は欠損しているが，脊髄の直接的な障害が生じているわけではない。しかし，成長とともに脊髄の組織が圧迫されるなどして，運動障害などが現れてくることがある。現在では，潜在性二分脊椎が判明した場合には，予防的な外科手術が推奨されている（白根，2016）。二分脊椎は，脊髄の頸髄から仙髄まで（首からお尻まで）のどこが障害されるかによって，その状態像は変化し得るが，下肢の運動や感覚を司る腰髄や仙髄が障害される場合が多い。こうしたことから，二分脊椎においては下肢の運動障害に留まらず（いわゆる対マヒを示す場合が多い），排泄に関する感覚の問題から，その介助が必要とされる場合がある。

　痙直型CPや二分脊椎における運動障害の基本的特徴はこのように整理されるが，上位運動ニューロンの障害では，その初期には筋緊張の低下を示すこと（柴崎，2013）や，二分脊椎でも痙性麻痺を示すこともあるとされていること（芳賀，2014）から，発達の各時期における運動障害の実態について，拘縮や身体の変形のような二次障害の程度も含めた細やかな評価が必要である。拘縮とは，さまざまな要因により関節の可動域が制限されることであり，理学療法等による関節可動域の維持や増大を図る必要がある。

　運動路における各ニューロンではなく，筋それ自体の障害として，筋ジストロフィーが挙げられる。筋ジストロフィーは，「筋繊維の変性・壊死を主病変とし，進行性の筋力低下をみる遺伝性疾患」と定義される（埜中，2009）。筋ジストロフィーには，デュシェンヌ型やベッカー型，福山型など

が挙げられる。このうち，子どもで最も頻度が高いものは，デュシェンヌ型筋ジストロフィーである。この筋ジストロフィーは男児のみに発症し，運動発達の問題ははじめそれほど著しいものではないが，小児期になってよく転ぶなど歩行の問題が指摘されるようになって気づかれ，下肢の仮性肥大や血液におけるクレアチンキナーゼ値の上昇等の所見をもって，診断されることが多い。筋萎縮や筋力低下の進行に伴い，起立や移動の問題が認められるようになる。また，呼吸筋の筋力低下により，呼吸のケアも必要となる（埜中，2009）。

　こうした上位運動ニューロンから下位運動ニューロン，筋へと至る運動路の枠組みに位置づけられない運動障害としては，痙直型以外のCPがまず挙げられる。例えば，アテトーゼ型CPは，大脳の最深部にある大脳基底核の周辺の障害により生じるCPで，不随意運動を示すことが特徴である（不随意運動を示すCPを，いくつかに分ける立場もあるが，本節では伝統的な呼称に従う）。不随意運動とは，自らの意思に反した異常運動のことであり，アテトーゼはその一種である。アテトーゼ型CPでは，四肢や顔面などに起こる不規則で緩慢で捻じれるような動きが認められる。アテトーゼの語源は，「固定のない姿勢」という意味のアテトーシスであり，姿勢の維持や随意運動の不安定さを特徴とする（ボバース，1985）。また，小脳が障害されて生じるCPは失調型と呼ばれ，これはふらつきやよろめきといった平衡機能の低下を示す。大脳基底核や小脳は，運動が円滑に実行されるように運動路の働きを修飾することが，その役割として考えられている。CPでは，例えば痙直型とアテトーゼ型がどちらもというように，複数の特徴が認められる場合があるが，それを「混合型」のCPとすることもある。

1.3 肢体不自由児の病理と疫学

　ここではCPと二分脊椎の代表的な病理と，近年の疫学的知見を見ていく。
　脳性麻痺の医学的研究の歴史は，1861年のリットルによる著書の刊行から始まる。リットルは，CPの原因を分娩中の仮死による新生児の脳障害とし，それ以来CPの原因は出生時に生じるものとされてきた。しかし，現在では純粋に出生時の問題のみが原因のCPは少なく，出生前の要因の関与が大きいとされている（ちなみに，CPの原因を出生前，出生時，出生後に整

理したのは，後に精神分析を創始することとなるフロイトである。藤森・安田，2021）。

　新生児（出生から生後4週まで）は，出生体重と在胎週数の2点から分類することができる（仁志田，2018）。まず，出生体重が2,500g未満の児を「低出生体重児」と呼ぶ。また，出生体重が1,500g未満の児を「極低出生体重児」，1,000g未満の児を「超低出生体重児」と呼ぶ。在胎週数については，在胎37週以上42週未満で出生した児を「正期産児」，在胎37週未満で出生した児を「早産児」と呼ぶ。また，在胎28週未満で出生した児は「超早産児」と呼ぶ。在胎42週以上で出生した児は，「過期産児」と呼ぶ。低出生体重児の約3分の1は胎児発育不全などによる正期産児であるが，早産児の多くは低出生体重児に該当する。低出生体重児や早産児においては，出生体重が軽い児ほど，また在胎週数が短い児ほど，胎外生活に適応するのに十分に成熟していない，より未熟な状態で出生していることになり，いわゆる「未熟児」とされる。

　こうした新生児の成熟度の違いと関連して，周産期に生じる脳障害の特徴は異なる。まず正期産児に生じる脳障害として，低酸素性虚血性脳症（HIE）が挙げられる。HIEは新生児仮死に合併するものであり，原因となる仮死の性質によって，大きく2つに分けられる（仁志田，2012。仮死の定義も，また複雑であるが，ここでは出生時に呼吸や循環の問題が生じた状態としておく）。まず急激に起こる重篤な仮死で，生存した場合は脳幹部に主たる病変が生じる。こうした脳幹型のHIEでは，運動障害としては不随意運動がみられることが多く，いわゆるアテトーゼ型CPとされるものが多い。従来アテトーゼ型CPは，正期産児における核黄疸（ビリルビン脳症）の後遺症として生じる場合が多かったが，これは光線療法の普及などにより現在では減少している。一方，仮死が遷延するものであった場合，その病変は大脳皮質や小脳に及び，こうした大脳皮質型のHIEの予後は脳幹型より重篤となる。正期産児におけるHIEの原因は，出生それ自体に伴う低酸素状態よりも，出生前の要因の関与が多いとされている。

　早産児に生じる脳障害としては，脳室周囲白質軟化症（PVL）が挙げられる。これは主に在胎32週未満の早産児で生じるものである。在胎32週以前の脳では，脳血管の発達が未だ途上であるため，脳室（側脳室）に近い箇所

に無血管領域があり，脳血流の変化によりその領域の細胞が障害されやすい。出生前や出生時のさまざまな要因によって，早産児にこのPVLが生じた場合，脳室の近くを走行している上位運動ニューロンが，まず障害される。その結果，現れてくる症状は，痙直型CPとなる（早川，2018）。PVLでは脳室の周囲を走行する上位運動ニューロンの分布の特徴から，両麻痺が現れやすい。また，CPが生じるほどの重度のPVLでない場合には，協調運動の障害が生じることも報告されており，これは発達性協調運動障害（DCD：Developmental Coordination Disorder）の発生メカニズムの1つとして注目されている（Spittle et al., 2011）。

　現在，CPはおよそ1,000人に2人程度と推定されている（豊川，2018）。これまでのCPの発生率の推移を見ると，1970～1980年代からの周産期・新生児期の医療的管理技術の進歩に伴い，新たに生存可能となった低出生体重児や早産児からのCPが，世界的に見ても増加したことが報告されている。我が国における調査結果を見ても，1980年代以降より低出生体重児・早産児におけるCPの増加が，CPの発生頻度を押し上げてきたとされている（国分，1996）。

　平田ら（2014a）は1990年代における日本のCPの疫学研究の結果を整理し，1990年代にCPが増加傾向にあるのかについては調査により異なっていたが，減少傾向とするものはないこと，また，多くの調査で低出生体重児や早産児からのCPが多く，低出生体重児からのCPが増加傾向にあることが，報告されているとしている。しかし，より近年の調査を見ると，低出生体重児からのCPの発生頻度の減少（Touyama et al., 2016）や，重度のPVLの発生頻度の減少（早川，2018）が報告されている。さらに，知的障害や運動障害の程度からみた場合に，CPにおける重症例と軽症例の二極化が認められる傾向にあることも報告されている（小寺澤・岡田・宮田，2016）。こうした事柄が今後の肢体不自由教育におけるCPの状態像に，どのような変化を生じさせるのかみていく必要がある。

　二分脊椎を含む神経管閉鎖障害は，その病因として，1）摂取する食品中の葉酸不足，2）抗てんかん薬の内服，3）遺伝因子の関与，などがこれまでに報告されている。葉酸とは，そもそもはホウレン草から分離されたビタミンであり，体内では合成できないため，食品や化学合成されたサプリメン

トから摂取する必要がある。国際的に，妊娠4週前から妊娠12週までの期間に適量の葉酸を摂取すると，神経管閉鎖障害の発生が予防され得ることが報告されている。これを受け，我が国でも2000年以降から厚生労働省は，妊娠可能期の女性は栄養バランスの取れた食事を摂取し，葉酸サプリメントを内服するよう推奨している。しかしながら，我が国における二分脊椎の発生率は1990年から2015年にかけて，10,000分娩当たり4.7から6.2の間にあり，ほぼ横這い状態であることが報告されている（近藤ら，2018）。かつて肢体不自由教育の主たる対象の1つであったポリオ（脊髄性小児麻痺。典型的な下位運動ニューロン障害である）が，ワクチンの普及等によって現在では認められないように，今後の神経管閉鎖障害の予防対策の進歩が，これと同様の事態を生じさせるのか，注目していく必要がある。

1.4 肢体不自由児の心理機能

　肢体不自由児が，大脳の障害から筋疾患までの多様な疾患を含むことから，その多様性は運動障害の性質のみならず，心理機能の特徴に至るまで当然認められる。よく知られた肢体不自由児の分類・評価の枠組みとしては，「大島の分類」が挙げられる（大島，1971）。これは知的障害の程度と，運動障害の程度の2軸から，障害児を分類しようとするものである。知的障害の程度を捉えるための指標としては，知能指数が用いられている。運動障害の程度については，生後約1年半の間に歩行に至るまでの一定の道筋である粗大運動の運動マイルストンが，評価の指標として取り入れられている。

　歩行に至るまでの運動マイルストンは，大きく姿勢に関わる道筋と移動に関わる道筋に分けられ，大島の分類は主に前者に注目している。姿勢に関わる道筋とは，仰臥位（仰向け）の状態から頚定（首の座り），座位，立位（大島の分類では，概ね歩行障害と対応する）を経て，歩行や走行へと至るものである。また，移動に関わる経路とは，仰臥位の状態から寝返り，四つ這いを経て，歩行へと至るものである。こうした運動マイルストンの道筋が後半に近づくほど，子どもの頭の位置は高くなり，体を支える支持面は狭くなることから，身体のバランスはより不安定なものとなっていく。私たちの立位姿勢や歩行は，こうした不安定性に抗うための仕組み（例えば，パラシュート反射などの姿勢反射が挙げられる）が，発達とともに成熟することで

可能となっている。これもまた運動路との関連で捉えることも可能であるが，その詳細は他の成書に譲る。

　知的障害の評価に関して，国際的な動向として適応行動の程度に着目した方法がこれから主流となっていくであろうことと同様に，運動機能の評価に関しても，運動マイルストンのような個人ができ得る運動それ自体の評価ではなく，実生活や学校生活で必要とされるより具体的な運動能力に着目した評価が，これから主流となってくるように思われる。こうした動向が大島の分類のような伝統的な評価法とどのように接続するのかは，今後の課題である。

　さて，知的機能が基本的には大脳の働きによって実現されているとするならば，大脳の障害によって生じる痙直型のCPでは，その大脳の損傷部位が広くなるほど，何かしらの知的機能の低下も，また認められるようになる。かつてデンホフはCPを，脳障害による多面的な問題の現れの一側面とし，知的障害，てんかん，中枢性視聴覚障害などを含む一連の症候群，すなわちsyndromes of cerebral dysfunctionとして捉えることを提唱したが（廿楽，1980），その重要性は現在でも減じていない。また，先にも取り上げた早産児に生じるPVLでは，上位運動ニューロンのみならず，眼球からの情報を大脳へと伝えるニューロンである視放線も時に障害され得ることから，視覚・空間認知障害が生じる場合もある。片麻痺のCPでは，大脳の損傷部位の左右差によって，知的機能や認知機能の特徴に差異が生じるのかについても注目されているが，これについての研究結果は一貫していない（平田ら，2014b）。

　知的機能の問題が軽微である場合にも，CPでは実行機能の問題が認められ，これが学力とも関連することなどが報告されている。実行機能とは，新奇の事態に対する適応を可能とする高次の認知機能の総称であり，前頭前野が重要な役割を果たしているとされている。必ずしも前頭前野が障害されているわけではないCPで実行機能の問題が認められることは，実行機能の神経基盤を考えるうえでも有用である。今後の研究の発展に期待したい（平田ら，2014b）。

　一方，脊髄の障害である二分脊椎では，直接的な脳障害が生じていないことをふまえると，知的機能の問題は軽微なままに留まるようにも思われる。

しかし，開放性の二分脊椎（脊髄髄膜瘤）ではキアリ2型奇形や，それに伴う水頭症が生じることから，時に知的機能の低下が生じる（岩間，2021）。脳や脊髄といった中枢神経系は，くも膜などで覆われ，脳室から産出される髄液が，その膜でできたある種の袋を満たしている。脊髄髄膜瘤は，この袋の一部に穴が開くことで髄液が漏れている状態であり，そのことで脳や脊髄を包んでいる袋の中の圧の均衡が乱れ，頭蓋骨の中身である脳が下方の脊椎に向かって引っ張られることになる。これがキアリ2型奇形である。この奇形では，小脳や脳幹といった脳の下部が引っ張られることで，重度の場合には脳の形成不全を伴う（師田，2016）。

水頭症とは，髄液の循環が妨げられることで脳室内に，過剰に髄液が溜まることである。キアリ2型奇形が起きた場合には，髄液の循環が必然的に妨げられることから，この水頭症が高い頻度で生じる。水頭症が生じた場合には，髄液シャント術などの髄液を排出するための処置を行い，脳実質に障害が加わることを防ぐ必要がある。これらの治療が適切に成された場合，80%以上の者で知的発達に問題は生じないとされている（師田，2016；岩間，2021）。

また，筋ジストロフィーに関しても，その問題は筋に生じているため，知的障害を伴うことで知られている福山型筋ジストロフィーを除けば，知的機能の問題は軽微なものに留まるようにも思われるが，その実態は異なる。松村（2016）によると，例えばデュシェンヌ型筋ジストロフィーでは，3分の1程度の者で知的機能の問題が認められ，自閉スペクトラム症や注意欠如多動性障害の頻度が一般より高いことが報告されており，筋ジストロフィーにおける病理が，中枢神経系障害にも関与していることが示唆されている。

このように運動障害と同様に，肢体不自由児における知的機能に関しても，その個人差が大であるならば，定期的な個別の評価とそれに基づく対応が重要となってくる。代表的な知能検査の1つであるウェクスラー式知能検査を肢体不自由児に実施した場合，当然のことではあるが課題に時間制限が設けられている動作性の課題（例えば「処理速度」領域が挙げられる）の得点は，定型発達児よりも低くなる。これに対して「言語理解」の得点は，知的に重い問題がない者では，定型発達児との差が小さくなることが報告されている（日本版WISC-IV刊行委員会，2010）。WISC-IVから，プロセス分析の一環

として，時間割増点を除いた「積木模様」の評価点の算出も可能となっている。運動障害の程度も加味しつつ，どのように知的機能の実態を評価していくのか，さらなる検討が必要である。

1.5 未来に向けての展望

　かつてボバース（1985）は，CPで観察される運動障害が多くの場合，損傷された脳部位に起因する運動障害の直接的な現れでなく，そうした一次的な運動障害に対する「代償活動」の現れであることを強調した。これとは異なる文脈ではあるが，運動遂行における定型発達者との違い（非定型性）を，ここまで見てみたような運動を実現するためのシステムに生じた障害の直接的な反映と安易に捉える能力観は，現在では再考を促されている。

　例えば，ラタッシュ（Latash, 2008）は，脳障害や加齢に伴う運動遂行の変化，さらには知的障害のあるダウン症者の緩慢な運動遂行の特徴を，自らの一次的な運動障害に適応するための代償的な方略の現れとして捉えている。CPの運動遂行の特徴に関しても，これと同様の立場が認められる（平田ら，2017）。また，運動の非定型性は，個人の内的特性のみに起因するのではなく，どのような環境でどのような課題に取り組んでいるのかという外部条件との相互作用との関係から生じるとする立場（例えば，ダイナミカルシステムズアプローチ）もある。CPに代表される肢体不自由児に，一次的な運動障害が認められるのは動かしがたい事実である。だが，経験の中で，そうした一次的な障害がさまざまに修飾されていく過程に寄り添い，良い方向へと導いていくことが，特別支援教育の仕事であることは，言うまでもないだろう。

（平田　正吾）

【引用・参考文献】

○ボバース・K（1985）脳性麻痺の運動障害 原著第2版，寺沢幸一・梶浦一郎（監訳），医歯薬出版．
○藤森敬也・安田俊（2021）歴史と定義．松田義雄・佐藤昌司・藤森敬也（編），脳性麻痺と周産期合併症/イベントとの関連．メジカルビュー社，pp.2-8.
○芳賀信彦（2014）二分脊椎患児の理学療法．脊髄外科，28, 128-133.
○早川昌弘（2018）中枢神経系の基礎と臨床．仁志田博司（編），新生児学入門 第5版．医学書院，pp.350-371.

○平田正吾・奥住秀之・北島善夫・細渕富夫・国分充（2014a）脳性麻痺の疫学についての研究動向(2) 1990年代における我が国での調査についての文献検討．千葉大学教育学部研究紀要，62, 133-138.

○平田正吾・奥住秀之・小林巌・北島善夫・細渕富夫・国分充（2014b）脳性麻痺の心理機能についての研究動向―脳性麻痺児における実行機能についての文献検討．東京学芸大学教育実践研究支援センター紀要，10, 113-123.

○平田正吾・奥住秀之・細渕富夫・国分充（2017）脳性麻痺の運動特性についての研究動向―運動プランニングの特徴とその病理．おおみか教育研究，20, 35-44.

○平山惠造（2010）神経症候学Ⅱ 改訂第二版．文光堂.

○岩間亨（2021）先天奇形．新井一（監修），標準脳神経外科学 第15版．医学書院，pp.285-308.

○小寺澤敬子・岡田由香・宮田広善（2016）姫路市における1983年から25年間の脳性麻痺発生の推移．脳と発達，48, 14-19.

○国分充（1996）わが国の脳性麻痺の疫学に関する近年の知見．障害者問題研究，24, 142-152.

○近藤厚生・師田信人・岡井いくよ・山本憲朗・近藤厚哉・渡邉智之（2018）神経管閉鎖障害―葉酸摂取による予防．ビタミン，92, 1-17.

○工藤典雄（2009）脊髄．小澤瀞司・福田康一郎（編），標準生理学 第７版．医学書院，pp.320-340.

○Latash, M. L.（2008）*Neurophysiological basis of Movement* (2nd). Human Kinetic Publishers.

○松村剛（2016）筋疾患における中枢神経系障害の重要性．*BRAIN and NERVE*, 68, 109-118.

○仁志田博司（2012）新生児学入門 第４版．医学書院.

○仁志田博司（2018）新生児医療に関する用語．仁志田博司（編），新生児学入門 第５版．医学書院，pp.4-6.

○日本版WISC-Ⅳ刊行委員会（2010）日本版WISC-Ⅳ理論・解釈マニュアル．日本文化科学社.

○埜中征哉（2009）筋疾患～総論～．埜中征哉（監修），小児筋疾患診療ハンドブック．診断と治療社，pp.2-6.

○大島一良（1971）重症心身障害の基本的問題．公衆衛生，35, 648-655.

○柴崎浩（2013）神経診断学を学ぶ人のために 第２版．医学書院.

○師田信人（2016）のう胞性二分脊椎の特徴とケア．松本悟・山内康雄（監修），水頭症・二分脊椎必携．日本二分脊椎・水頭症研究振興財団，pp.86-93.

○白根礼造（2016）潜在性二分脊椎の特徴とケア．松本悟・山内康雄（監修），水頭症・二分脊椎必携．日本二分脊椎・水頭症研究振興財団，pp.94-99.

○Spittle, A. J., Cheong, J., Doyle, L. W., Roberts, G., Lee, K. J., Lim, J., Hunt, R. W., Inder, T. E., & Anderson, P. J.（2011）Neonatal white matter abnormality predicts childhood motor impairment in very preterm children. *Developmental Medicine and Child Neurology*, 53, 1000–1006.

○Touyama, M., Touyama, J., Toyokawa, S., & Kobayashi, Y.（2016）Trends in the prevalence of cerebral palsy in children born between 1988 and 2007 in Okinawa. Japan. *Brain & Development*, 38, 792–799.

○豊川智之（2018）脳性麻痺の疫学．公衆衛生，82, 510-516.

○廿楽重信（1980）脳性麻痺の定義と分類．小児内科，12, 1953-1961.

2. 教育・指導法

2.1 肢体不自由児の学習上・生活上の困難

肢体不自由の起因となる疾患や障害は多様であり，障害の程度も個人によって大きく異なる。また，肢体不自由のある子どもの多くは，知的障害など他の障害を併せ有している。このため，日常生活における困難を考えるうえでは肢体不自由に関する視点だけではなく，複数の障害や疾患を重複している可能性があるということを念頭に置く必要がある。

肢体不自由児が比較的共通して抱える学習面や生活面の困難としては，まず運動や動作上の困難が挙げられる。上肢の障害があることによって，手先を使うような微細な動作に難しさを抱える場合，筆記などが難しい場合がある。下肢の障害では，移動運動の困難や学習参加への制限が生じる可能性がある。体幹保持における困難が見られる場合には，学習する際に疲れやすい，黒板を見続けることが難しいなどが生じる可能性もある。また，呼吸障害や食事・排泄などへの困難が挙げられる。

このようなさまざまな学習上・生活上の困難は，肢体不自由児にとっては多くの経験不足を招く可能性があるため，支援や指導を行うにあたっては児童生徒への精神的配慮という観点についても留意する必要がある。

2.2 肢体不自由児のための教育の場

肢体不自由児と一概に言っても障害の程度は個人によって異なるため，肢体不自由のある子どもは，特別支援学校（肢体不自由），肢体不自由特別支援学級，通級による指導（肢体不自由），通常の学級に在籍している。それぞれの定義や特徴について以下に記載する。

特別支援学校（肢体不自由）

特別支援学校（肢体不自由）では主に小学部，中学部，高等部が設置されており，一貫した教育が行われている。学校のみ設置されている形態以外にも，医学的な治療を必要とする障害児入所施設と併設あるいは隣接している形態等もある。

対象となる障害の程度は，学校教育法施行令第22条の3によると，「一　肢体不自由の状態が補装具によっても歩行，筆記等日常生活における基本的

な動作が不可能又は困難な程度のもの。二　肢体不自由の状態が前号に掲げる程度に達しないもののうち，常時の医学的観察指導を必要とする程度のもの」と記載されている。

肢体不自由特別支援学級

　肢体不自由特別支援学級は，必要に応じて小学校・中学校に設置されており，各教科，特別の教科道徳，外国語活動，特別活動，自立活動の指導などが行われている。

　対象となる肢体不自由の程度が，補装具によっても歩行や筆記等の日常生活における基本的な動作に軽度の困難がある程度のものとされている（学校教育法第81条第2項）。

　自立活動の指導では，身体の動きや健康の保持などにかかわる指導が行われているが，これは特別の教育課程によるものである（学校教育法施行規制第138条）。また，児童生徒への指導にあたっては，一人ひとりの障害や疾患の状態に個人差があることをふまえて，個人の状態に合わせた指導が行われている。

通級による指導（肢体不自由）

　対象となる肢体不自由の程度は，通常の学級での学習に概ね参加でき，一部特別な指導を必要とする程度のものとされている（学校教育法施行規則第140条及び第141条）。

　通級による指導を受ける場合，それぞれの教科等の指導は主として通常の学級で行われるが，個々の障害や疾患の状態等に応じて通級による指導を受ける。例えば，学習上・生活上の困難による筆記，歩行に必要な身体の動きの指導などで，指導が行われる際には個人の障害の状態に応じた教材や教具の活用，コンピュータ等の情報機器の利用などが求められる。

通常の学級における指導

　通常の学級に肢体不自由のある子どもが在籍する場合には，個人に合わせた合理的な配慮が求められ，子どもの状態に応じた学習指導上の工夫が必要となる。特に，移動や日常生活動作等に支援が必要なこともあるため介助員を付けることや，教室や学校設備等の環境調整を行うことも検討する必要がある。

2.3 特別支援学校（肢体不自由）での教育課程の特徴

　特別支援学校（肢体不自由）に在籍する児童生徒にはさまざまな起因疾患がある。文部科学省が平成25年に実施した調査によると，その多くは脳性疾患であり，次いで筋原性疾患，脊椎・脊髄疾患と続いている（図6-1）。このため，個人の状態に合わせて指導・支援を行っていくことが求められる。

　特別支援学校（肢体不自由）では，主に以下の教育課程などで編成されている学校が多い。

- ・小学校・中学校・高等学校の各教科の内容・目標に準ずる教育を中心とするもの
- ・小学校・中学校・高等学校における下学年の各教科の内容・目標を中心とするもの
- ・知的障害特別支援学校の各教科の内容・目標を中心とするもの
- ・自立活動の目標・内容を主として指導するもの

　特に，肢体不自由だけではなく知的障害など他の障害を併せ有している場合が多いため，一人ひとりの状態像を考慮した弾力的な教育課程が編成されている。また，中には日常的な医療的ケアを必要とする肢体不自由児もいるため，医療との連携も重要である。

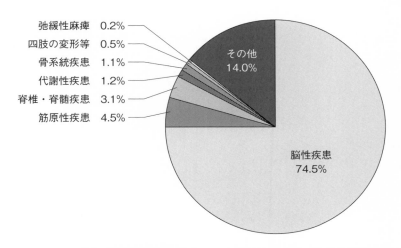

図6-1　特別支援学校（肢体不自由）に在学する子どもの起因疾患
（文部科学省，2013より作成）

2.4 肢体不自由に対する自立活動の内容

肢体不自由児へ自立活動の指導を行うにあたっては，障害による学習上・生活上の困難を主体的に改善・克服するために必要な知識や技能，習慣等を養うことが求められる。特に，一人ひとりの実態を的確に把握することで，自立活動に挙げられている6区分を相互に関連づけた個別の指導計画の作成及び指導が行われている。

2.4.1 健康の保持

障害が重度・重複している場合，睡眠リズムや食事，排泄などが不規則になる傾向がある。体力も弱いため，基礎的な生活リズムを整えることは重要である。このため，呼吸機能，体温調節機能なども含めた対象児の体調に関する情報をあらかじめ確認しておくことも必要といえる。

二分脊椎のある子どもでは，排泄指導，清潔の保持，水分補給，定期的な検尿への指導や，長時間同じ座位をとることによる褥瘡への注意も必要である。この場合，定期的に姿勢変換を行う指導が求められる。

また，子どもが義肢を装着している場合には，義肢の管理や装着部分の清潔を保つことも必要である。

2.4.2 心理的な安定

障害があることや過去の失敗体験等は肢体不自由児の心理面に影響を与え，自信の喪失や精神的な不安定が生じる可能性もある。この場合，周囲は本人が自身の良さに気づくことができるような配慮や，自信がもてるような声かけを行い，子ども自身が活動に対して意欲的に取り組めるよう促すことが重要である。例えば，肢体不自由児にとって手段を工夫することで自分の力で移動ができるようになる体験は，子ども自身が障害に伴う困難に対して自ら改善し得たという成就感をもつことにもつながると考えられる。

障害の状態が重度である場合，心理的な安定を図ることが困難な子どももいる。寝返りや腕の上げ下げなどのように運動や動作をできるだけ自分でコントロールするよう指導を行うことは，子ども自身の自己を確立し，障害による学習上・生活上の困難の改善・克服に対する意欲を育むことにつながると考えられる。

2.4.3 人間関係の形成

障害の程度が重度な場合には，他者に対する認識がまだ十分に育っておら

ず，周囲からの働きかけに対する反応が乏しいこともある。このようなとき
には，抱いて揺さぶるなど子ども自身が好むかかわりを繰り返すことで，か
かわる者の存在に子ども自身が気づくことができるような環境づくりにつな
がる。子どもにとって身近な人と親密な関係を築き信頼関係を構築すること
は，他者とのやりとりを拡大していくうえでは重要である。

　また，肢体不自由児では，経験不足によって自分の能力を十分理解できて
いない場合がある。このため，子ども自身が自分の力で取り組めること，補
助的な手段を活用すればできること，他の人に依頼をして支援を受ける必要
があることなどについて，実際の体験を通して理解の促進を行う指導は必要
といえる。

2.4.4 環境の把握

　運動・動作に伴う筋の収縮・伸長，関節の屈折・伸展などに制限や偏りが
ある場合には，自分自身の体位や動きについて把握・調整することへの困難
さがみられることもある。このため，視覚的なイメージを提示することや子
どもにとってわかりやすい言葉で伝えることは，子ども自身が身体を正しく
調整することができる力を身につけられることにつながる。

　脳性麻痺のある子どもでは，たくさんの文字や図形の中から1つだけに注
目することや，文字や図形を構成する線，角度の関係を理解することが困難
で文字・図形などを正確に把握することが難しい場合がある。1つの文字，
図形だけを抽出して輪郭を強調することや，文字の部首や図形の特徴を口頭
で説明することの方がわかりやすいことがある。また，上肢の麻痺により文
字・図形を筆記することに困難がある場合は，コンピュータ等の活用による
補助があると良い場合もある。子ども自身にとって取り組みやすい学習の方
法を理解し，自ら使えるよう指導することも重要である。

　肢体不自由児では，身体の動きが制限されていることで，上下や前後，左
右，遠近等の知覚の概念が十分に図られず，自分と対象物との位置関係の空
間把握が困難な場合がある。自分の身体に対する意識を明確にするために，
自分の身体の各部位を確認するような活動があると良い。また，行動の基準
を言葉で確認しながら，空間概念の形成を図っていくことも必要である。

　上肢操作や手指動作のぎこちなさがあることや，見えにくさ聞こえにくさ
などがあることが，ものの機能，属性，形，色，音を分類する基礎的な概念

形成に影響を与えることもある。この場合，子どもにとって手がかりとしやすい情報の提示方法を把握し，子ども自身が多くのものにかかわる中で，それぞれのものの特徴を把握できるよう働きかけをすることは必要である。特に，はじめてかかわるものに対しては，教師が特徴について言語化し伝えることによって，子どもの予測する力の育成につながると考えられる。例えば，言葉の理解は難しいが特定の色を分類できる子どもの場合，教室から体育館までの経路の要所に特定の色を提示しておくことで，それが手がかりとなって１人で体育館まで移動が可能になることもある。

| 2.4.5 | 身体の動き

肢体不自由児では，基本動作が未習得な場合や間違って身につけてしまっていることもあり，生活動作や作業動作を十分に行うことができない場合がある。このため，子ども一人ひとりの運動や動作の状態を把握し，状態に即した指導を行うことが大切である。

全身，あるいは身体各部位の筋緊張が強すぎる場合には，その緊張を弛めることを促すことや，弱すぎる場合には適度な緊張状態をつくりだすことができるような指導を求められることがある。

筋ジストロフィーのある子どもでは，関節拘縮や変形予防のため，筋力の維持を図るような適度な運動が必要である。

肢体不自由児では，日常生活動作や作業動作の遂行を補うため，しばしば補助用具を活用する場合がある。補助用具には，座位安定のためのいす，作業能率向上のための机，移動のためのつえ，歩行器，車いす及び白杖等がある。また，コンピュータの入力動作を助けるための補助用具を利用することもある。補助用具を必要とする場合には，目的や用途に応じて適切な用具を選び，十分使いこなせるように指導する必要がある。

子ども自身の発達の段階を考慮することで，補助用具のセッティングや収納の仕方を身につけることや，自分に合うように補助用具を調整できるよう指導することも重要である。その一方で，車いすの使用が度重なることにより，立位を保持する能力が低下する場合もあるため，補助用具の使い方を工夫し，子どもの身体の動きの維持や習得を妨げないような配慮も必要である。

つえ，歩行器，車いす及び白杖等の活用にあたっては，必要に応じて適宜専門の医師及びその他の専門家の協力や助言を得ることが大切である。

障害が重度で重複している場合，自分で自由に姿勢を変えることや，座位や立位を保持することが難しいこともある。横になったままの状態が続いてしまうと，筋や骨格，内臓等の発達を妨げることもあるため，さまざまな姿勢をとることができるよう身体を動かしてあげることも大切である。座位をとることが可能な場合には，骨盤を安定させるための装置や体幹を支えるためのベルトなどが付属しているいすを活用すると良い。このとき，いすを用意してベルト等を装着するだけではなく，頭を上げる，背筋を伸ばすなど自分の身体を操作し座位を保つことを指導するのも重要である。また，子ども自身が積極的に見たり触ったりできるよう，視覚や触覚的に関心をもてるような教材・教具，環境の設定の工夫も必要である。

2.4.6 コミュニケーション

脳性麻痺のある子どもでは言語障害を伴う場合もあり，意思表出が困難なこともある。内言語や言葉の理解には困難はないものの，話し言葉が不明瞭であることや短い言葉を伝える際に多くの時間を要する場合もある。発語機能の改善を図るとともに，文字の使用や補助的手段の活用により，できるだけ意思表出を促すかかわりは必要といえる。

また，上肢操作の制限がある場合には，文字を書くことやキーボードの入力に困難が生じることもある。画面を一定時間見るために頭部を保持しながら文字盤の中から自分が伝えたい文字を見ることで入力できるコンピュータ等の情報機器の活用や，他者へ伝達できたという成功体験を重ねていくことが必要である。

2.5 肢体不自由児への指導と支援

肢体不自由児では，身体を動かす際の困難が言葉や知識の習得不足につながることもある。このため，言葉自体を聞いたことはあっても意味理解ができていないことや，概念の理解があいまいな状態で用語などを用いることもある。また，認知特性として，（特に脳性麻痺児において）視覚的な情報や複数の情報を処理することへの苦手さから基礎的な概念の形成に偏りがみられることもある。このため，各教科の指導を行ううえでは，具体物を視覚的・触覚的に理解できるような体験的な活動が重要となる。これにより，子ども自身の感情や気づきを促進し，また言語化できると言葉の意味理解や概

念形成につながるといえる。子ども自身の障害の状態や発達段階に応じて，"思考力や判断力，表現力"等を育むような指導が求められる。

　また，特別支援学校（肢体不自由）では，授業時間が制約されることが多く，指導内容の設定には適切さが求められる。その背景としては，身体の動きやコミュニケーションの状態像から学習に時間がかかることや自立活動の時間があること，治療や機能訓練等を療育施設等で受ける場合があることなどが挙げられる。

　自立活動における時間との関連において，音楽や図画工作，美術，技術，家庭科，保健体育などの教科内容を念頭に置きながらも，自立活動の時間における指導と密接な関連をはかることが求められる。この場合，児童生徒の身体の動き，コミュニケーション等の困難の改善に目を向けすぎず，各教科の目標から逸脱しないような配慮が重要といえる。また，子ども自身が個人の学習上の困難に対して対処できるような工夫やその指導，複数の教師間で指導を行う際には，教師間の共通理解により一貫した指導を行うことも重要である。

　肢体不自由児にとって適切な姿勢の保持は，疲労の予防や身体操作の促進にもつながり，効果的に学習を行うことができると考えられる。筆記や定規・コンパスの使用，粘土の作成においては，体幹が安定している状態で上肢を自由に動かすことができるのが重要である。また，安定した姿勢を保つことで，上下や前後，左右の方向・遠近等の概念形成にも役立つといえる。このため，子どもにとって適切と考えられる姿勢をとるためには，いす・机の高さや位置などを調整し，子どもと相談しながら工夫することで，子ども自身が自分にとってちょうどよい姿勢を保持できるような働きかけが求められる。

　脳性疾患等のある子どもの場合，視覚情報や複合的な情報を処理することに困難を抱えるため，提示された文字や図の把握，書き写す作業や資料の読み取りに苦手さを抱くこともある。この場合は，文字や図の特徴について言葉で説明を加えることや，子どもにとって読み取りやすい書体を用いること，注視すべきところを指示するなどがあると良い。

　歩行困難な場合には，つえや車いす，歩行器といった補助具を活用することもある。筆記等の動作が難しい場合には，筆記用自助具や筆記等を代替するコンピュータ等の情報機器，子どもの身体の動きの状態に対応した入出力

機器，滑り止めシートなどがある。また，補助具の手段例として，身振り，コミュニケーションボードの活用がある。

　上記以外に肢体不自由児に対する支援として，特に身体的側面への配慮という観点で重要と思われることとしては以下のようなものが挙げられる。

　筋ジストロフィーのある子どもに対しては，主体的な運動に関する制限等は必要ないが，無理強いさせることや瞬発時に力の入る運動を控える必要があると考えられる。また，学校内での移動については転倒による骨折予防への配慮が必要である。

　慢性呼吸不全がある場合には，易疲労性や頭痛，食欲不振，日中の眠気などが誘引されることもある。偏食や便秘，肥満あるいは痩せなどによる栄養に関連する問題もあり，これらは骨粗しょう症のリスク要因にもなる。このため，適度な運動や栄養による筋力維持ができるような指導は学校においても重要といえる。

　二分脊椎のある子どもにおいて知的障害を伴い自力で調整することの難しさがある場合，褥瘡や熱傷（やけど）への配慮は必要といえる。また，排泄障害によって子ども自身のQOL（Quality of Life：生活の質）が低下しないような配慮も重要である。登下校や校内移動の際には，つえを用いた歩行や車いすを利用することが多い点について配慮が必要である。

2.6 未来に向けての展望

　肢体不自由のある子どもは個人によって状態像が大きく異なり，一人ひとりの困難や支援ニーズに合わせた指導・支援が必要であることは想像に難くないだろう。現在は学校教育においてもICTの活用が進み，個人に合わせて柔軟に指導や支援を行うことができる環境が推進しつつある。その一方で，子どもの心理的側面に対する配慮についてはまだ進んでいない現状があると考える。肢体不自由児に限らないが，肢体が不自由なことについて子ども自身が周囲と比べ劣等感を抱くことも少なくない。子どもの抱える困難を把握することは必要ではあるが，困難の側面に着目しすぎずに，何ができるのかを理解し周囲も子どものもつポジティブな側面へ目を向けることは重要であると考える。

　　　　　　　　　　　　　　　　　　　　　　　　　　　（田中　美歩）

【引用・参考文献】

○ 国立特別支援教育総合研究所 (2020) 特別支援教育の基礎・基本2020. ジアース教育新社.
○ 文部科学省 (2013) 教育支援資料.
○ 文部科学省 (2017) 特別支援学校幼稚部教育要領・特別支援学校小学部・中学部学習指導要領.
○ 文部科学省 (2018a) 特別支援学校学習指導要領解説総則等編 (幼稚部・小学部・中学部).
○ 文部科学省 (2018b) 特別支援学校学習指導要領解説自立活動編 (幼稚部・小学部・中学部).

7章

病　弱

1.　心理・生理・病理

1.1　はじめに

　いわゆる病弱教育の対象となる子どもたちの心理・生理・病理を述べようとするとき，その対象の多様さから，例えば運動障害における運動路のような包括的な枠組みに従い，各疾患の特徴を見ようとすることに，少なからず困難が生じる。全国病弱虚弱教育研究連盟などによる調査結果の分析を見ると，近年の特別支援学校（病弱）では，「心身症などの行動障害」「腫瘍などの悪性新生物」「筋ジストロフィーなどの神経性疾患」が代表的な疾患となっている（日下，2015）。これをふまえ，本稿では病弱教育の対象の中でも「小児がん」と「心身症」を取り上げ，その基礎的事柄や心理学的性質を見ていく。

1.2　小児がんの病理と疫学

　小児がんとは，子どもに生じる悪性腫瘍（悪性新生物）である。悪性腫瘍とは，癌化した細胞が細胞分裂を制御できなくなり，細胞の巨大な固まりである腫瘍を形成した場合に，周囲の組織や別の組織へと浸潤や転移し，臓器や生命に重大な影響を与えるものである。ヒトの悪性腫瘍の大半が皮膚や器官を覆っている上皮細胞に由来するものであり（狭義の癌），骨や血管，筋肉，神経といった組織由来のものは「肉腫」と呼ぶ（サダヴラ，2010）。子どもと大人では，癌の発生原因に違いが認められ，大人の場合には環境や生活習慣が深くかかわるのに対し，子どもの場合には，リンパ組織の発育が著しい幼児期には急性リンパ性白血病が，骨の発育が盛んな思春期に骨肉腫が多発するように，成長・発育といった生理的な現象に伴う活発な細胞増殖の関与が疑われている（細谷・真部，2008）。

　我が国における小児がんの新規発症は，年間2,000〜2,500人程度とされている。小児がんでは，成人によく生じる上皮細胞からの悪性腫瘍によるものではない場合が多い。2008〜2013年における小児がんの疾患別比率を見ると，「白血病・骨髄増殖性疾患・骨髄異形成症候群」が全体の約4割を示し，そ

の半数以上が急性リンパ性白血病である。白血病等に次いで多い疾患は，「中枢神経系・ほかの頭蓋内/脊髄内新生物」であり，これに「リンパ腫・細網内皮系腫瘍」が続く。これら大きく3つの疾患が，小児がん全体の約3分の2を占めている（瀧本，2015）。

　まず急性リンパ性白血病について見ていく。私たちの血液は，赤血球，白血球，血小板の細胞成分と，血漿のような液体成分に分けられる。血液の細胞は，骨髄に含まれる造血幹細胞が分化することにより作られる。骨髄とは，骨の内部に含まれる組織であり造血機能を有するが，加齢とともに，その機能は低下していく。造血幹細胞は増殖・分化して，まず骨髄系幹細胞とリンパ系幹細胞となる。その後，骨髄性幹細胞から赤血球などの前駆細胞が作られ，リンパ系幹細胞からは，リンパ球であるT細胞やB細胞，NK（ナチュラルキラー）細胞などの前駆細胞が作られる（北川，2009）。リンパ球は，生体防御の働きをしている白血球の一種であり，急性リンパ性白血病とは，このリンパ球へと分化する細胞であるリンパ芽球が異常増殖するものである。

　この疾患の発症年齢のピークは3歳頃であり，癌化した細胞（白血病細胞）が骨髄の中で増殖することで，骨髄における造血を阻害し，易感染性や貧血，出血傾向を示す（細谷，2015；瀧本，2015）。治療としては，抗がん剤による化学療法が主であり，その基本的な枠組みは血液中における白血病細胞を減少させる寛解導入療法，寛解の程度を深める強化療法，中枢神経系における再発を予防するために髄注や時に全脳への放射線照射を行う中枢神経系再発予防療法，1〜2年の維持療法となる（康，2015）。小児における急性リンパ性白血病の治療成績は，過去に比して劇的に改善しており，その5年生存率は現在80〜90%となっている（瀧本，2015）。

　中枢神経系・ほかの頭蓋内/脊髄内新生物に関しては，星細胞・神経膠腫（グリオーマ），胚細胞腫瘍，髄芽腫などが主なものとなっており，いわゆる「脳腫瘍」と呼ばれるものである。神経膠は，グリア細胞とも呼ばれ，神経細胞の機能をさまざまな側面から補助している。グリア細胞は，星状膠細胞，稀突起膠細胞などの種類がある。星細胞・神経膠腫は，低悪性度のもの（小児脳脊髄腫瘍全体の約30〜40%を占める）と高悪性度（全体の約15%）のものに大別される（柳澤，2015）。腫瘍が脳のどこに生じるかによって，その症状は異なる。胚細胞腫瘍は，松果体や視床下部といった間脳に生じる場合

が多く，ホルモン分泌の異常などを示す（原，2015）。髄芽腫は，第4脳室に生じる腫瘍であり，小脳を圧迫することからふらつきなどの失調や，水頭症によるさまざまな症状を示す（原，2015）。これらの脳腫瘍の治療は，その病巣や子どもの年齢などに応じて，化学療法や放射線治療，外科的治療が行われる。

　リンパ腫・細網内皮系腫瘍には，非Hodgkin（ホジキン）リンパ腫が最も多く含まれる。リンパ腫は，リンパ節に生じる腫瘍であり，非Hodgkinリンパ腫では腹部や胸部，頭頸部などに腫瘍が生じ，消化器や呼吸器，中枢神経系の問題が生じる。この疾患の正確な発症機序は，いまだ不明とされている。治療は，主に化学療法が行われる（森，2015）。

　小児がんの中でも，白血病や脳腫瘍などにおいては，時に頭蓋への放射線治療などの中枢神経系に影響を及ぼし得る治療が行われるため，晩期合併症として，広義の高次脳機能障害が発生するリスクがある（大園，2015）。そのため，小児がんを経験した子ども（小児がん経験児）が，学校生活や日常生活で問題を示している場合には，どのような認知特性をその時点で有しているのか個別の評価と対応が必要とされる。

1.3 小児がんと心理的ケア

　現在，小児がん経験児において，その闘病体験を契機として，時に生じる心理的問題を，外傷後ストレス障害（PTSD）の枠組みから捉える研究が，国際的に広く認められるようになっている（以降の記述については，平田ら，2014も参照されたい）。PTSDはアメリカ精神医学会の診断基準であるDiagnostic and Statistical Manual of Mental Disorders（DSM）において，唯一その病因を特定している精神疾患として，1980年のDSM-Ⅲより記載されるようになったものである。当初の診断基準では，PTSDの原因となる外傷的出来事（いわゆる心的外傷，トラウマ）に，がんのような生命を脅かす疾患は含まれていなかったが，1994年のDSM-Ⅳより，そうした疾患も外傷的出来事に含まれるようになった（Kangas, et al., 2002）。PTSDは，1）フラッシュバックのような心的外傷となった出来事の「再体験」，2）心的外傷となった出来事に関する思考や記憶の「回避」，3）現在でも脅威が継続しているような持続的な感覚（「脅威の感覚」），の大きく3つの症状から

特徴づけられる（青木，2020）。

　永田ら（2005）によると，小児がん経験児のPTSD研究は当初，闘病体験
によって子どもがPTSDを発症するであろうという予測に基づいて開始され，
確かに何らかの外傷後ストレス症候（PTSS）を示す児は，調査対象の20%
ほどの割合で存在するが，PTSDの診断基準を満たすほどの子どもはさほど
多くないことが，これまでの国外の研究で明らかとなっている。我が国でも
例えば，Kamibeppuら（2010）や泉ら（2008）が，これと同様の結果を報
告している。また，相対的に見て小児がんよりも治療の侵襲性の程度が低い
ものと考えられる糖尿病などの慢性疾患児におけるPTSSの程度は，小児が
ん経験児より低いことも報告されている（泉，2016）。

　泉ら（2008）では，小児がん経験児におけるPTSSの個人差に対して最も
強く関連していた因子が，客観的ではなく主観的な治療強度であり，治療を
つらく感じる程度や生命の危険を感じた程度が強い子どもほど，PTSSの重
症度が高くなる傾向にあったことを報告している。このように小児がん経験
児におけるPTSSの個人差は，がんの客観的な重症度や治療の侵襲性の程度
より，子ども本人が自らの闘病体験や周囲の人々の支援をどのように受け止
めたかという点に強く規定される（永田ら，2005；泉，2016）。このことは，
小児がん闘病中の児に対する心理的ケアの重要性を示している。

　この点に関して，泉（2011）や永田ら（2005）は，子ども本人に対する病
名告知に注目している。泉（2011）は小児がん患児において，病名告知を含
めた病気の説明を受けている群の方が，説明を受けていない群より，その後
のPTSSの程度が軽いことを報告しており，こうした治療におけるインフォ
ームド・コンセントの有無がPTSD発症の予防に重要であるとしている。ま
た，小児がんの発症年齢が6歳以下の子ども，あるいは告知を受けていない
子どもでは，その後のPTSSの重症度が高くなっていることも報告されてい
る（泉ら，2002）。この点について泉ら（2002）では，知的発達がより未熟
な時点では，闘病体験に対する合理的解釈の程度が低くなり，その後の
PTSSの高さに寄与したのではないかと考察している。こうした指摘の一方
で，小澤・細谷（2004）は児への病名告知それ自体が外傷体験となる可能性
があることに注意を促し，マニュアルどおりの画一的な告知を例外なく行う
ことに対する懸念を示している。

このような小児がんに対する闘病体験のネガティブな影響の一方で，闘病体験のポジティブな帰結も「心的外傷後成長（PTG）」として，近年では注目されている。Barakatら（2006）によるとPTGとは，心的外傷を経験した者が，その体験に対して肯定的な解釈を行うとともに，外傷的出来事の意味を見出す認知的プロセスである。Barakatら（2006）による先駆的研究では，小児がん経験児とその両親に対して，PTGの程度を面接法によって評価するとともに，治療強度やPTSSとの関連について検討された。その結果，小児がん経験児のほとんどで，がんになることで得るものがあったと報告しており，特に自らの人生に対する考えがポジティブな方向に変化したことを報告する者が多くなっていた。また，診断時の年齢が５歳以上の子どもでは，そうでない子どもよりPTGの程度が強くなっていた。興味深いことにPTGに関しても，主観的な治療強度が強い子どもほど，PTGの程度は高くなる傾向にあった。さらに，PTGの程度とPTSSの程度の間には，正の相関が認められた。Barakatら（2006）では，自らの病の深刻さを理解できる子どもほどPTSSが重度となるが，同時にこうした児では闘病中に受けたサポートや励ましの意味も理解することができるため，その後のPTGの高さをもたらすのではないかと考察している。我が国でもKamibeppuら（2010）が，小児がん経験児におけるPTGの存在を報告している。

　泉（2016）は，小児がんを闘病中の子どもたちが自身の心理的なつらさや危機感を大人に進んで表現することが稀であることを，自らの体験をもとに指摘している。小児がん経験児におけるPTSDやPTGについての研究は，そのようなつらく不条理な闘病体験のただ中にある子どもやそうした経験をした子どもに対して，彼らの体験の意味づけの作業を支えていくことが，周囲の大人の重要な仕事であることを示しており，病弱教育全般に重要な示唆を与えている。だが，心的外傷に意識的に向き合い，自らの内面にうまく織り込んでいくよう安易に促すことは，時に子どもにとって侵襲的なかかわりともなり得ることを忘れてはならない（青木，2020：中井・山口，2004）。これは次節より述べる心身症に関しても，同様であろう。

1.4 子どもにおける心身症の定義と病理

　そもそも心身症とは，我が国では「身体疾患の中で，その発症や経過に心

理社会的因子が密接に関与し，器質的あるいは機能的障害が認められる病態をいう。ただし，神経症やうつ病など他の精神障害に伴う身体症状は除外する」と定義される。なお，このうち，「心理社会的因子が密接に関与し」とは，「心理社会的因子が明確に認められ，発症や経過ないし病像との関係がはっきりしている」という意味であり，「器質的あるいは機能的障害が認められる」とは「自律神経系・内分泌系・免疫系などを介し，特定の器官系統に固定した器質的病変や機能的障害が出現するもの」とされている（小柳，2018）。

　だが，こうした心身症の定義は，いくつかの点で小児の心身症の実態には当てはまらない。まず，小児においては，心理社会的因子と身体疾患の発症や経過に，はっきりとした関連があると言い切れない場合が多い。また，特定の器官系統に症状が固定されるのではなく，複数の症状が同時期に現れることも多い。さらに，小児の心身症は，発達障害のある児でもよく認められることから，「精神障害に伴う身体症状は除外する」との基準も当てはまらない（田中，2014）。

　これらを受け現在，18歳の未満の子どもにおける心身症は，以下のように定義される。すなわち，「子どもの身体症状を示す病態のうち，その発症や経過に心理社会的因子が関与するすべてのものをいう。それには，発達・行動上の問題や精神症状を伴うこともある」である。ただし，子どもの訴える症状が器質的・機能的疾患に基づくものであることが明確に否定される場合には，心身症から除外し，身体表現性障害や転換性障害などとする。だが，これらの鑑別は時に容易でないことも予想され，「身体症状を緩和できる手段があれば，心身症として扱う」という臨床的な立場もある（小柳，2018）。

　小柳（2018）によると心身症の理解に関しては，1）発症に関わる心理社会的因子の作用と，2）症状の存在によって生じる新たな問題，の2側面が重要である。発症に関わる心理社会的因子は，大きく準備因子（背景）と誘発因子（きっかけ）に分けられる。準備因子には，子ども自身の知的能力や言語能力，気質といった素因に加え，両親の不仲や虐待といった家庭環境，いじめや担任との不和といった学校環境が挙げられる。こうした準備因子のもと形成されてきた心的状態に，誘発因子が加わることにより，心身症へと至るものと考えられる（小柳 [2018] は，子どもが自分の感情をうまく理解

できないときや，言葉で表現することができない場合に，身体症状が現れている可能性を指摘している。これは上述した小児がんにおける病名告知とPTSDに関わる議論を想起させる）。誘発因子としては，疲労や転居，家族との離別，学校での教師やクラスメイトとの対人トラブルといったさまざまなことが挙げられる。

　一方，症状の存在によって生じる新たな問題としては，繰り返し身体症状が生じることにより，症状と関連する身体感覚の過敏さや不安が生じ，より症状が増幅してしまうことが挙げられる。さらに，症状のために学校生活への不適応が生じた場合に，学校に行こうとすると症状が出現するといった，症状の複雑化が生じる場合もある。

　心理社会的因子が，さまざまな身体症状を生じさせるメカニズムに関しては，ストレス関連疾患についての枠組みが参考となる。そもそもストレスとは何であるのか確立した定義はないが，個人にとって負担となる刺激や要因であるストレッサーと，ストレッサーによって生じるさまざまな身体症状や行動面の変化であるストレス反応を総称している場合が多い。ストレス反応は，ストレッサーの強さや持続期間に加えて，本人の特性や生活体験といった個人的要因，周囲の人々から支援を受けることができるかというような緩衝要因の影響を受ける。ストレス反応が生じた初期の段階で適切なストレス対処行動（ストレスコーピング）が取られなかった場合，ストレス関連疾患を発症することとなる。ストレス関連疾患には，心身症や適応障害に加え，PTSDなども含まれる（永田，2015）。

　ストレス反応の生起に関して，生理学的には間脳の一部である視床下部が重要な役割を果たしている。視床下部は，脳下垂体を介して副腎皮質からホルモンを分泌する道筋（内分泌系）と，交感神経の働きにより副腎髄質からホルモンを分泌する道筋（自律神経系）といった複数の系を統合的に制御している。視床下部は，島や帯状回といった前頭葉の内側部や，扁桃体などのいわゆる大脳辺縁系から入力を受けている。特に，扁桃体は脳がポジティブあるいはネガティブな意味をもった刺激を検出する際に，重要な役割を果たしている。こうした視床下部を中心としたシステムの主要な役割は，ストレッサーに対して「逃げるか戦うか」の反応を生じさせることにある（Horn & Swanson, 2014）。医学的疾患との関連で言うと，例えば中井・山口（2004）

では，このいわゆる「逃走－闘争」反応を下敷きとして，PTSDに代表される外傷神経症（心的外傷によって生じる神経症状態）の急性期と慢性期の特徴を整理している。

1.5 代表的な子どもの心身症

　心身症にはさまざまなものが含まれるが，子どもで代表的なものとしては，起立性調節障害や，摂食障害が挙げられる。まず起立性調節障害とは，立位姿勢をとった際に，立ちくらみや頭痛，めまい，動悸などの症状を示すものである。症状は朝に強まる傾向がある一方で，午後からは改善する場合があるため，周囲から誤解を招くこともある。この症状に対する心理社会的要因の関与としては，「学校を休むと症状が軽減する」「身体症状が再発・再燃を繰り返す」といった事柄が挙げられる。起立性調整障害は，その病理として自律神経系の機能不全が想定されている（梶浦，2018；田中，2014）。

　摂食障害は従来，「神経性やせ症」（いわゆる拒食症）と「神経性過食症」の2種類に大別されてきたが，子どもでは「回避・制限性食物摂取症」も多く認められる。これはDSM-5で新たに提言された疾患概念であり，これまでは「幼児期または小児期早期の哺育・摂食障害」とされてきたものである。神経性やせ症は，1）制限型と2）過食・排出型に分けられるが，子どもでは制限型が多いようである。制限型では，食事や水分を著しく制限するなどして，体重増加に抵抗を示すことが特徴である。また，子どもの神経性やせ症では，成人では診断基準に含まれている「身体像のゆがみ」を必ずしも示すわけではないことも特徴である（髙宮，2019）。神経性過食症は，明らかな過食を繰り返すとともに，過食の後に体重を増やさないために自ら嘔吐するなどの代償行動を伴うことが特徴である。神経性過食症は子どもでは非常に少ないが，神経性やせ症から神経性過食症になる場合もある（髙宮，2019）。我が国における神経性やせ症の好発年齢は14～18歳で，男性よりも女性でよく発症することが報告されている（鈴木，2018）。神経性やせ症の病理としては，視床下部における内分泌系や自律神経系の制御の問題が指摘されている（髙宮，2019）。回避・制限性食物摂食症に関して，DSM-5では「食べることや食物への明らかな無関心」「食物の感覚的特徴に基づく回避」「食べた後，嫌悪すべき結果が生じることへの不安」が主要な特徴として挙

げられている。摂食障害の10〜20％は，いわゆる発達障害が併存していると言われており（鈴木，2018），そうした場合にはASDやADHDといった各障害の特性に合わせた支援が求められる（髙宮，2019）。

　これらの心身症に限らず，発達障害のある子どもが，学校生活などで不適応を起こし（不適応という現象は当然，本人の特性のみにその原因が帰せられるものではなく，周囲の環境にもその原因が求められるべきものではあるが），その二次障害として心身症を呈する場合があることは，多くの論者が指摘しており，現在の病弱教育の課題の１つである。

1.6 未来に向けての展望

　強いストレッサーに晒された際に，すべての者が同様にPTSDや心身症のようなストレス関連疾患を発症するわけではない。青木（2020）は，心的外傷となる出来事の前後の要素によって，個人の反応の様相は異なり得ることに注意を促し，そうした要素を「出来事を跳ね返す力（回復力，レジリエンス）」と，「出来事に対する脆さ（脆弱性）」の２つに整理している。そして，それらが各人固有の部分もあるが，環境などの影響を受け変動するものであり，特にレジリエンスを強める最大のものとして「人とのつながり」を挙げている。この指摘は，小児がん経験児や心身症の子どもたちのような病弱教育の対象に限らず，特別支援教育全般において重要であろう。

（平田　正吾）

【引用・参考文献】
○青木省三（2020）ぼくらの中の「トラウマ」．筑摩書房.
○Barakat, L. P., Alderfer, M. A., & Kazak, A. E. (2006) Posttraumatic growth in adolescent survivors of cancer and their mothers and fathers. *Journal of Pediatric Psychology*, 31, 413-419.
○原純一（2015）髄芽腫，中枢神経胚細胞腫，中枢神経原始神経外胚葉性腫瘍．日本小児血液・がん学会（編），小児血液・腫瘍学．診断と治療社，pp.514-520.
○Horn, J. P., & Swanson, L. W. (2014) 自律運動系と視床下部．金澤一郎・宮下保司（監修），カンデル神経科学．メディカルサイエンスインターナショナル，pp.1034-1055.
○平田正吾・奥住秀之・北島善夫・細渕富夫・国分充（2014）病弱児の心理特性についての研究動向—我が国の小児がん経験児における闘病体験．*Asian Journal of Human Services*, 6, 138-148.
○細谷亮太（2015）悪性腫瘍疾患．宮本信也・土橋圭子（編），病弱・虚弱児の医療・療育・教育 改訂３版．金芳堂，pp.1-12.
○細谷亮太・真部淳（2008）小児がん—チーム医療とトータル・ケア．中央公論新社.

○泉真由子（2011）病気の子どもに対する心理的サポート—小児がん患児に行うインフォームドコンセントの心理的影響を通して考える．特殊教育学研究，49, 95-103.

○泉真由子（2016）小児がん医療とトラウマ．最新精神医学，21, 255-259.

○泉真由子・小澤美和・細谷亮太（2002）小児がん患児の心理的晩期障害としての心的外傷後ストレス症状．日本小児科学会雑誌，106, 464-471.

○泉真由子・小澤美和・細谷亮太・森本克・金子隆（2008）小児がん患児の心理的問題—心的外傷後ストレス症状発症の予測因子の検討．小児がん，45, 13-18.

○Kamibeppu, K., Sato, I., Honda, M., Ozono, S., Sakamoto, N., Iwai, T., Okamura, J., Asami, K., Maeda, N., Inada, H., Kakee, N., Horibe, K., & Ishida, Y. (2010) Mental health among young adult survivors of childhood cancer and their siblings including posttraumatic growth. *Journal of Cancer Survivorship*, 4, 303-312.

○梶浦貢（2018）起立性調節障害．日本小児心身医学会（編），初学者のための小児心身医学テキスト．南江堂，pp.142-152.

○Kangas, M., Henry, J. L., & Bryant, R. A. (2002) Posttraumatic stress disorder following cancer: A conceptual and empirical review. *Clinical Psychology Review*, 22, 499-524.（2021年10月14日閲覧）

○北川誠一（2009）白血球．小澤瀞司・福田康一郎（編），標準生理学第7版．医学書院，pp.519-533.

○康勝好（2015）急性リンパ性白血病．日本小児血液・がん学会（編），小児血液・腫瘍学．診断と治療社，pp.467-475.

○小柳憲司（2018）子どもにおける心身症．日本小児心身医学会（編），初学者のための小児心身医学テキスト．南江堂，pp.16-21.

○日下奈緒美（2015）平成25年度全国病類調査にみる病弱教育の現状と課題．国立特別支援教育総合研究所研究紀要，42, 13-25.

○森鉄也（2015）非Hodgkinリンパ腫など．日本小児血液・がん学会（編），小児血液・腫瘍学．診断と治療社，pp.496-499.

○永田頌史（2015）ストレスの診断と治療．丸山総一郎（編），ストレス学ハンドブック．創元社，pp.97-116.

○永田真一・船越俊一・上埜高志・林富・松岡洋夫（2005）小児がんに伴う外傷後ストレス障害（PTSD）．小児がん，42, 809-816.

○中井久夫・山口直彦（2004）看護のための精神医学 第2版．医学書院．

○大園秀一（2015）神経・認知．日本小児血液・がん学会（編），小児血液・腫瘍学．診断と治療社，pp.262-263.

○小澤美和・細谷亮太（2004）小児がん患者の精神腫瘍学．臨床精神医学，33, 597-600.

○サダヴァ，D. 他 石崎泰樹・丸山敬（監訳）（2010）カラー図解 アメリカ版 大学生物学の教科書 第3巻 分子生物学．講談社．

○鈴木雄一（2018）神経性やせ症．日本小児心身医学会（編），初学者のための小児心身医学テキスト．南江堂，pp.170-177.

○鈴木由紀（2018）回避・制限性食物摂取症．日本小児心身医学会（編），初学者のための小児心身医学テキスト．南江堂，pp.178-181.

○髙宮静男（2019）摂食障害の子どもたち—家庭や学校で早期発見・対応するための工夫．合同出版．

○瀧本哲也（2015）疫学．日本小児血液・がん学会（編），小児血液・腫瘍学．診断と治療社，pp.61-63.

○田中英高（2014）心身症の子どもたち—ストレスからくる「からだの病気」．合同出版．

○柳澤隆昭（2015）神経膠腫，上衣腫，非定型奇形腫様/ラブドイド腫瘍，その他の腫瘍．日本小児血液・がん学会（編），小児血液・腫瘍学．診断と治療社，pp.521-528.

2. 病弱・身体虚弱児の教育・指導法

2.1 病弱・身体虚弱の学習上・生活上の困難

2.1.1 病弱教育とは

「病弱」とは「心身が病気のために弱っている状態」をいう。また、「身体虚弱」とは「病気ではないが、不調な状態が続く、病気にかかりやすい等の状態」をいう。このような児童生徒を対象とするのが病弱・身体虚弱教育（以下、病弱教育）である。一般的には、風邪のような一時的に医療が必要となる程度ではなく、小児特定慢性疾患をはじめとした慢性的・反復的な心身の疾患を有するために継続して医療や生活規制（生活の管理）が必要な状態の子どもへの教育的支援を表している（文部科学省、2021）。

2.1.2 学習上・生活上の困難と教育的ニーズ

病弱教育では、病気による身体症状、治療の影響、体力の低下等を常に考慮して生活や学習を進める。そのため、一人ひとりの病状や背景、治療方針や方法は大きく異なり、教育的ニーズの個別性は高い。そこで、国立特別支援教育総合研究所（2017）は、慢性疾患のある児童生徒の教育的ニーズを5つの観点として示している。

①学習面

治療、体調不良、感染予防等の理由で、登校や活動に制限がかかり、学習できない期間や内容（学習の空白）が生じ、未定着や意欲低下が起きやすい。また、生活経験の不足から、社会的な知識や語彙等を理解、活用することが苦手である場合もある。他には、将来への希望や夢をもちにくかったり、試験対策が十分にできなかったりして、進路選択の幅が狭くなることもある。

②自己管理

治療に伴い、睡眠や生活リズムの乱れ、体力の低下が起こりやすい。加えて、食生活の制限や服薬の管理が行われることも多く、生活習慣の維持や改善・自立のための自己管理が必要となる。しかし、病状はたえず変動しており、病気の受容や自己管理ができるまでにかかる期間は一人ひとり大きく異なることを理解して支援する必要がある。

③対人関係

遊びや体験の不足から社会性の発達に偏りが生じ、同年代と関係を作るこ

とが苦手であったり，コミュニケーションスキルが低かったりする傾向がある。中には，人とかかわるときに極度の疲労や恐怖を感じたり，攻撃的な態度をとったりして，集団参加が困難になることもある。家族との関係に悩む児童生徒もおり，対人関係の構築全般に困難さを有することがある。

④心理面

　治療や予後に対する恐怖心，家族や友だちから離れて治療することによる不安や孤独，慣れない生活の継続と行動制限による欲求不満を抱えていることが多い。自分らしい生活ができないことに強いストレスを感じることもある。情緒不安定は自己肯定感の低下を招き，自信や目標がもてない，あきらめが早い，感情コントロールや自己表現が苦手等の二次的な困難を生じやすい。

⑤専門職・保護者との連携

　医療・福祉・心理・保育（病棟保育士，チャイルド・ライフ・スペシャリスト）等の専門職との連携，保護者との連携を綿密に行う必要がある。特に，保護者にとっては子どもが病気にかかるという心理的な負荷は大きく，学校側とのすれ違いが起きやすい。親身で丁寧な対応が必要である。

2.1.3 病弱教育の意義

　病弱教育の意義は，平成6（1994）年文部省（現 文部科学省）「病気療養児の教育に関する調査研究協力者会議」において，以下の4点が挙げられ，現在でも教育課程編成や指導・支援の基盤とされている。

　(1)積極性・自主性・社会性の涵養　　(2)心理的安定への寄与

　(3)病気に対する自己管理能力　　　　(4)治療上の効果等

　なお，平成23（2011）年の障害者基本法の改正と平成25（2013）年の障害者総合支援法の施行においては，「身体障害者」「知的障害者」「精神障害者」に加え，いわゆる「難病者等」が障害者福祉施策の対象として新たに追加された。このような法整備もあり，近年では改めて病弱教育の意義の確認と一層の専門性向上が社会的要請として求められてきていると考えられる。

2.2 病弱・身体虚弱教育の学びの場

2.2.1 設置と対象に関する法的根拠等

　病弱教育の学び場は，特別支援学校（病弱），病弱・身体虚弱特別支援学

級，訪問による指導，通級による指導，通常の学級等がある。

　特別支援学校（病弱）は，学校教育法第80条において，他の障害種と同様に設置が義務付けられている。設置形態は，本校である場合と分校，分教室である場合，また，病弱のみを対象とする場合と他障害種の部門との併置である場合がある。校舎については，病院に隣接または併設されている場合とされていない場合がある。対象となる児童生徒は，学校教育法施行令第22条の3により「一　慢性の呼吸器疾患，腎臓疾患及び神経疾患，悪性新生物その他の疾患の状態が継続して医療又は生活規制を必要とする程度のもの　二　身体虚弱の状態が継続して生活規制を必要とする程度のもの」とされている。

　病弱・身体虚弱特別支援学級は，学校教育法第81条の3において，「（小学校，中学校，義務教育学校，高等学校及び中等教育学校においては，）疾病により療養中の児童及び生徒に対して，特別支援学級を設け，（中略），教育を行うことができる」と規定されている。設置形態は，病院内にある場合と小中学校内にある場合がある。対象となる児童生徒は，25文科初第756号初等中等教育局長通知において「一　慢性の呼吸器疾患その他疾患の状態が持続的又は間欠的に医療又は生活の管理を必要とする程度のもの　二　身体虚弱の状態が持続的に生活の管理を必要とする程度のもの」とされている。

　訪問による指導は，学校教育法第81条の3の中の「教員を派遣して」という文言を根拠としてなされている。

　通級による指導は，学校教育法施行規則第140条の8の「その他の障害のある者」に含まれており，対象は，25文科初第756号初等中等教育局長通知において「病弱又は身体虚弱の程度が，通常の学級での学習におおむね参加でき，一部特別な指導を必要とする程度のもの」とされている。

　なお，現在は通常の学級にも多くの病弱・身体虚弱の児童生徒が在籍している。平成28（2016）年には「障害を理由とする差別の解消の推進に関する法律」が施行され，通常の学級においても病気の児童生徒一人ひとりの教育的ニーズに応じた合理的配慮を行うことが義務化されている。

　このように，病弱教育は非常に多様な学びの場で展開されている。それぞれの役割や特徴は異なるが，いずれにおいても，病気を発症し，治療を継続しながらも，学び続けることができるように法的根拠等が整備されている。

これは，病弱教育の大きな特徴とも言え，「学びの連続性」を担保すること
につながっている（全国特別支援学校病弱校長会，2020）。

2.2.2 設置場所や教育方法ごとの役割や特徴

本節では，設置場所や教育方法によって分類し，役割や特徴を解説する。

①病院内にある特別支援学校（病弱），病弱・身体虚弱特別支援学級

厚生労働省が指定する小児がん治療拠点病院，各都道府県の小児医療の中
核となる病院の施設内または隣接して所在する特別支援学校（本校，分校・
分教室），病弱・身体虚弱特別支援学級がある。これらは入院している児童
生徒の教育的支援を行う目的で設置されており，通称として「院内学級」と
呼ばれることが多い。ここでも，病院内に設置されている特別支援学校（病
弱）と病弱・身体虚弱特別支援学級を総称して「院内学級」と呼ぶ。

院内学級では，医療・福祉・心理・教育等の多職種協働をもとに指導が行
われている。入院中に児童生徒が教育的刺激を受けることは，学習空白を避
けるためだけではなく，心理的な安定や成長・発達に必要不可欠であり，入
院期間の長短を問わず必須である。なお，院内学級で指導を受ける場合は，
入院前に通っていた小・中学校からの転学手続きをする必要がある。

特別支援学校（病弱）として設置されている院内学級は，比較的規模の大
きい場合が多く，中には，理科室，家庭科室，体育館，プール等の特別教室
の設置があったり，小学部・中学部を合わせて30人近くの教職員が配置さ
れたりしているところもある。しかし，高等部の設置は全国的に見てもわず
かであり，Adolescent & Young Adult世代（思春期・若年性）のがん治療
が注目される今日においては，病気の高校生に対する教育保障は大きな課題
となっている。

病弱・身体虚弱特別支援学級として設置されている院内学級は，病院の近
隣にある区市町村立小・中学校を本校とし，そこに所属する数人の教職員が
病院内の１室において指導にあたるなど，比較的小規模な環境での教育活動
が行われている。

院内学級は現在約200学級あると言われているが，近年では，入院の短期
化・頻回化，小児病院の再編等により微減を続けている。中には，通院治療
の児童生徒や在籍校への登校が困難な児童生徒の支援を行う学級もある。

②病院に隣接・併設されていない特別支援学校（病弱）

病院に隣接・併設していない特別支援学校（病弱）は，かつては，気管支喘息等の慢性疾患により日常的な体調管理が必要な児童生徒が，併設された寄宿舎で生活しながら通っていた。しかし，家庭で体調管理を行うことが多くなり，在籍数が減少し，他障害種との併置化や統合が進んでいる。

　このような設置形態の学校の中には，自然に囲まれた空気のきれいな土地で体質改善・健康維持を目指した生活をしながら学ぶという目的で，設置者である自治体から遠く離れた地域に設置されている転地療養型の学校もある。これらは，いわゆる健康学園と呼ばれ，戦前は脚気や結核等の対策として，戦後は都心の急速な都市化による空気汚染や生活習慣の変化の対策として，喘息・肥満・偏食・身体虚弱を対象に運営されてきた。かつては，20園・校以上が設置され，多くの児童が学んでいたが，1990年代後半から廃園が相次ぎ，2022年現在，区立小学校の病弱・身体虚弱特別支援学級として設置されている健康学園1園，区立特別支援学校（病弱）3校のみである。

③小学校・中学校の校舎内にある病弱・身体虚弱特別支援学級

　退院後の活動制限・感染症予防が必要な児童生徒，晩期合併症の児童生徒，化学物質過敏症・慢性疲労症候群・色素性乾皮症等の学校生活に大きな影響を及ぼす身体症状のある児童生徒を主な対象とし，病状に配慮した指導を行うために小・中学校内に設けられた学級である。現在，全国に2,000学級近くあり，増加傾向にある。

　基本的には，通常の学級に準じた授業内容，授業時数による指導を行うとともに，それに加え，自立活動，環境調整，心理的な支援等を行っている。病状を考慮しつつ，可能な範囲で通常の学級と直接的又は間接的に活動を共にする交流及び共同学習を積極的に設けながら，学習活動が展開されている。

④訪問による指導

　訪問による指導は，院内学級の設置がない病院に入院した場合，ベッドサイド，病棟のプレイルーム等において，特別支援学校（病弱）の教員が訪問して指導を行う。退院後の自宅療養中に家庭に訪問することもある。近年では，訪問教育と遠隔教育と組み合わせて実施する自治体も増えてきている。

⑤通級による指導

　小・中学校等の通常の学級に在籍している病気の児童生徒等のうち，週数時間の特別な指導が必要な者を主な対象として，個別または小グループで指

導が行われている。児童生徒が在籍する学校において指導を受ける「自校通級」，他の学校に行き指導を受ける「他校通級」，教員が病院に行く「巡回による指導」の3つの形態がある。具体的には，皮膚の脆弱性や易出血性から他児との接触や運動時の衝撃を避けるために週に1回体育と自立活動の授業を通級によって指導を受けたり，精神性疾患の児童が週2回通級して心理的な安定に関する自立活動の指導を受けたりする等のケースがある。全国的に見ると，病弱教育における通級による指導はまだ多くなく，特別支援学校（病弱）のセンター的機能として，先駆的に行われている場合が多い。

⑥通常の学級

近年では入院の短期化・頻回化が進んでおり，非常に多くの病弱・身体虚弱の児童生徒が，通常の学級において健康や安全に留意しながら生活・学習をしている。退院後の児童生徒が一日の大半を過ごすのは学校であり，治療や体調に合わせて充実した生活を送ることができるように支援を考える必要がある。具体的には，特別支援教育コーディネーターを中心とした校内体制の確立，校内委員会の開催，指導や支援の計画策定，支援員配置，教員研修の充実といった特別支援教育全般に共通する校内支援システムの整備に加え，退院時の復学支援，欠席時の学習フォロー，座席配置・休憩時間の取り方の配慮，体育等の実技場面の配慮，体調や服薬の管理，感染症対策，発作や災害時等の緊急対応といった病弱教育に特化した支援・配慮も行う必要がある。

この他，血糖値測定や自己注射，酸素使用，喀痰吸引等医療的ケアを必要としながら通常の学級で学ぶ児童生徒も増えている。令和3（2021）年には「医療的ケア児及びその家族に対する支援に関する法律」が可決され，今後は，医療的ケア児支援のための看護師等の配置が学校の設置者である自治体を中心に進められることになっている。

2.3 病弱・身体虚弱教育における教育課程の特徴

特別支援学校（病弱）では，基本的には，小学校，中学校，高等学校の教育課程に準ずる教育を行うとともに，特別支援学校小学部・中学部学習指導要領（以下，すべて平成29（2017）年告示）に示す自立活動を取り入れて，教育課程を編成している。また，発達段階や病気の状態等を考慮した弾力的な教育課程として「小学校，中学校の各教科を下学年の目標及び内容の一部

又は全部に替えた教育課程」「知的障害特別支援学校の各教科の目標及び内容の一部又は全部に替えた教育課程」「各教科等の目標及び内容の一部又は全部を自立活動を主とした教育課程」を取り入れる場合もある。

　病弱・身体虚弱特別支援学級においても，特別支援学校（病弱）と同様に，基本的には，小学校，中学校の教育課程に基づく教育を行うとともに，自立活動を取り入れた特別の教育課程を編成している。こちらも，発達段階や病気の程度を考慮のうえ，各教科の目標や内容を下学年の教科の目標や内容に替えたりして，実態に応じた教育課程を編成している。

　なお，訪問による教育の教育課程編成にあたっては，個々の児童生徒の病気や障害の状態等に応じて弾力的に編成することが可能とされている。

2.4 病弱教育における自立活動の指導

　病気の状態や発達段階をもとにして，特別支援学校学習指導要領に定められている自立活動6区分27項目の中から，児童生徒にとって必要とされる項目を選定し，相互に関連づけて，内容を決定する。病弱教育においては

表7-1　病弱教育における特色ある自立活動の実践例

区分	活動名	主な内容
健康の保持	ドキドキ検査	積み木でできたCTやMRIの模型と人形を使って，手順や仕組みを教師と一緒に確認し，不安や恐怖の感覚が軽減できるようにする。
心理的な安定 人間関係の形成	こころラボ	入院中「友だちや家族，医療者などの他者に向けて，どんなとき，どんな気持ちをもち，からだがどのように変化し，どのように対処したのか」を自分で考えたり，人の意見を聞いたりして，発見や共感をすることで，心理的な安定につなげる。
心理的な安定 健康の保持 人間関係の形成	こんなとき どうする	退院して地元校に戻ったときに起こりそうなことを想定し，対処方法を院内学級に在籍する児童生徒で考え，共有する。実際に退院後の生活で困らないようにしたり，他者との意見の違いを理解したりできるようにする。
健康の保持	わたしの食生活改善宣言	自分の食べた食事の量と内容を栄養バランスのレーダーチャートに記録し，視覚的にわかりやすくしながら，自分で目標を立てたり，ふりかえりをしたりすることを通して，適切な量と質を保ったよりよい食生活の習慣化をねらう。

「健康の保持」「心理的な安定」「人間関係の形成」が主となることが多く，自立活動を通して健康増進，自己管理，社会適応を促し，QOL（生活の質）向上を目指す（表7-1）。

病弱・身体虚弱教育における指導と支援

| 2.5.1 | 指導内容の工夫

　特別支援学校学習指導要領「病弱者である児童（生徒）に対する教育を行う特別支援学校小学部（中学部）の各教科及び高等部の各教科・科目」には，各教科での配慮事項として，指導内容の工夫が6項目示されている。

①学習状況の把握と指導内容の充実・精選

　学習空白や体験不足は一人ひとり状況が異なることから，前籍校（入院前に在籍していた学校）との情報交換，学習プリント・ノート，本人の語りや様子等に注目し，学習状況を十分把握する。そのうえで，治療や時間の制限と照らし合わせながら，指導内容の精選を行う。基礎的な知識・技能を習得できる展開にするとともに，体験的学習と関連づけて指導したり，教科横断的に学習を進めたりするなどのカリキュラム・マネジメントを行う必要がある。加えて，児童生徒の個々の教育的ニーズにも注目した学習活動を展開していく。例えば，長い入院生活の中で，同年代とのかかわりが少なく自己表現に苦手さのある児童には，思考力・表現力・判断力の向上をねらう国語の学習を多めに行ったり，受験期に入院し，学習が思うようにできないことに焦りや不安・孤独を感じる生徒には，個別学習や進路指導，病院内受験の検討等を行ったりする。

②自立活動の時間における指導との関連

　自立活動の学習と教科学習の特性を生かし，両者を接続した指導を行う。具体的には，体育の保健領域「心の成長」と自立活動「心理的な安定」，家庭科「栄養バランスのとれた献立づくり」と自立活動「健康の保持」，国語の話す・聞く「病院で働く人へのインタビュー」と自立活動「人間関係の形成」，理科「からだのしくみ」と自立活動「健康の保持」等が考えられる。

③体験的活動の充実

　入院生活を送る児童生徒にとって，実験・実習・運動等の体験的活動は，数少ない楽しみの1つである。「入院しても実験できるとは思わなかった」

と目を輝かせたり，「あー，おもしかった」と言いながら病室に戻ったりする姿が見られることはよくある。しかし，小規模の院内学級，ベッドサイドでの学習，訪問教育では，できることは限られてくる。安全衛生の観点から，動植物の持ち込み，火気や薬品使用に制限があることも多い。そこで，病院の施設管理部門等と協力して敷地内の畑・花壇やロビー等に学習に使えるスペースを確保したり，近隣の学校に外出して学習したりする等の工夫が必要である。

④補助用具，補助的手段，ICT・ネットワーク環境の活用

不足しがちな体験活動をICT・ネットワーク環境の活用で充実させる。具体的には，病室では体験が難しい実験や実習等をビデオ教材で学んだり，前籍校の授業を映像で記録したものを視聴したりする「間接体験」，病気のために参加できない校外学習等に，教師や他の児童がタブレット端末を持って参加し，web会議システム等を用いて，互いにコミュニケーションをとりながら遠隔で見学等を行う「疑似体験」，コンピュータによって作られた仮想的な世界をあたかも現実のようにして体験する「仮想体験」を取り入れる。また，最近では，前籍校と院内学級，専門性の高い教員のいる学校と院内学級，院内学級同士等のそれぞれをwebカメラやロボット等でつなぐ授業も増えている。同時双方向・オンデマンド等を駆使した現代的な技術の活用は，授業の充実に向けた新しい視点として期待されている。

⑤負担過重とならない学習活動　⑥病状の変化に応じた指導上の配慮

大きな治療を行っているときは，医療的ニーズや安全管理面のみに注目し，教育的対応が消極的になりがちである。病気の特性を理解し，日々の変化する病状を十分に考慮したうえで，学習活動が負担過重とならないようにするとともに，必要以上に制限されないようにすることも大切である。

そのためには，学校生活指導管理表，個別指導計画等を活用して，さまざまな職種と連携・協働し，情報共有や検討を重ねながら学習計画を立てていく。連携は，医療・心理・福祉・リハビリテーション等の「学校外の専門職との連携」に加え，特別支援教育コーディネーター，養護教諭，栄養教諭，事務職等との「学校内での連携」もある。さまざまな視点を取り入れ，「チームとしての学校」を意識した総合的な指導や支援を展開していく。

表7-2　心身の状態に合わせた学習のねらいと配慮事項
（全国病弱教育研究会，2013より作成）

心身の状態	学習のねらい	配慮事項（準ずる教育課程の小学生と想定）
病気が落ち着いている状態 （退院のめどが立っているとき） （通院による治療を行っているとき）	学習空白を防止し，内容の理解，定着を進める 前籍校への円滑な復帰を支援する 自己理解・自己管理能力の向上を促す	・院内学級では，小集団やマンツーマンの利点を活かし，苦手分野や発展問題に挑戦しながら，学習に自信がもてるようにする。 ・前籍校からの課題，おたより，web会議システム等を活用し，つながりを意識できるようにする。 ・退院後の学習や生活への不安を解消できるような心理的支援を含めた自立活動を取り入れる。 ・困ったとき・支援が必要なときには自分で「援助希求」を出せるようにする。特に，通常の学級に在籍している場合は自己管理能力が身につけられるような指導を行う。
やや体の調子がよくない状態	気分転換を図りながら，可能なときは学習に向かえるように導く	・本人の興味・関心を活かし，教科書や関連教材に加えて，本の読み聞かせ，ゲーム的要素のある遊び，タブレット端末の学習ソフトなどをしながら学習につなげていく。 ・大きな処置の前後は，本人の意思を尊重し，心理的な安定を大切にする。 ・本人の希望によっては，前籍校の友だちと手紙やビデオメッセージなどでやりとりを重ねることもできる。
さらに体の調子がよくない状態（ベッドサイドでの学習を含む）	気分転換やストレスの軽減に重きを置き，安心感がもてるようにする	・負担にならないように内容や時間配分に配慮しながら，興味や関心に沿った活動内容について，本人・保護者・医療と話し合いながら設定していく。 ・手芸，工作，描画などの創作活動，好きな本やビデオの鑑賞，カードゲームや手遊び，マジックなど楽しみのある活動を取り入れる。 ・1回ごとに達成感をもてる内容・量にする。
体の調子が極度によくない状態（高熱や意識混濁，終末期など）	本人や保護者にとって，存在感や安心感がもてるようにする	・一人ひとりによって求められることは大きく変わるが，これまでの関係が深い教員がそばにいることで，本人や保護者に安心感を与えられるとよい。 ・そのときにできるその子らしい作品づくりや表現活動を行う。本人のやりたいことの実現に向けて手伝ったり，時には本人に代わって作業をしたりする。 ・心地よい音楽，アロマテラピー，マッサージなどのリラクゼーションを医療や心理と連携しながら，授業に取り入れ，安心感につなげていく。

　前節で示した指導内容の充実と合わせて，児童生徒の心身の状態と保護者の
ニーズに応じた臨機応変な指導方法の工夫を行うことも重要である（表7-2）。

2.6 | 未来に向けての展望

　小児医療はめざましい進歩を遂げ，病弱教育も大きな変化の時代にある。
今後は，院内学級の専門性向上，特別支援学校のセンター的機能の拡充，
小・中学校・高等学校における支援体制の構築，精神性疾患への対応，キャ
リア教育の確立，発展著しいICT機器の教材化，ターミナル（終末期）ケ
アの充実等が課題として挙げられ，さらなる発展が望まれている。また，現
代社会においては，多様な教育的ニーズと病気のニーズ・困難を併せて有す
るケースも想定される。例えば，他障害との併存，貧困，外国ルーツ，性的
マイノリティなどのそれぞれの児童生徒が病気になったときである。これら
のケースでは，病弱教育の専門性に加え，さらに広範囲の教育的ニーズに関
する専門性を併せて視野に入れ，支援・指導につなげていく必要がある。

　いずれにしても，病気という困難な状況にありながらも，児童生徒は，常
に成長し続けており，どのような心身の状態にあっても，学びたいという内
発的な要求をもっている。病気という「非日常」にある中で，児童生徒にと
って学ぶことは「日常」であり，「生きる意欲」に直結する。近年では，医
療従事者から，教育的なかかわりが治療上の効果を上げるという指摘がなさ
れており，その声は決して少なくない。だからこそ，安心・安全という基盤
のうえに，連続性のある学びの保障を大切にしていきたいものである。そう
いった意味で，病弱教育の専門性向上は，病気の児童生徒の未来に向けた歩
みと重なるであろう。

（田中　亮）

【引用・参考文献】

○国立特別支援教育総合研究所（2017）病気の子どもの教育支援ガイド．ジアース教育新社．
○文部科学省（2021）障害のある子供の教育支援の手引—子供たち一人一人の教育的ニー
　ズを踏まえた学びの充実に向けて．
○全国病弱教育研究会（2013）病気の子どもの教育入門．クリエイツかもがわ．
○全国特別支援学校病弱教育校長会（2020）病気の子どものための教育必携．ジアース教
　育新社．

8章

発達障害

1. 自閉スペクトラム症 (ASD)

1.1 自閉スペクトラム症 (ASD) とは

　自閉症の特徴をもつ発達障害は，今日の診断基準では「自閉スペクトラム症」という名称で分類されている。精神医学の国際的な診断基準であるDSMの第5版（DSM-5）では「自閉スペクトラム症／自閉症スペクトラム障害（Autism Spectrum Disorder：ASD）」の診断基準は表8-1のとおりである（APA, 2013 髙橋・大野監訳，2014）。

表8-1　DSM-5のASDの診断基準
(APA, 2013 日本精神神経学会（日本語版用語監修），髙橋三郎・大野裕（監訳）：
DSM-5 精神疾患の診断・統計マニュアル. pp.49-50, 医学書院，2014より作成)

A. 複数の状況で社会的コミュニケーションおよび対人的相互反応における持続的な欠陥があり，現時点または病歴によって，以下により明らかになる．
　(1)相互の対人的－情緒的関係の欠落
　(2)対人的相互反応で非言語的コミュニケーション行動を用いることの欠陥
　(3)人間関係を発展させ，維持し，それを理解することの欠陥
B. 行動，興味，または活動の限定された反復的な様式で，現時点または病歴によって，以下の少なくとも2つにより明らかになる．
　(1)常同的または反復的な身体の運動，物の使用，または会話
　(2)同一性への固執，習慣への頑ななこだわり，または言語的，非言語的な儀式的行動様式
　(3)強度または対象において異常なほど，きわめて限定され執着する興味
　(4)感覚刺激に対する過敏さまたは鈍感さ，または環境の感覚的側面に対する並外れた興味
C. 症状は発達早期に存在していなければならない．
D. 社会的，職業的，または他の重要な領域における現在の機能に臨床的に意味のある障害を引き起こしている．
E. 知的能力障害または全般的発達遅延ではうまく説明されない．

　ASDの有病率は人口のおよそ1％で，女性よりも男性に4倍多くみられる（APA, 2013 髙橋・大野監訳，2014）。また，障害として医学的な診断がつくほど明らかな症状はないものの，さまざまな程度にASDの特徴をもつ人も含めると，人口における比率は10％程度とする見解がある。

1.2 ASDの原因

ASDの原因としては，親の育て方の問題とする説が主流だった時代があったが，現在では否定され，脳機能の問題とする認知障害説が定説となっている。しかし，後天性の脳機能障害のように脳の局所的な損傷が原因なわけでなく，非定型的な脳の構造と機能の問題と考えられている。

ASDの発症は特定の遺伝子変異と関連する場合もあるが，多くのケースでは関与する遺伝子は特定できず多遺伝子的と考えられている（APA, 2013 髙橋・大野監訳, 2014）。ASDと遺伝との関係は未だ未解明なことが多い。

1.3 ASDの特性と発達

1.3.1 言語コミュニケーションの特徴

(1)エコラリア（反響言語）

他者の発話をおうむ返しに反復して表出する現象をエコラリア（反響言語）という。ASDの主症状の1つである。DSM-5には行動，興味，活動の限定された反復的様式の例として説明されている。

他者の発話に続いてすぐに表出される「即時エコラリア」と，一定の時間が経った後に表出される「遅延エコラリア」がある。エコラリアは，以前は意味のない音声表出と考えられていたが，その後の研究で，他者に向けたコミュニケーション機能を有する場合もあることがわかった（Prizant, 1983）。

(2)語用論の問題

ASDでは，対人的な場面での言語の適切な理解や使用に困難が現れる。言語学的には語用論の問題である。語用論とは，話し手が言葉を使うことで何を意図し，聞き手がそれを文脈と関連づけてどう解釈するか，といった言語の使用の側面を扱う。ASDの語用論の問題として，相手の発言の意図がわからず字義どおりに受け取りすぎてしまうことや，親しい友だちにはタメ口で話すが先生には丁寧な言い方をするといったような場面に応じた言葉の使い分けの難しさなどがある。

(3)会話の問題

会話の問題はもっともよくみられ，診断基準にも含まれている。一方的に質問をする，同じ質問を繰り返す，相手の話に合わせ話題を維持することが難しい，相手がまだ話しているのに割り込み，話したいことを一方的に話す

ことなどがみられる。相手の話を聞いていない，相手から聞き返されたとき
にわかりやすく言い直さない，などもみられる。会話は仲間づくりの主要な
手段になるため，それが上手にできないことは子どもたちにとって深刻な問
題になることがある。

1.3.2 | 認知特性

(1)共同注意

　他者が注意を向けている対象に自分の注意を向けたり，自分が向けている
注意の対象に他者の注意を向けさせたりするなど，注意の対象すなわち話題
を他者と共有する活動を共同注意という。定型発達児では生後9カ月頃から
みられ16カ月頃に完成する。共同注意は他者の意図理解に関係し言語発達
にとって重要な心理機能である。ASD児はアイコンタクトする，指さしを
する，といった共同注意行動を自分から始めることが少ない。

(2)心の理論

　共同注意と関連する心理機能に「心の理論」がある。相手の心の状態の理
解の基盤になる認知メカニズムである。心の理論は誤信念課題と呼ばれるテ
スト課題でアセスメントする。「Aさんはボールを箱に入れて部屋を出て行
った。そこにBさんが来て，ボールをバッグに入れ替えた。また部屋に戻っ
てきたAさんは，箱とバッグ，どちらにボールを探すか？」といった課題
である。このような課題は定型発達の子どもでは4歳頃に正答できるように
なるが，ASDでは知的発達に遅れがなくても正答が難しい。9歳レベルの
言語力をもつと正答できることが多くなるが，テスト場面で正答できても日
常生活場面で相手の心を理解することには困難が続く。

(3)中枢性統合

　ASDにおいては「木を見て森を見ない」認知の特徴がみられるが，これ
は中枢性統合の弱さとして説明されている。情報を文脈に統合し意味を理解
する認知機能のことである。言葉の意味を過剰に字義どおりに捉える問題は
中枢性統合の弱さから説明ができる。

(4)実行機能

　目標に向けて行為を遂行していくための心的構えを維持する機能を実行機
能という。反応の抑制，必要な情報の保持，情報の更新，切り替えなどから
なる。実行機能は日常生活の遂行に直接関係する。知能が高いのに身辺処理

などができないことなどは実行機能の障害によると考えられる。

1.4 ASDの指導と支援の場

　学校教育においては，知的な障害を伴わない場合，通常の学級に在籍することが多い。その他，障害の程度や必要に応じ，通級指導教室や特別支援学級でも指導が行われる。通級指導教室では，教育課程上，自立活動という領域で障害から起こる問題に対処するための指導が主に行われる。特別支援学級においては，自立活動に加え，障害の特性に配慮した教科の学習も行われる。通常の学級においては，特別支援教育の対象になった場合，障害の特性に応じた指導と合理的配慮がなされる。いずれにおいても，個別の指導計画に基づく指導が行われる。

　また，医療機関での診断と治療は，児童精神科，小児精神科，小児科，精神科などで行われる。医療機関においては，二次的な症状を緩和するための薬物療法や自己理解の促進やストレスコーピングのための認知行動療法を中心とする心理療法など行われる。

1.5 ASDの指導と支援の方法

1.5.1 ASDの支援の原則

　英国自閉症協会は，ASDの支援のポイントをSPELLというキーワードで一般の人向けに紹介している。Structure（構造化），Positive（肯定的なアプローチ），Empathy（共感），Low arousal（刺激の低減），Links（連携）の頭文字を集めたものである。

⑴構造化

　構造化はTEACCHの中心的な技法でもある（佐々木，2008）。TEACCHは今日のASD支援の主要なパラダイムの1つで，ASD者を定型発達者と異なる認知特性をもつ人と捉え，その認知特性に配慮した支援を行うことを目的としている。活動が行われる場所を視覚的にわかりやすくする空間の構造化では，課題を行う場所，遊びの場所，次の活動への移行の中継場所などの空間をエリアの違いがわかるように分けて設定する。また，何をどういう順序で行うかをスケジュールや手順表などによって示すなどの時間の構造化も行われる。見てわかるように環境を整えることは視覚支援ともいう。

(2)肯定的なアプローチ

できないことでなく，できていることや得意なことに注目し，それを後押しする肯定的なアプローチは発達障害の子どもに対する支援の共通の考え方になっている。二次障害の予防という観点からも重要である。

(3)共感

ASD者の認知スタイルは定型発達者と異なるため，経験を同じように共有することが難しく話題が合いにくいことが多い。そのため仲間が作りにくく孤立感に悩まされる。ASD者の認知や行動の特性を理解し歩み寄ることが必要である。趣味などの領域で共通の話題を探すことから共感的な関係を築けることがある。同じ特性をもつ子ども同士が集い，共通の趣味を一緒に楽しめる場の設定も効果的である。

(4)刺激の低減

ASD者は定型発達者よりも少しの刺激に敏感に反応し，活動が妨げられることがある。声の大きさや騒音，照明の明るさなどである。穏やかに話しかけることやイヤーマフという防音用ツールが有効なことがある。白地に黒字はまぶしすぎて読みにくいこともあるため，カラーシートを本の上に置くなどして輝度を弱めるフィルターをかけると読みやすくなることがある。

(5)連携

家族や支援者などASD者に関係する人が情報を共有し一貫性のある支援を行うことが重要である。また，当事者グループなど，ASD者同士が交流できる居場所は情緒の安定に有効である。

| 1.5.2 | 指導・支援の方法

(1)コミュニケーション支援

ASD児に対する支援の中心的な課題はコミュニケーションにある。教育課程では自立活動で扱われる。コミュニケーションの支援は多様であるが，ここでは，知的障害を伴い音声言語によるコミュニケーションに重い障害をもつASD児に対する補助的手段を使ったコミュニケーション，ソーシャルスキル，社会的状況理解の指導・支援に焦点を当てる。

①補助代替手段を活用したコミュニケーション

ASDにおいてはコミュニケーションの相手を同定し，自分から接近し，意図を伝えることに困難を抱える。何か要求があっても他者に気づいてもら

いにくい。そのような状態の子どもに有効な支援法としてPECS（The Picture Exchange Communication System：絵カード交換式コミュニケーションシステム）がある（Frost & Bondy, 2002）。PECSでは，伝達の必要がある場面を設定し，コミュニケーションの具体的な方法を教える。コミュニケーションの相手を探し，その相手に向けて自発的にコミュニケーションを始めることをポイントとする。最初に，子どもが好きな物を把握するためのアセスメントを行い，その後，6つの段階（フェイズ）からなる指導を行う（表8-2）。

　フェイズⅡまではコミュニケーションの相手役と援助役の2人で指導する。相手役は絵カードと交換にアイテムを手渡し，援助役は子どもを身体的にガイドする。子どもが相手役にカードを手渡さない場合，援助役が子どもの手を取って手渡すことを助ける。相手役も援助役も言語的な指示は行わない。ASD児は言語的な指示に応じて行動する経験を重ねると，指示がないと自発的に動けなくなりがちだからである。PECSでは，他者に向けた自発的なコミュニケーションを重視するため，指示は最小限にすることがポイントである。

表8-2　PECSの指導ステップ（Frost & Bondy, 2002より作成）

フェイズⅠ	絵カードを相手に手渡し，好子を受け取る。
フェイズⅡ	離れた所にあるカードを取りに行き，それを離れた場所にいる相手に手渡し好子を受け取る。
フェイズⅢ	コミュニケーション・ブックの中にある複数のカードから選択し好子と交換する。
フェイズⅣ	絵で文（○○ください等）を作って要求する。
フェイズⅤ	「何が欲しいの？」の質問に応じてカードで文を作って要求する。
フェイズⅥ	「何が見えますか？」などの質問に応じ絵で「○○が見えます」という文を作って表現する。

　PECS指導の経過で，アイコンタクトなどのコミュニケーション行動や音声言語の増加などの発達促進効果も報告されている。絵カードと物との交換という形式でやりとりが視覚化されることで，他者に向けたコミュニケーションの意識が高まるためと考えられる。PECSは構造化と視覚支援が活かさ

れた支援法といえるだろう。

②ソーシャルスキル・トレーニング（SST）

　より良い対人関係を築き円滑な社会生活を送るための技術であるソーシャルスキルの獲得も ASD 児にとって課題になる。ソーシャルスキルの獲得を目的として行われるソーシャルスキル・トレーニング（SST）は ASD 児に行われることが多い。SST は表8-3の要素からなる。

表8-3　SSTの構成要素

【教示】	目標とする行動の必要性や意義などについて教える。
【モデリング】	目標とする行動の見本を示す。
【リハーサル】	目標とする行動をロールプレイなどで実際に行い練習する。
【フィードバック】	目標とする行動が適切にできていたかどうか振り返りをする。
【般化】	目標とする行動が指導を受けた場面以外でもできるように促す。

　ASD 児が抱える重要なソーシャルスキルの課題として他児とのスムーズな会話の困難がある。会話の難しさは子どもたちに深刻な影響をもたらす。同年代の仲間との友人関係は主に会話を通して築かれるが，それが難しくなるためである。相手が気づくように話しかけること，相手の話にあいづちを打つこと，一方的に話しすぎないこと，声の大きさの調整などに問題を抱えやすい。また，雑談が難しいことが多い。

　ASD 児の会話の問題に対する指導として SST が広く行われている。表8-4は会話スキルの指導目標の例である。

　スキル獲得だけでなく，ポジティブな仲間関係を築き，その関係を維持・発展させること，それを通して自尊感情を高めることなども SST の重要な目標となる（Mesibov, 1984）。

③社会的状況理解の支援

　ASD 児に社会的状況を理解することを助ける支援法にソーシャルストーリーがある。ASD 児に暗黙の社会的な慣習やルールを教える手法で，たいていの人は特定の場面で，どのような理解をし，どのようにふるまうか，といったことを一定の文章スタイルで説明する技法である（Gray, 1994 門訳, 2005）。

表8-4 会話スキルの指導目標の例

【話の聞き方】	聞くときは相手の顔を見ること (＊ただし、目を見ることが苦手な子どもには無理強いしない) 相手の話にあいづちを打つこと
【声の大きさ】	場面に応じた声の大きさの調整 (＊声のボリュームメーターなど声の大きさを視覚表示したツールを用いるとわかりやすい)
【話しかけ方】	相手の名前を呼んで相手の注意を引くこと 話したい話題を伝えること
【順番交代 (ターン・ テイキング)】	話し手と聞き手の役割交替 自分だけ一方的に話をせず、相手にも話すチャンスを与えることの理解がポイント (＊糸電話を使うと、話し手と聞き手の役割が視覚的にわかりやすい)

　また、他児との間に生じたコミュニケーションのすれ違いを絵で振り返るコミック会話という支援法もある (Gray, 1994 門訳, 2005)。問題が起こった状況を取り上げ、その場面で生じているお互いの理解のずれを描きながら振り返る。自分の発言が相手にどのように受け取られたか、相手の発言にはどのような意図があったのかなどを考える。吹き出しは心の中の状態に気づくことを助ける視覚支援になる。発言の背後にある意図の理解をサポートするという点で、語用論や心の理論の問題を解決する支援といえる。

(2)学習支援

①認知発達の指導

　太田ら (2015) は自閉症における障害の本質はシンボル機能 (象徴機能) の問題にあると考えた。そして、ピアジェの発達心理学などに基づき、シンボル機能の発達促進を目的とする認知発達の指導法を開発した。知的障害を伴い言語発達が遅れたASD児に適した指導法である。知的特別支援学校では、太田ステージによるアセスメントと指導が広く行われている。

②教科学習の支援

　ASD児は教科学習では国語の作文や長文読解に苦戦することが多い。とりわけ作文に苦手意識をもつ子はよくみられる。作文では、テーマを考え、構成・展開を考えねばならない。これにはプランする力が必要となる。そして、文章に盛り込む内容を考える際に、素材となる情報を取捨選択する必要

がある。つまり枝葉をカットして幹を明確にしなければならないが，木を見て森を見ない認知様式をもつ ASD 児にはそれが難しい。また，わかりやすい文章を書くには自分が書いた文章を他者が読んだときにどう理解されるかを考える必要もあるが，心の理論の問題によって他者の視点に立つことに困難を抱える ASD 児にはそれも難しい。作文は ASD 児にとって苦手な要素が揃っているのである。

　作文の支援も ASD 児の認知特性の理解と支援の原則から考えることができる。例えば自由作文の支援として写真を活用できるだろう。以下のような手順で指導を行う。

1. 対象児が従事した活動の写真をたくさんもってきてもらう
   （例：家族旅行）
2. すべての写真を目の前に広げる
3. その中から作文に書きたい写真を選ぶ
4. 写真を並べながら話の筋を考える。つまり絵で文章を構成する
5. １枚の写真から１つの文を作る
6. 文と文をつなぐ接続詞は文字カードから選ぶ

　写真の選択は情報の取捨選択への支援，写真を並べることはプランすることへの支援にあたる。このような方略を学び，実践を重ねることで，その原理がつかめると自発的な工夫や応用もできるようになっていく。思いついたことを紙片にメモし，グループ分けしたり，それらの関係を図示したりすることで情報の整理をする KJ 法の手順は，上記の写真を使った支援法の上級編として活用できるだろう。

　このように視覚支援は学習全般に有効である。口頭で伝えるだけでなく文字，写真，絵などで示すと次の理由で情報が入りやすくなる。ASD 児は集団の中で話を集中して聞くことが難しい。音声は一瞬で消えるため，相手が話している瞬間にタイミングを合わせて注意を向けないと情報は残らない。それに対して文字情報は自分のタイミングで情報を取得できる。重要な情報は板書する，個別に伝えたいことはメモに書いて渡すなども効果的である。

　また，オープン・クエスチョンは ASD 児は答えにくいことが多い。穴埋

め式や選択式にするなど回答の枠組みを設定すると答えやすくなる。枠組みの設定も一種の構造化による支援と考えることができる。ASDの認知特性を把握し，その子に合った課題設定を行うことが重要である。

1.6 未来に向けての展望

　発達障害の捉え方は大きく変わりつつある。その変化は連続体を意味する「スペクトラム」の概念が導入されたことに始まる。自閉症やアスペルガー症候群など自閉症の特徴をもつ発達障害は，以前は区別され診断されていたが，現在の診断基準においては「自閉スペクトラム症（Autism Spectrum Disorder：ASD）」という診断名のもとに包括されている。また，自閉症の特徴は一般の人たちにもさまざまな程度で幅広くみられることも知られるようになった。そして，今日では自閉症の特性をもたない人は健常（Normal）でなく定型的（Neurotypical）などと表現されるようになった。そのような動きの中で，「神経多様性（Neurodiversity）」という概念が脚光を浴び，社会に浸透しつつある。自閉症は神経回路網の故障ではなく配線の多様性の現れとする考え方である。

　このような考え方の勃興とともに近年，治療的なアプローチとは異なる当事者同士のピアサポートによる支援の可能性が論じられ実践が紹介されるようになった。国連が採択した「障害者の権利に関する条約」では，"Nothing about us without us" がスローガンとなっている。「私たちのことを私たち抜きで決めないで」という訴えである。当事者主体の活動とそのエンパワメントはASDの人たちの支援の注目される新たな方向性である。

（藤野　博）

【引用・参考文献】

○ American Psychiatric Association (2013) *Diagnostic and Statistical Manual of Mental Disorders Fifth Edition: DSM-5*. American Psychiatric Press, Washington, DC. 日本精神神経学会（日本語版用語監修），髙橋三郎・大野裕（監訳），(2014) DSM-5 精神疾患の診断・統計マニュアル. 医学書院，pp.49-50.

○ Frost, L., & Bondy, A. (2002) *The Picture Exchange Communication System Training Manual*. Pyramid Educational Products, Inc., Newark, DE.

○ Gray, C. (1994) *Comic strip conversation*. Future Education, Arlington. 門眞一郎（訳），(2005) コミック会話—自閉症などの発達障害のある子どものためのコミュニケーション支援法. 明石書店.

○ Gray, C.（2004）Social Stories™ 10.0：The new defining criteria & guideline. *Jenison Autism Journal*, 15(4), 2-21. 服巻智子（訳），（2006）お母さんと先生が書くソーシャルストーリー™—新しい判定基準とガイドライン．クリエイツかもがわ．

○ Mesibov, G.B.（1984）Social skills training with verbal autistic adolescents and adults: A program model. *Journal of Autism and Developmental Disorders*, 14, 395-404.

○ 太田昌孝・永井洋子・武藤直子（2015）自閉症治療の到達点 第 2 版．日本文化科学社．

○ Prizant, B.M.（1983）Language acquisition and communicative behavior in autism: Toward an understanding of the "whole" of it. *Journal of Speech and Hearing Disorders*, 48, 296-307.

○ 佐々木正美（2008）自閉症児のためのTEACCHハンドブック—改訂新版　自閉症ハンドブック．学研．

2. 学習障害 (LD)

2.1 学習障害 (LD) とは

2.1.1 学習障害の定義

　学習障害はLDを翻訳した用語である。このLDという用語は，知的障害がないにもかかわらず読み書きなどに困難を有する子どもたちを指して，1963年にアメリカの心理学者であり教育学者であるカーク（Kirk, S. A.）が用いたのが始まりと言われる。

　LDという名称には2つの側面がある。1つはカークが提唱したように教育用語としてのLD（Learning Disabilities）であり，もう1つは医学用語としてのLD（Learning Disorders）である。発達障害に含まれる注意欠如・多動症（ADHD）や自閉スペクトラム症（ASD）は，医学用語であり診断は医師が行い，どんなに研鑽を積んだ心理職や教師でも診断をすることはできない。しかし学習障害は，教育用語としての側面から，日常的な教育活動を通して教師が子どもの困難さについての判断を行うことができる。

　医学的な診断では，アメリカ精神医学会による診断マニュアルである「精神疾患の分類と診断の手引き第5版（DSM-5）」が用いられることが多いが第4版から第5版に改訂される際，学習障害（LD）はSLD（Specific Learning Disorder）と名称が変更され，限局性学習症または限局性学習障害と翻訳されている。「限局性」の表現が加えられたことにより，全般的な学習能力の障害をもつ知的能力障害と区別がしやすくなったといえる。以下に文部科学省による定義とDSM-5による定義を記す。

⑴**文部科学省による定義**

【学習障害】
　学習障害とは，基本的には全般的な知的発達に遅れはないが，聞く，話す，読む，書く，計算する又は推論する能力のうち特定のものの習得と使用に著しい困難を示す様々な状態を指すものである。
　学習障害は，その原因として，中枢神経系に何らかの機能障害があると推定されるが，視覚障害，聴覚障害，知的障害，情緒障害などの障害や，環境的な要因が直接の原因となるものではない。

（文部科学省，1999より作成）

⑵DSM-5による定義
(APA, 2013 日本精神神経学会 (日本語版用語監修), 髙橋三郎・大野裕 (監訳):DSM-5
精神疾患の診断・統計マニュアル. pp.65-66, 医学書院, 2014より作成)

【限局性学習症／限局性学習障害〈Specific Learning Disorder〉】

A. 学習や学業的技能の使用に困難があり, その困難を対象とした介入が
　提供されているにもかかわらず, 以下の症状の少なくとも１つが存在
　し, 少なくとも６カ月間持続していることで明らかになる:
　⑴ 不的確または速度が遅く, 努力を要する読字
　⑵ 読んでいるものの意味を理解することの困難さ
　⑶ 綴字の困難さ
　⑷ 書字表出の困難さ
　⑸ 数字の概念, 数値, または計算を習得することの困難さ
　⑹ 数学的推論の困難さ

B. 欠陥のある学業的技能は, その人の暦年齢に期待されるよりも, 著明
　にかつ定量的に低く, 学業または職業遂行能力, または日常生活活動
　に意味のある障害を引き起こしており, 個別施行の標準化された到達
　尺度および総合的な臨床評価で確認されている。17歳以上の人にお
　いては, 確認された学習困難の経歴は標準化された評価の代わりにし
　てよいかもしれない.

C. 学習困難は学齢期に始まるが, 欠陥のある学業的技能に対する要求が,
　その人の限られた能力を超えるまでは完全には明らかにはならないか
　もしれない.

D. 学習困難は知的能力障害群, 非矯正視力または聴力, 他の精神または
　神経疾患, 心理社会的逆境, 学業的指導に用いる言語の習熟度不足,
　または不適切な教育的指導によってはうまく説明されない.

　DSM-5による定義では, A～Dの４つの診断基準はその人の発達歴, 病歴,
家族歴, 教育歴, 成績表, 心理教育的評価の臨床的総括に基づいて満たされ
るべきとされている。

　両定義の共通点は, 読み書き, 数概念, 数学的推論の困難さが障害特性と
して挙げられている点にあり, 相違点は, 文部科学省の定義において, 読み
書きの困難さだけでなく, 口頭言語 (「聞く」「話す」) の困難さにも言及さ
れている一方, DSM-5では, 「聞く」「話す」の困難は限局性学習障害には
含まれていない点にある。

| 2.1.2 | 学習障害の出現率

　先述の文部科学省の定義によると，学習障害は「全般的な知的発達に遅れ
はない」とされ，実際，学習障害児の大部分は通常の学級に在籍している。
2012年に文部科学省が実施した「通常の学級に在籍する特別な支援を必要
とする児童生徒に関する全国実態調査」によれば知的発達に遅れはないもの
の学習面又は行動面に著しい困難を示す児童生徒は通常の学級に在籍してい
る児童生徒全体の6.5％にのぼり，その中でも学習障害と目される学習面に
困難を示す児童生徒の割合は4.5％と高い（図8-1）。

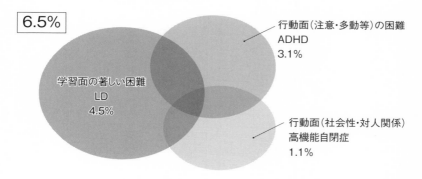

図8-1　学習障害の出現率（文部科学省，2012より作成）

| 2.2 | 学習障害の原因・種類

| 2.2.1 | 学習障害の原因と困難さの背景要因

　学習障害の原因の詳細は明らかにされていないが，文部科学省の定義にあ
るとおり，脳機能障害があるために特定の情報処理が円滑にいかず，それが
原因で認知能力の発達に部分的な遅れや偏りが生じると考えられている。

　学習障害の背景要因には，音韻認識の弱さ，視覚認知能力の弱さ，ワーキ
ングメモリの弱さ，手先の巧緻性の低さなどがあるとされる。

| 2.2.2 | 学習障害の種類

　学習障害には統一された類型はなく諸説あるが，ここでは機能障害の現れ
方から以下の3つのタイプについて説明を行う。

⑴**読みの障害・ディスレクシア（dyslexia）**

　読字に困難さが現れるタイプであり，音韻認識のつまずきを有する。音韻

認識は，単語の中に含まれる音の単位（モーラ）を正しく捉えること（例：「ライオン」という単語であれば「ラ」「イ」「オ」「ン」という音韻から構成され，ラ－イ－オ－ンの順番であるという認識）を指し，聞く，話す，読む，書くのいずれにおいても基盤となる。

ディスレクシアは音韻認識の弱さから，文章を読むとき，文字列の中から単語のまとまりを認識し，迅速かつ正確に文字を音に変換すること（decoding）が自動化されないため，音読や読解に支障をきたしてしまう。読字には正確性と流暢性の2側面があり，ディスレクシアの子どもは双方に困難さが生じる。正確性については，トレーニングによってある程度は成果を得ることができるが，流暢性については，青年期に達しても小学校2〜3年生のレベルを越えることは難しい（大石，2006）。

流暢性の問題は，音読の際，文字列から単語のまとまりを素早く抽出できないことによって生じる。たとえ1文字単位では正しく読めたとしてもたどたどしい逐次読みであれば，読み進めながら同時に内容を理解することが困難になる。ディスレクシアは，文字と音の関連につまずきがあるため読みだけでなく書きにも困難が生じる。また，読書経験から得られる語彙や知識が不足するといった二次障害につながることもある。

(2)書きの障害・ディスグラフィア（dysgraphia）

読むことに困難はないものの書字に困難が生じるのがディスグラフィアである。文字を覚える際，一般的に手本を見ながら書き写す（視写）という練習方法をとる場合が多いが，この方法においては，手本（文字）の形状を視覚的に正しく認知する必要がある。視覚認知能力に弱さがある場合，視写に時間がかかり多大な負荷がかかるうえ，似た形状の文字（例：「わ」と「れ」など）を混同したり，左右反転した鏡文字になったり（例：「の」を「の」と書く）して正確に習得することが難しくなる。また，文字を想起しながら文章を書く作文課題などでは，画数が多く複雑な漢字の視覚的イメージを思い描けず平仮名ばかりになる場合もある。また，発達性協調運動障害（DCD：Developmental Coordination Disorder）等による手先の巧緻性の問題を併せもつ場合は，文字のバランスがとれず，指定された欄から文字がはみ出してしまうことがある。

⑶算数の障害・ディスカリキュリア（dyscalculia）

　ディスカリキュリアは，計算の基盤となる数概念の獲得や数学的推論の困難を伴う算数障害を指す。

　計算や推論の障害は，①数詞，数字，具体物のマッチング，②数概念（序数性，基数性），③数的事実と計算の手続き（暗算，筆算），④数学的推論（文章題）の４領域の障害と考えることができる（里見，2018）。

　数処理は，具体物の数（例：目の前に飴が３つある）と数詞（例：飴の数が「サン」という語で表されること）と数字（例：「サン」という数は「３」という文字で表されること）を対応させて理解することにある。これを数の三項関係という。たとえ子どもが100まで正しく唱えることができたとしても，具体的な数と一致させることができなければ正しい数処理ができるとは言えない。

　また，数には量的な面（基数性）と順番などの系列的な面（序数性）があり，これらを併せて数概念という。基数性につまずきのある子どもは，２つの数を比較してどちらがどれくらい大きいかというおおよそのイメージを描くことに困難さが生じ，序数性に困難があれば１列に並んでいる子どもたちの中で自分が前から何番目に位置しているかという理解が難しくなる。

　計算を行うには，先に述べた数処理や数概念が身についている必要がある。そのうえで５や10といった数の合成・分解を円滑に行い，計算の手順を正しく理解することが求められる。暗算を行う場合は，ワーキングメモリに弱さがある子どもは，たとえ計算の手順を知っていても，繰り上がりや繰り下がりといった記憶に負荷がかかる操作を苦手とするため誤答が多くなる傾向がある。推論を必要とする文章題では，題意を正しく読み取って数的な処理につなげる必要がある。計算につまずきがなくても推論に困難さがある場合は文章題が苦手となる。

2.3 学習障害の特性と発達（学習上・生活上の困難）

　学習障害の特徴は，特定の学習領域に困難さがあるため，得意な領域の能力と不得意な領域の能力間に著しい不均衡が見られる点にある。この不均衡は，知的能力（認知能力）の各領域間の個人内差（例：聴覚的処理は苦手だが視覚的処理は得意など）や全般的な知的能力と学力間の個人内差となって

表8-5　学習障害に見られる困難さの状態像

	困難さの状態像
聞く	・聞き間違いがある ・聞き返しや聞き落としが多い ・１対１の場面と比較して集団場面での聞き取りが悪い ・聞いたことをすぐに忘れて覚えていられない ・早く話されると理解が悪くなる ・言葉の覚えが悪い
話す	・円滑に話すことが難しい ・語想起（言葉を思い出して活用する）が難しい ・指示語や擬音（例：割れる⇒ガチャーンってなる等）を多用する ・語彙の数が期待される発達水準に満たない ・ひとつの言葉の中で音節の転置が見られる 　（例：エレベーター⇒エベレーター，ペットボトル⇒ペッポトトル） ・授受動詞（行く，来る等）の使用に混乱がある ・話すときに単語や短文の羅列になる ・筋道立てて話すことが難しい ・話の内容が本筋から離れて横道にそれることが多い。
読む	・文字と音を正確に対応できない ・一文字ずつたどる逐次読みになる ・特殊音節（促音，拗音，長音等）を正確に読めない ・不自然なところで区切って音読する ・ひとつの言葉の中で音節の転置が見られる ・勝手読みがある ・音読しても内容を理解していない ・黙読ができない
書く	・筆記に時間がかかる ・視写が苦手（例：黒板に書かれたことをノートに書き写す等） ・正しい筆順で書くことができない ・字形が整わず読みにくい文字になる ・句読点を適切に打てない ・形の似た文字を混同して書き誤る ・文字の一部が不足したり左右が入れ替わったりする ・作文を書くときに平仮名ばかりになる ・作文の内容が乏しかったり，主語と述語が一致しない文章になったりする
計算する	・数概念の理解が困難である ・正しい手順で計算することができない ・桁を揃えて筆算できない ・筆算はできても暗算が苦手である ・加算，減算は理解できても繰り上がり，繰り下がりのある計算では苦戦する ・計算に時間がかかる ・計算時に指を使う ・九九が習得できない
推論する	・文章題を理解して解くことが困難である ・概数の理解が難しい ・単位の換算が正しくできない ・百分率を用いることが困難である ・因果関係の理解が難しい

現れる。

　学習障害児は，能力間のばらつきが大きいため，困難さを周囲から正しく理解されにくい。例えば周囲がその子どもが得意とする能力に注目した場合，困難さを伴う領域は障害ゆえの困難ではなく努力不足とみなされ，その子どもが不得意とする領域が注目されれば，その能力の低さはその子どもの能力全体に及ぶとみなされる傾向がある。特に学校教育においては，ほとんどの教科で読み書きの能力が求められるため，読み書きに困難を抱える子どもはその他の領域の能力が高くても，能力全体を低く見積もられることが多い。学習障害児への適切な支援を行うには，このような過大評価や過小評価を避け，子どもの能力に関しての正確なアセスメントが不可欠となる。

　表8-5は，文部科学省の定義（文部科学省，1999）に示されている6つの領域別に学習障害児の困難さの状態像を整理したものである。

2.4 学習障害に応じた指導と支援の場

2.4.1 気づきから指導へのプロセス

　学習障害に応じた指導・支援を展開するにあたっては，①困難さへの気づき，②アセスメント，③個別の指導計画の作成，④指導，⑤指導の評価の5つのステップを考えるとよい。

　学習障害児の困難さが顕著に表れるのは，学齢期に達して読み書きや数概念を扱う教科学習が始まってからである。しかし，幼児期においても，生活年齢と比して明らかに未熟な人物画を描いたり，幼稚園や保育所で自分の靴箱やロッカーの位置を正しく把握できなかったりといったエピソードから気づかれることがある。（①困難さへの気づき）

　困難さへの気づきが得られた後，その子どもの実態把握（アセスメント）を行う。アセスメントは，日常的な子どもの行動観察から始めるとよい。表8-6は行動観察の観点の例である。学習面だけでなく，生活・行動面の実態も把握したい。各観点から見た子どもの能力や特徴を整理することによって，子どもの困難さの傾向を把握し，指導仮説を立てることができる（例：挙手をしたので指名したところ発言内容を忘れたということがしばしばある，計算をするときに指を使うという実態からワーキングメモリに弱さがあるという仮説を立てる等）。

表8-6　行動観察によるアセスメントの観点

学習面	生活・行動面／運動面
聞く	注意・集中
話す	多動性・衝動性
読む	対人関係
書く	固執性
計算する	粗大運動
推論する	微細運動
その他の特徴的なエピソード	その他の特徴的なエピソード

表8-7　学習障害のアセスメントに用いる代表的な検査

・日本版WISC-Ⅳ，日本版WISC-Ⅴ
・日本版KABC-Ⅱ
・小学生の読み書きスクリーニング検査（STRAW）
・標準読み書きスクリーニング検査（STRAW-R）
・日本の小学生のための読み能力検査（CARD）
・URAWSS
・森田－愛媛式読み書き検査
・LDI-R

　検査を活用した心理教育的なアセスメントは，子どもの日頃の様子から導かれた指導仮説を確認するうえでも役立つ。学習障害のアセスメントに用いられる代表的な検査を表8-7に記す。検査は闇雲に行うのではなく，子どものどのような能力を把握したいか明確な目的をもって実施すべきである。検査結果は，行動観察から得られた情報と併せて総合的に解釈する（小林，2017）。（②アセスメント）

　アセスメントの結果に基づき，個別の指導計画には子どもの実態に合った指導目標と指導方略を反映させる。（③個別の指導計画の作成）

　子どもの指導や支援は，「苦手とする領域の向上」（例：漢字の書字が苦手なためその子どもの認知特性に合った方法で練習をする），「環境の調整」（例：子どもにあったマス目や罫線のワークシートを用意する，平仮名だけで作文することも良しとする），「高い能力の活用」（例：「話す」能力の高さ

を活かし，ペーパーテストではなく口頭試問形式で試験を行う）の3点を念頭におく。また，選択した指導内容の水準や指導方略が適切であったか随時振り返りを行い，必要に応じて修正する。（④指導，⑤指導の評価）

2.4.2 学習障害の指導の場

　知的障害を伴わない学習障害児は，通常の学級における配慮指導や取り出しによる個別指導を受けることが多い。また，子どもの障害特性に焦点を当てた指導を行うために，通級指導教室や特別支援教室等の通級による指導が利用される。その場合は，学級担任と通級の担当教員が情報共有し，連携しながら指導を行うことが大切である。

2.5 学習障害児の指導と支援の方法

2.5.1 学習障害児への合理的配慮

　2016年に「障害を理由とする差別の解消の推進に関する法律」が施行され，公立学校の教育における合理的配慮が義務づけられた。ここでいう配慮とは，教員の経験則や慣例に則った配慮ではなく，その子どもの実態に即した配慮

表8-8　学習障害児の合理的配慮の観点と配慮の例

	合理的配慮の観点	学習障害児への配慮の例
教育内容	学習上又は生活上の困難を改善・克服するための配慮	・子どもが得意とする認知処理様式や強みとなる認知能力を活用した学習方略を用いる ・試験方法を子どもの実態に合わせて変更する（例：ペーパーテストを口頭試問にする等） ・PC，タブレット，デジタルカメラ等のICTツールを活用する
	学習内容の変更・調整	・学習のねらいの絞り込み（例：乗算を用いる文章題において，音韻認識が悪く九九が未習得の子どもには，題意の読み取りから立式までを学習のねらいとして九九表の使用を認める等） ・自己選択・自己調整の力を育む
教育方法	情報・コミュニケーション及び教材の配慮	・文字情報にアクセスすることが困難な場合，教材に振り仮名を振ったり読み上げソフトを用いる ・テキストの文字サイズ，フォントデザイン，行間隔等に配慮する ・子どもに合ったレイアウトやデザインのワークシートを使用する
	学習機会や体験の確保	・必要に応じて取り出しの個別指導を行う ・通級指導教室や特別支援教室等を活用する
	心理面・健康面の配慮	・学習方法は一様ではないことを伝える ・成功経験をとおして自己肯定感を育めるよう指導計画を練る ・多様な学びに対して受容的な学級風土作りを行う ・子どもが不安なときに相談できる体制を整備する

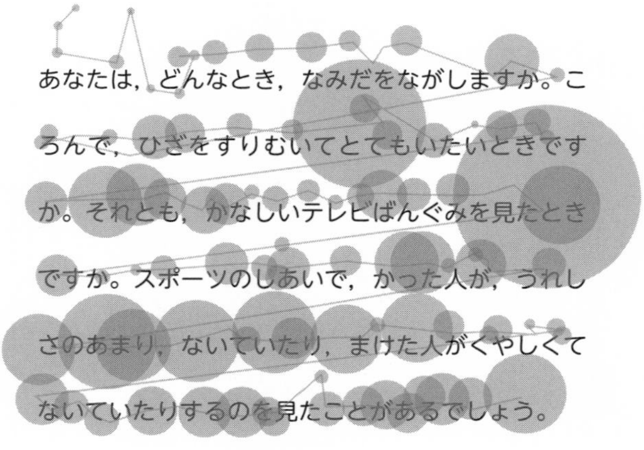

あなたは，どんなとき，なみだをながしますか。こ
ろんで，ひざをすりむいてとてもいたいときです
か。それとも，かなしいテレビばんぐみを見たとき
ですか。スポーツのしあいで，かった人が，うれし
さのあまり，ないていたり，まけた人がくやしくて
ないていたりするのを見たことがあるでしょう。

図8-2　読み困難児の音読時の眼球運動

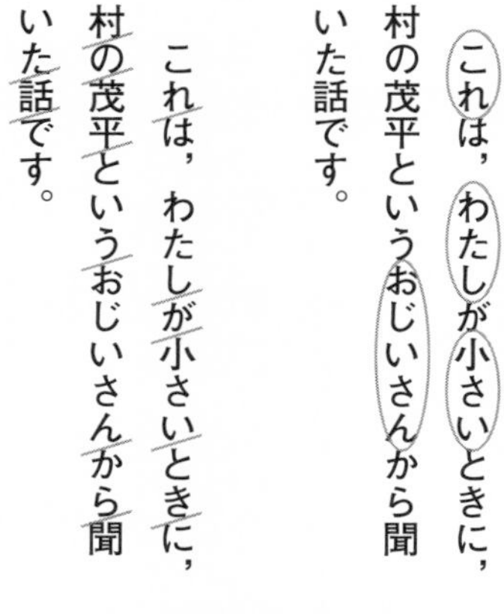

これは，わたしが小さいときに，
村の茂平というおじいさんから聞
いた話です。

これは，わたしが小さいときに，
村の茂平というおじいさんから聞
いた話です。

これは，わたしが小さいときに，
村の茂平というおじいさんから聞
いた話です。

図8-3　テキストの加工例

を指す。これには前述のアセスメントが必須となる。表8-8は，学習障害児
への合理的配慮の例をまとめたものである。

⑴読みの困難さへの指導・支援

　読みの流暢性につまずきのある子どもは，音読の際，単語のまとまりを捉
えることが困難なため逐次読みになる傾向がある。図8-2はアイカメラを用
いて音読時の学習障害児の眼球運動を計測したものである。目を止めたとこ
ろが円で表され時間の経過とともに円が大きくなる。学習障害児は小刻みに

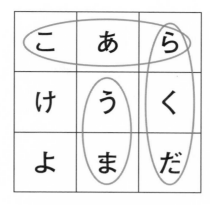

図8-4　単語抽出課題の例

目を止めているため単語のまとまりとしての認知ができない（関口・小林，2011）。これを解消するために，テキスト内の語を囲んだり，文節にスラッシュを入れたりして単語のまとまりの視認性をよくする支援が考えられる（図8-3）。また文字列の中から単語を抽出する課題も有効である（図8-4）。

(2)書きの困難さへの指導・支援

　視覚認知能力に弱さがある子どもは，従来の漢字学習の方略である「手本をよく見て正しく書き写しながら覚える」ことが難しい。アセスメントから聴覚的（言語的）な情報処理に困難さがないことが確認されれば，「よく見る」方略ではなく「言語的な手がかり」を活用する方略を用いるのも1つで

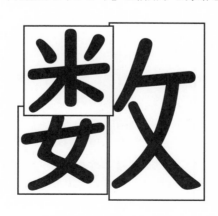

図8-5　漢字パズル

ある（例：「茶」という漢字は，お茶は植物だから「くさかんむり」。お茶は家「へ」で飲むと「ホ」っとする）。また，画数の多い文字の場合，一瞥しただけでは文字の構成が把握できないことがある。そのような場合は，漢字をパーツごとに切り分けた漢字パズルを作成し，実際に手で操作しながら文字の合成分解を行うことで理解を深める（図8-5）。

⑶計算・数学的推論の困難さへの指導・支援

　子どもの認知特性によってつまずきのポイントは異なる。数処理の段階からつまずいている子どもは10以下の数の理解として5や10の補数や5を基数とした数の合成・分解を視覚的にイメージできる教材を工夫するとよい。音韻認識が弱い子どもは九九の暗唱に困難さが生じることがあるので，式と答えが併記されたカードで視覚的な情報に触れながら音と数を結びつけやすい唱え方を用いて覚える。ワーキングメモリの弱さをもつ子どもは，計算の手順を書いたカードを手元におきながら計算したり，ノートに計算のプロセスをメモする欄を設けたりするなどワーキングメモリの負荷の軽減を図る。空間認知が悪く手先の巧緻性の低い子どもは，筆算において桁を揃えて書くことができず誤答することが多いためマス目のノートを使用するとよい（図8-6）。

⑷AT（Assistive Technology）を活用した指導・支援

　2019年4月，学習指導要領の改定をふまえて学習者用デジタル教科書を制度化する「学校教育法等の一部を改正する法律」等いくつかの関係法令が施行され，同年12月には文部科学省が児童生徒1人1台の端末環境を整備するというGIGAスクール構想を打ち出した。教育現場におけるパソコンやタブレット等ICT機器の活用はますます身近になっている。

　読みに困難のある学習障害児にとって，読んでいる箇所がハイライトされる音声読み上げ機能や文字サイズや行間を調整できるデジタルデータはプリントされた媒体よりも書かれている情報にアクセスしやすい利点がある。また，書字の困難には，ICT機器による音声入力やキーボード入力，録音，カメラ機能で板書の撮影がよいサポートとなる。

　ICT機器の他，車椅子や自助具なども含む広い概念にAT（支援技術）がある。学習障害児には，コントラストを和らげるカラーフィルター（図8-7）や視野に入る情報を絞り，読んでいる箇所に注目しやすいスリット入

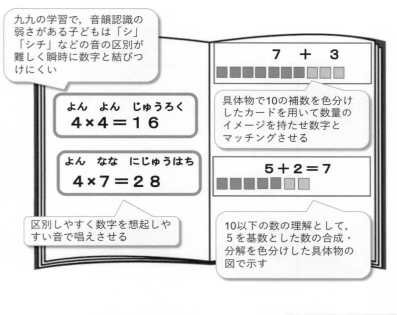

九九の学習で，音韻認識の弱さがある子どもは「シ」「シチ」などの音の区別が難しく瞬時に数字と結びつけにくい

よん　よん　じゅうろく
4×4＝16

よん　なな　にじゅうはち
4×7＝28

区別しやすく数字を想起しやすい音で唱えさせる

7 ＋ 3

具体物で10の補数を色分けしたカードを用いて数量のイメージを持たせ数字とマッチングさせる

5＋2＝7

10以下の数の理解として，5を基数とした数の合成・分解を色分けした具体物の図で示す

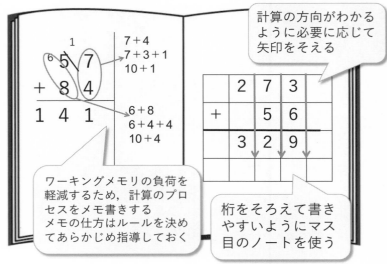

計算の方向がわかるように必要に応じて矢印をそえる

ワーキングメモリの負荷を軽減するため，計算のプロセスをメモ書きするメモの仕方はルールを決めてあらかじめ指導しておく

桁をそろえて書きやすいようにマス目のノートを使う

図8-6　計算の指導例

tanti testimoni per raccogliere un indizio qua, un altro
là, e aggrupparli, confrontarli, svilupparli. Neli
Casaccio è furbo. Cacciatore di mestiere; figuriamoci!
Ma è spaccone, ha lingua lunga. "Gli faccio fare una
fiammata!" Quando alla minaccia segue il fatto, che
cosa si può chiedere di più?»
Parlando, don Aquilante aggrottava le sopracciglia,
storceva le labbra, sgranava gli occhi, agitava le
braccia, tenendo combaciati l'indice e il pollice delle
due mani e allargando le altre dita con gesto
dimostrativo, da uomo che vuole aggiungere evidenza
alle sue ragioni. E incupita la voce nel pronunziare
queste ultime parole, si era arrestato, fissando in viso il
marchese che lo guardava con occhi smarriti,
pallidissimo, umettandosi con la lingua le labbra
inaridite.
«È venuta da me, l'altra mattina, la povera vedova di

図8-7　カラーフィルター

これは、わたしが小さいときに、村の茂平というおじいさんから聞いた話です。

昔は、わたしたちの村の近くの中山という所に、小さなおしろがあって、中山さまというおとのさまが、おられたそうです。

その中山から少しはなれた山の中に、「ごんぎつね」というきつねがいました。ごんは、ひとりぼっちの小ぎつねで、しだのいっぱいしげった森の中に、あなをほって住んでいました。そして、夜でも昼でも、

図8-8　スリット入りシート

図8-9　鉛筆を使用するときの補助具

りシート（図8-8），鉛筆を把持しやすい補助具（図8-9）などが活用される。

2.6 未来に向けての展望

　LDはLDでも Learning Differences という言葉がある。学びの多様性を指す言葉である。困難さを抱える子どもを目の前にして，私たちは「○○ができない」という視点で捉えることがある。しかし，子どもがもつ困難さは「できる」「できない」と単純に二分できるものではない。ある学習課題を行うときに，教師が呈示した解法や取り組み方でうまくいかなくても，別の方略を用いれば課題解決できることがある。つまり「できない子ども」ではなく「学び方が異なる子ども」と捉えることができる。

　この学び方の多様性に対し，時代がやっと追いついてきた感がある。カークがLDを提唱したのち，LDの概念が日本にもたらされたのは1970年代半ばであった。今日までの半世紀を経てLD（学習障害）という障害が社会的に認知され，教育のあり方も個のニーズを尊重し多様性を認めるものに変化してきている。これからは，多様性を認めることは言うまでもなく，各人の持ち味をどのように活かして社会（学校生活等の活動を含む）に参加していくかを主軸に据えた柔軟な教育が求められるであろう。

（小林　玄）

【引用・参考文献】

○American Psychiatric Association（2013）*Diagnostic and Statistical Manual of Mental Disorders Fifth Edition: DSM-5.* American Psychiatric Press, Washington, DC. 日本精神神経学会（日本語版用語監修），高橋三郎・大野裕（監訳），（2014）DSM-5 精神疾患の診断・統計マニュアル. 医学書院. pp.65-66.
○小林玄（2017）第3章質的情報の収集と総合的解釈. 小野純平・小林玄・原伸生・東原文子・星井純子（編），日本版KABC-Ⅱによる解釈の進め方と実践事例. 丸善出版. pp.35-44.
○文部科学省（1999）学習障害児に対する指導について（報告）. https://www.mext.go.jp/a_menu/shotou/tokubetu/material/002.htm（2021年11月10日閲覧）.
○文部科学省（2012）通常の学級に在籍する特別な支援を必要とする児童生徒に関する全国実態調査. https://www.mext.go.jp/a_menu/shotou/tokubetu/material/__icsFiles/afieldfile/2012/12/10/1328729_01.pdf（2021年11月10日閲覧）.
○大石敬子・田中裕美子・兵頭明和（2006）読み書きの習得や障害と音韻処理能力との関係についての検討. LD研究, 15, 319-329.
○里見恵子（2018）C-4「計算する・推論する」の指導. 竹田契一・上野一彦・花熊曉（監修），特別支援教育の理論と実践【第3版】Ⅱ 指導. 金剛出版. pp.97-104.
○関口貴裕・小林玄（2011）読み書き困難児の平仮名単語，文章，漢字の読みにおける注視パタンの分析. LD研究, 20, 180-193.

3. 注意欠如・多動症 (ADHD)

3.1 注意欠如・多動症 (ADHD) とは

ADHD (Attention-Deficit Hyperactivity Disorder：注意欠如・多動症)は，年齢に釣り合わない不注意さ，多動性，衝動性を特徴とする発達障害である。精神医学の国際的な診断基準であるDSM-5では表8-9のように定義されている。

ADHDは子どもの約5％および成人の約2.5％に生じるとされている(APA, 2013 髙橋・大野監訳, 2014)。男女比は，小児期では2：1，成人期では1.6：1で，男性に多い (APA, 2013 髙橋・大野監訳, 2014)。

3.2 ADHDの原因

ADHDにおける根本的な問題はセルフ・コントロール，すなわち自己統制の困難にある (Barkley, 2000)。自己統制の困難は実行機能の問題によって生じると考えられている (Barkley, 1997)。実行機能とは，目標を設定し，計画を立て，それを効果的に遂行する能力のことをいう (Lezak, 1982)。人は成長に伴う脳の成熟とともに刺激に直接反応する傾向を抑制する力を獲得する。それによって外界のさまざまな刺激に振り回されず，先を見通して現在の行動を制御できるようになっていく。ADHDはその発達に問題が生じている状態であると考えられる。

また，そのような実行機能の問題を引き起こす主原因として，神経伝達物質 (ドーパミン) の伝達がスムーズに行われなくなっているという説があり，薬物療法の根拠になっている。

3.3 ADHDの特性と発達

ADHDの子どもは，その場で期待されている行動や不適切な行動についての判断はできるものの，衝動を抑制できず逸脱した行動をとってしまうことに問題を抱えている。そのために叱られたり罰せられたりすることが多くなり，他児からも否定的な評価を受ける。その結果，自尊感情が低くなり，クラスの中で居場所がなくなる。失敗経験の繰り返しから自尊感情が低下し，さまざまな不適応が生じることを「二次障害」という。二次障害は社会生活

表8-9　DSM-5のADHDの診断基準

(APA，2013 日本精神神経学会（日本語版用語監修），髙橋三郎・大野裕（監訳）：DSM-5
精神疾患の診断・統計マニュアル. pp.58-59, 医学書院，2014より作成)

A. (1)および/または(2)によって特徴づけられる，不注意および/または多動性－衝動
性の持続的な様式で，機能または発達の妨げとなっているもの：

(1)　不注意：以下の症状のうち6つ（またはそれ以上）が少なくとも6カ月持続し
たことがあり，その程度は発達の水準に不相応で，社会的および学業的/職業的
活動に直接，悪影響を及ぼすほどである：

(a)　学業，仕事，または他の活動中に，しばしば綿密に注意することができない，
または不注意な間違いをする．

(b)　課題または遊びの活動中に，しばしば注意を持続することが困難である．

(c)　直接話しかけられたときに，しばしば聞いていないように見える．

(d)　しばしば指示に従えず，学業，用事，職場での義務をやり遂げることができない．

(e)　課題や活動を順序立てることがしばしば困難である．

(f)　精神的努力の持続を要する課題に従事することをしばしば避ける，嫌う，ま
たはいやいや行う．

(g)　課題や活動に必要なものをしばしばなくしてしまう．

(h)　しばしば外的な刺激によってすぐ気が散ってしまう．

(i)　しばしば日々の活動で忘れっぽい．

(2)　多動性および衝動性：以下の症状のうち6つ（またはそれ以上）が少なくとも
6カ月持続したことがあり，その程度は発達の水準に不相応で，社会的および学
業的/職業的活動に直接，悪影響を及ぼすほどである：

(a)　しばしば手足をそわそわ動かしたりトントン叩いたりする．またはいすの上
でもじもじする．

(b)　席についていることが求められる場面でしばしば席を離れる．

(c)　不適切な状況でしばしば走り回ったり高い所へ登ったりする．

(d)　静かに遊んだり余暇活動につくことがしばしばできない．

(e)　しばしば"じっとしていない"，またはまるで"エンジンで動かされているよ
うに"行動する．

(f)　しばしばしゃべりすぎる．

(g)　しばしば質問が終わる前に出し抜いて答え始めてしまう．

(h)　しばしば自分の順番を待つことが困難である．

(i)　しばしば他人を妨害し，邪魔する．

B. 不注意または多動性－衝動性の症状のうちいくつかが12歳になる前から存在して
いた．

C. 不注意または多動性－衝動性の症状のうちいくつかが2つ以上の状況において存
在する．

D. これらの症状が，社会的，学業的，または職業的機能を損なわせているまたはそ
の質を低下させているという明確な根拠がある．

E. その症状は，統合失調症，または他の精神病性障害の経過中にのみ起こるもので
はなく，他の精神疾患ではうまく説明されない．

を困難にする深刻な問題であり，その問題への予防的な対応が必要となる。

　また，ADHDの子どもの問題はしつけや本人の努力不足によって起こっているわけでなく，脳の機能障害に起因する症状であるにもかかわらず，わがままでしつけがなされていないといった表層的な判断がなされることが多い。衝動の抑制が十分にできないことは，幼少時にはどの子にも多かれ少なかれみられることである。通常の発達をしている子どもの場合，やがて抑制されていくが，その状態が年長になってもみられるため，しつけがなされていないと捉えられると考えられる。そのような誤解によって保護者も批判にさらされ苦しむことになる。

3.4 ADHDの指導と支援の場

　学校教育においては，知的な障害を伴わない場合，通常の学級に在籍することが多い。その他，障害の程度や必要に応じ，通級指導教室や特別支援学級でも指導が行われる。通級指導教室では，教育課程上，自立活動という領域で障害から起こる問題に対処するための指導が主に行われる。特別支援学級においては，自立活動に加え，障害の特性に配慮した教科の学習も行われる。通常の学級においては，特別支援教育の対象になった場合，障害の特性に応じた指導と合理的配慮がなされる。いずれにおいても，個別の指導計画に基づく指導が行われる。

　また，医療機関での診断と治療は，児童精神科，小児精神科，小児科，精神科などで行われる。ADHDの医学的な治療には薬物が用いられ，対症療法であるが症状を緩和する効果がある。薬により症状が抑えられている間は学習が促進され，成功経験も得られるため，環境調整や心理面，行動面へのアプローチと組み合わせることで有効な支援が可能となる。

3.5 ADHDの指導・支援の方法

3.5.1 環境調整

　ADHDの子どもたちは目の前の刺激に影響されやすい。そのため，落ち着いて学習するためには教室の環境作りがとりわけ重要である。以下のような学習環境が推奨されている（Pfiffner, 2000）。

・注意をそらせるようなものが子どもから遠ざけられ，教師の近くに子どもの席がある。
・教室が整理整頓されている。
・注意を引き，見てわかる掲示物が貼られている。
・クラスのルールを示したリストが掲示されている。

　ルールを定めておくことも有効である。明確でわかりやすい表現にする，項目は少なくする，肯定的な表現で書く，などがポイントである。ルールを破った場合どうなるか，なぜルールが必要なのかについても教えるとよい。
　ADHDの特性に配慮した学習状況の設定の例としては，以下のようなことが挙げられる（Pfiffner, 2000）。
・スケジュールを明確に示す。
・ルーチン的な活動は手順を明示する。
・主要な教科は午前中に教える。
・動きのある活動と動きの少ない活動，先生の話を聞く時間，グループワーク，1人で取り組むワークシートなどを組み合わせ，適宜切り替える。
・興味を強く引く活動とあまり引かない活動を交互に行う。
・課題が早く終わったときは何をしたらよいか伝える。

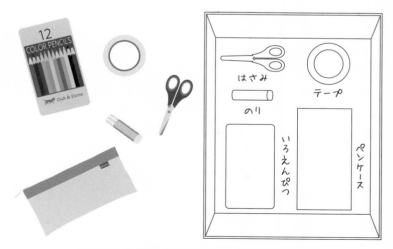

図8-10　視覚的な手がかりのある整理ボックス

片付けが困難な場合の支援法としては何をどこに置くか視覚的に示した整理ボックスの活用も有効である（図8-10）。

　また，授業中の声掛けの方法として，口頭での指示は簡単に行うこと（例：「課題に戻りなさい」），肯定的な声掛けを行うこと（例：「いいですね，〜くん」）などが推奨されている（Westwood, 1996）。

3.5.2 心理面への支援

　ADHD児の心理面への支援において重要なことは，失敗経験によって低下しやすい自尊感情を高められるよう配慮することである。そのためには，できないことよりできていることに目を向ける肯定的なアプローチが重要である。このアプローチでは，その子に即した基準で評価することがポイントとなる。例えば，いつも10分しか着席していられない子がいたとした場合，「10分しか座れない」のでなく「10分は座れている」という観点からみる。そのような視点の転換をリフレーミングともいう。授業時間である45分の着席を基準にして達成を評価すると毎回失敗に終わることになる。そこで，一般的な基準によってではなく対象児の通常の状態を基準にして評価する。例えば，いつも10分しか座れない子が5分長く座れたとき称賛する。頑張れば手の届くところに目標を設定し，その達成を評価の対象とする。

　ただし，ほめ方には注意も必要である。発達障害の子どもたちはほめて育てることが一般的に推奨されているが，根拠なくほめることは逆効果になることもある。ほめることで大人が自分をコントロールしようとしているのではないかという疑念を生じさせるからである。一方，自分なりに頑張って達成できたことを評価されると手応えを感じ，先生への信頼感が増す。そのような実態に即した肯定的な賞賛を行うためには，対象児の日常的な行動の実態を正確に把握しておくことが大切である。頻繁に離席し落ち着きがないといった漠然とした印象評価でなく，授業中に座っている時間は平均して10分程度といったように数値的な記録ができるとよい。

3.5.3 行動面への支援

(1)応用行動分析に基づく支援法

　スキナーの学習理論に基づいて，オペラント条件付けと三項随伴性の原理を行動上の問題の解決に利用する応用行動分析（Applied Behavior

Analysis：ABA）と呼ばれる臨床教育技術がある（Alberto & Troutman, 2004）。ABAは，望ましい行動を増やすこと，新しい行動を獲得すること，獲得した行動を他の状況でも行えるようにすること，などを目標とする。

　ABAでは，行動上の問題はその人が生活する環境の文脈にその原因があり，その行動が本人に利益をもたらす機能を有するために生じると考える。注意を引きたい，嫌な場面を回避したい，快の感覚を得たい，などの機能である。そのような行動がもつ機能を評価するのが機能的アセスメントで，その子が最も頻繁に問題となる行動を起こす状況や，その行動の生起に関与している条件，その結果として得られるもの，などを分析する。そして，肯定的な行動を強化し問題となる行動を社会的により望ましい行動に変容させる。

　例えば，いつも教室で騒いでいる子どもがいるとする。どんなに注意しても収まらず，むしろエスカレートしてしまう。この行動がもつ機能を分析したところ，先生の注意を引きたいためにそれを行っていることが推測された。そこで，短時間でも静かにしている場面を待つことにし，それができたときに賞賛するようにしたところ騒ぐ行動が少なくなり，静かにしている時間が増えた。逸脱した行動でなく望ましい行動の方に注目し強化するというアプローチによって，注目を得たいという欲求が充足されるとともに問題も解決される。

　ABAの手法の1つとして，意図的な無視によって問題となる行動を消去する方法もある（Westwood, 1996）。子どもが逸脱した行動をしたときに，その子の行動を完全に無視する。クラスメイトも同様に無視することによって逸脱行動を強化してしまわないよう指導しておくとより効果的とされる。ただし，その逸脱行動が他児に被害をもたらす危険性がある場合や，他児の学習の妨害につながる場合はこの方法は適切でない。また，不適切な行動を単に無視するだけでは十分でなく，同時に望ましい行動に対する強化も必要である。上述した騒ぐ行動に対する介入例は，不適切な行動に対する意図的な無視と同時に望ましい行動に対する強化を行った例である。

(2)トークン・エコノミー

　トークン・エコノミーとは，子どもが少し努力したら実行できるような目標を定め，それが達成されたらポイントを与え，そのポイントが一定量貯まったら，約束した報酬を与えるシステムで，ABAの技法の一種である。約

束した報酬のことを「バックアップ強化子」という。トークンとはプラスチック製のチップのような代用貨幣のことで，それをポイントとして与える。代用貨幣でなくシールを貼ることもある。

　例えば，授業が始まって自分から席に着くことができたら1回につき1ポイントを与える。それが5ポイント貯まったら，学校のパソコンで放課後に好きなゲームをする権利を与える，などである。目標が達成されていたかどうかを定時にチェックし，達成できていたらポイントを与える。

　目標を立てる際には，子どもと共に決定することが推奨されている（Pfiffner, 2000）。本人だけで目標の設定ができない場合は，指導者と一緒に考えたり，指導者がリストアップした選択肢から子どもに選ばせたりしてもよい。どのような形であれ目標の決定過程に子ども自身が関与することが重要である。ADHDの子は，望まれている行動が何か判断できていることが多い。それまで叱責，指示，命令ばかり受けてきた子どもにとって，大人が一方的に与える目標は嫌悪刺激になってしまっていることが多い。また，他者によって決められた目標より自己決定した目標の方が達成に向け動機づけられやすい。そして，本人が目標の決定に関与することで無理なく手の届くレベルの目標を設定できる。

　また，目標が達成できたかどうかの評価にも子ども自身を関与させることが勧められる。まず児童が自己評価し，教師が児童の評価を行う。双方の評価が一致したらポイントが与えられることにする。目標の決定や評価の際に子ども自身に関与をさせることには教育的な意義がある。トークン・エコノミーでは報酬が目標達成の動機になるが，目標の決定や評価に本人が関与しないと，報酬を得ることだけが行動を起こすための外発的な動機になりかねない。最初は報酬が必要であっても自分で目標を立て実行し，その結果を振り返るというセルフマネジメントを習慣にしていきたい。そのためには目標の決定と評価のプロセスに子ども自身がかかわることが重要である。

　トークン・エコノミーと併せて「契約書」がよく使用される。これは，子どもと目標を達成したときの報酬について書面で契約を取り交わす方法である。決めた約束を書面に記し，それにサインをし，契約を結ぶ。その契約で決めた目標を子どもが達成できたら，大人によって約束が履行される。この方法は視覚に訴え興味を引くことができる。また，一方的な押しつけでなく

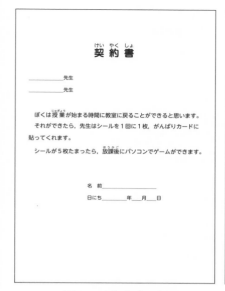

図8-11　契約書の例

図8-12　約束カードの例

子どもの主体性と自尊心を尊重することにもつながる。図8-11は契約書の例である。低学年の児童に行う場合は「契約書」という文言や文面を「約束カード」など理解度に合わせて調整する（図8-12）。

【トークン・エコノミーによる支援事例】

　トークン・エコノミーと契約書を使用した支援事例を紹介する。事例は，A君，通常の学級に在籍する小学校6年生の男児であった。授業開始時間に教室に戻ってくることができないことが担任教諭の主訴であった。

　行動観察とアセスメントの後に，担任と保護者にトークン・エコノミーによる支援を提案し合意を得た。A君に契約書を見せ内容を確認してもらうと，契約書という形式に興味を示していた。ルールを守ってポイントが貯まると母からアイスを買ってもらえることを伝え，意思を確認したところ「やる！」と明快な返答が得られた。目標の設定は母や担任と一緒に考え，最終的に本人の決定で次のようになった。授業開始時に遅れずに教室に戻ることを目標とする。1時間できるごとにシール1枚がチェック・シートに貼られ，1ポイント与えられる。1日の授業時間数－1時間（つまり6時間ある日なら5

時間）以上目標の達成ができ，それが月曜から金曜まで１週間続いたら，金曜日のスイミングの帰りにアイスを買ってもらえることを約束した。

　例えば，ある週はトータル23時間授業があり，19時間分達成できるとアイスが得られることになる。Ａ君は契約書にサインしながら「これにサインをしたら守らなければ」と決意表明した。この支援を始めた週は１時間分以外すべてのポイントを得られ，アイスを買ってもらえた。こうして，授業開始時に遅れずに教室に戻るという目標は夏休み前に達成された。

　夏休み明け以降は，算数の時間に落書きし課題に取り組めない問題にアプローチした。「授業中は落書きをしない」ことを約束し，以前からの目標である①授業開始時間に教室に入れたかに加え，②授業中先生の説明を聞けたか，③課題に取り組めたか，の目標を追加した。「よくできた」「半分できた」「あまりできなかった」の３段階評価とし，「よくできた」は２ポイント（シール２枚），「半分できた」は１ポイント，「あまりできなかった」は０ポイントとした。バックアップ強化子は本人の希望を考慮し，90ポイント取得したら家庭でスペシャルディナーが食べられることとした。行動目標の達成については，まず本人が自己評価し，その妥当性を担任教師が判断し，ポイントを決定した。

　このような支援を９月最終週から約１カ月行ったところ，算数だけでなく他教科でも落書きをしなくなった。Ａ君は「書こうとしちゃうんだけど，自分で止めているんだ」と語っていた。10月後半からは，授業中関係のない本はしまう，ノートをとるなどの新たな目標を追加した。いずれも12月末までに達成され定着した。年が明けた１月頃にはチェック・シートを使わなくとも目標が達成できるようになった。Ａ君によると，チェック・シートがない方が「気が楽」とのことであった。この時点でトークン・エコノミーによる支援を終了した。

⑶レスポンスコスト

　望ましくない行動が起きたあとに，子どもにとって価値あるものを取り去る手法である。しばしばトークン・エコノミーと併用される。望ましい行動に対する強化と一緒に用いられるとより効果的だとされる。しかし，この支援法にはデメリットも多い。教師と子どもの信頼関係を崩す，子どもの積極的で主体的な行動を抑制するなどのリスクがある。また，トークン・エコノ

ミーと併用した場合，子どもがトークンを否定的にみるおそれもある。さらに，効果は一時的なことも指摘されている。そのようにネガティブな側面が多いため，この手法の導入にあたっては慎重であるべきであろう。

3.6 未来に向けての展望

　ADHDの特徴をもつ人は，その医学的な診断概念ができる前から存在していた。歴史上の人物としてはトーマス・エジソンがよく引き合いに出される。好奇心が旺盛で，授業中に質問を連発し教師を困らせていたといったエジソンの幼少時のエピソードは伝記等を通じて誰もが知っている。教師はこれを問題行動としてマイナス面から捉えていたようだが，興味を引いたことに対し即座に行動を起こし，とことんまで追究する特性としてプラスの面からみることもできる。

　近年，2E教育が注目されている。2Eとは "twice-exceptional" の略で，二重に特別な，という意味合いである。ある領域では困難さを抱えるが，別な領域では並外れた才能をもつということである。エジソンの場合，母が彼の特性をよく理解し，その才能がいかんなく発揮できるような教育環境を整えたことも知られている。問題とされる行動を抑制するアプローチだけが行われていたら，二次障害による不適応を生じていたかもしれない。エジソン自身もそのことを語っている。学校教育の現場でも2E教育の理念が知られ，実践が試みられるようになった。子どもの抱える問題だけでなく，潜在している可能性を発見し，それを伸ばしていくこともこれからの特別支援教育の重要な役割になるだろう。

（藤野　博）

【引用・参考文献】

○ Alberto, P. A., & Troutman, A. C.（1999）*Applied behavior analysis for teachers.* 5th ed. Prentice-Hall, New Jersey. 佐久間徹・谷晋二・大野裕史（訳），（2004）はじめての応用行動分析．二瓶社．

○ American Psychiatric Association（2013）*Diagnostic and Statistical Manual of Mental Disorders Fifth Edition: DSM-5.* American Psychiatric Press, Washington, DC. 日本精神神経学会（日本語版用語監修），髙橋三郎・大野裕（監訳），（2014）DSM-5 精神疾患の診断・統計マニュアル．医学書院．pp.58-59.

○ Barkley, R. A.（1995）*Taking charge of ADHD: The complete, authoritative guide for parents.* Guildford Press, New York. 山田寛（監訳）海輪由香子（訳），（2000）バークレー先生の

ADHDのすべて. ヴォイス.

○ Barkley, R. A. (1997) Behavioral inhibition, sustained attention, and executive functions: Constructing a unifying theory of ADHD. *Psychological Bulletin*, 121, 65-94.

○ Lezak, M. D. (1982) The problem of assessing executive functions. *International Journal of Psychology*, 17, 281-297.

○ Pfiffner, L.J. (1996) *All About Adhd: The complete practical guide for classroom teachers*. Scholastic Teaching Resources, New York. 上林靖子・中田洋二郎・山崎透・水野薫（監訳）, （2000）こうすればうまくいくADHDをもつ子の学校生活. 中央法規出版.

○ Westwood, P. (1993) *Commonsense methods for children with special needs*. Routledge, London. 渡部信一（訳）, （1996）学習につまずいている子の指導マニュアル（上）. 田研出版.

9章

言語障害

1. 構音障害

1.1 構音障害とは

　話し言葉の内容は音節のつながりで伝達される。人は図9-1に示すような構音器官を有し，子音は唇や舌の特定の部位を動かして発音する。「サ行音がタ行音に置き換わってしまう」「発音が不明瞭である」という発音に関する困難は構音障害と呼ばれる。構音器官の形態の異常や，唇や舌などの動きに問題がある場合，音の置換や歪みが生じ，コミュニケーションに支障を生じ得る。自分の発音の誤りを自覚している児童の中には，仲間との会話や人前で話す場面で自信が低下している子どももいる。発音の誤りや不明瞭さについて他児から指摘を受けたことをきっかけに自分の発音を気にするようになったり，発音についてのからかいがいじめの契機になったりする場合もある。

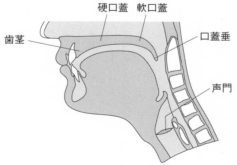

図9-1　口腔の断面図

1.2 構音障害の原因・種類

　構音障害には大きく分けて，機能性構音障害，器質性構音障害，運動障害性構音障害の3つのタイプがある。

　機能性構音障害：構音器官の形態上の問題がなく，神経学的原因も認められない構音障害であり，幼児や学齢児の構音の誤りの多くが該当する。機能

性構音障害における誤り方は子どもによって異なる。「先生」を「テンテイ」と発音するといったサ行音の置換や歪みが例として挙げられる。一般的に，知的発達の遅れや神経学的要因が関与していなければ，適切な指導によって改善が期待される。

器質性構音障害：唇や口蓋など構音器官の構造上の問題に起因する構音障害であり，口蓋裂や口唇裂が典型例となる。口蓋裂では硬口蓋や軟口蓋に生まれつき亀裂がある。口唇裂や口蓋裂の場合，形成外科的な治療の対象であり，術後に構音訓練を行う。

運動障害性構音障害：舌や口唇等の麻痺や協調運動の困難など，神経学的原因による構音障害である。脳性麻痺の他，成人期以降では，脳卒中の後遺症としての麻痺性構音障害やALS（筋萎縮性側索硬化症）による発語の不明瞭さがある。

1.3 構音の発達と構音障害の特性

構音の発達は乳児期から始まっており，最初の1年間で大きな変化がある。生後1〜2カ月の乳児は鼻音化した曖昧な母音であるが，その後，穏やかな発声とともに，奥舌が軟口蓋に接触する［k］や［g］を伴うクーイング（cooing）が3カ月頃から聞かれるようになる。次第に首が座って安定し，声の通り道である声道も広がりや長さを増していく。声道の構造の変化に加えて，舌の特定の部位を動かす筋肉のコントロールも育ち，子音のレパートリーが増えていく。7〜10カ月頃には，「ダ・ダ・ダ」のように同じ音節が連続する反復喃語が聞かれ，さらには「ダグジュ」のように，異なる音節をひと続きに言う多様的喃語へと広がっていく。

有意味語を産出するようになると，母語の母音や子音の体系に沿った構音が育ってくる。特に子音の正確さは発話の明度に影響を与える。日本語の子音の種類を「どこで発音するか」（構音位置），「どのように発音するか」（構音方法）で整理すると表9-1のようになる。典型的な発達を示す子どもでは，一般的に鼻音（［m］など）や破裂音（［t］など）は獲得が早く，摩擦音は比較的に遅い。また，同じ摩擦音でも，舌先の音（サカナの［s］）よりもやや後ろの音（シカの［ɕ］．［ʃ］とも表記）の方が概して先に獲得される。典型発達ではいずれの子音も学齢までにほぼ確立するが，別の子音に置

換していたり，音が歪んでいたりする場合には構音障害があるとされる。

　機能性構音障害の特性：機能性構音障害の児童は１人ずつ異なる誤りのパターンを示すが，<u>サ</u>カナ⇒<u>タ</u>カナのように［s］は［t］になる場合が多い。これは，かろうじて呼気が通るような狭い隙間を舌先で作る［s］よりも，呼気の流れを止める［t］の構えの方が幼児には作りやすいことによる。また，<u>サ</u>カナ⇒<u>シャ</u>カナのように［s］は［ɕ］にもなりやすく，これは舌先で［s］の構えを作るよりも，やや後ろで［ɕ］と発音する方が舌先の微細な筋運動を必要としないためであると考えられる。これらと同様の理由で，［ɕ］は［tɕ］（<u>ア</u>シ⇒<u>ア</u>チ），［ts］は［tɕ］（<u>ツ</u>クエ⇒<u>チュ</u>クエ）になることも多い。また，ラ行音［r］は［d］になりやすい（<u>ラ</u>クダ⇒<u>ダ</u>クダ）。いずれの場合も舌先の動きの巧緻性が十分に育っていないことから不適切な舌の構えが習慣化することにより生じる。さらに，［k］が［t］（<u>カ</u>ニ⇒<u>タ</u>ニ）や［tɕ］（<u>ケ</u>

表9-1　子音の種類と構音の特徴（音声記号表）

構音位置

構音方法 （構音様式）		両唇音	歯茎音	後部 歯茎音	硬口蓋音	軟口蓋音	声門音
破裂音[1)]	無声 有声	p b	t d			k g	ʔ
摩擦音[2)]	無声 有声	ɸ	s z	ɕ（ʃ）	ç		h
破擦音[3)]	無声 有声		ts dz	tɕ（tʃ） dʑ（dʒ）			
はじき音[4)]	有声		r				口蓋垂音
鼻　音[5)]	有声	m	n		ɲ	ŋ	N
接近音[6)]	有声	w			j	ɯ	

1) 破裂音：唇や舌で呼気の流れを閉鎖し，一気に閉鎖を開放して発する音。
2) 摩擦音：唇や舌で作った狭めに呼気を通して作る，擦れるような音。「風呂」の語頭の［ɸ］，「サ」の［s］，「シ」の［ɕ］（［ʃ］とも表記），「ヒ」の［ç］など。
3) 破擦音：破裂音と同様の閉鎖の後に摩擦音が続く音。「ツ」の［ts］，「チ」の［tɕ］（［tʃ］）など。
4) はじき音：舌先を弾くように動かし瞬間的な接触で作る音。ラ行音の［r］。
5) 鼻音：鼻腔で共鳴させて作る音。「マ」の［m］，「ニ」の［ɲ］，鼻音化した「ガ」の［ŋ］など。
6) 接近音：やや狭めの隙間で作る母音に近い音。「ワ」の［w］（［ɯ］）や「ヤ」の［j］。

表9-2　機能性構音障害の誤り方の例

誤りの種類	目標語とその誤り方
破裂音化	さかな [sakana] → [takana]
破擦音化	あし [aɕi] → [atɕi]
歯茎音の後部歯茎音化	さかな [sakana] → [ɕakana] つくえ [tsukue] → [tɕukue]
軟口蓋音の歯茎音化・ 後部歯茎音化	かに [kaɲi] → [taɲi] ケーキ [keːki] → [tɕeːtɕi]

ーキ⇒チェーチ）になるという置換も生じやすい。これは舌の奥の部分を挙上させて発音する［k］の代わりに，舌のより前方で声道を閉鎖するということが習慣化したことによる。これらの誤りは表9-2のように整理される。この他にも，呼気が舌の正中でなく，舌の脇と頬との間を通る「側音化」と呼ばれる歪みが学齢児にはしばしば認められる。

　機能性構音障害のある児童は，文字で表記する際に「コアラ」を「コアダ」と書いてしまうように，自分の構音の誤りを反映した誤表記を示すこともある。そのような場合は，語の正しい音形もまだ十分に習得していないことを示唆している。

　なお，機能性構音障害のある児童の多くは，自分の構音の誤りを自覚している。正しい構音を試みても，習慣化した置換を自分自身で修正することは難しい。周囲の大人は子どもの誤りを指摘したり，「ゆっくり発音してごらん」「先生の真似をしてごらん」と言いがちになったりするが，助言だけでは正しい構音に導くことは困難である。配慮のない指摘は，発話の意欲や自信を低下させるため，慎むべきである。

　器質性構音障害：軟口蓋から口蓋垂にかけての部分には骨がないため，通常は重力でやや下がり，口腔と鼻腔とはつながっている（図9-1）。これにより，鼻腔を通して呼吸ができる。しかし，発話する際には，軟口蓋を挙上させる筋肉が軟口蓋を引き上げ，口腔と鼻腔とを隔てる（鼻咽腔閉鎖）。これによって呼気は鼻に抜けずに口腔のみで発音することができる。しかし，口蓋裂のある子どもの場合は，形成外科的な手術を受けていても，鼻咽腔閉鎖が不十分になりがちである。口腔を通るはずの呼気が鼻腔に漏れてしまう

ことから，母音が鼻にかかった音に聞こえるとともに（鼻音化），［p］が
［m］に聞こえたり，［t］や［s］が［n］に聞こえたりする。また，口腔内
の圧力が高まりにくいことから子音も不明瞭になりやすい。

運動障害性構音障害：神経学的原因により口唇や舌の動きのコントロール
が難しいため，発話は全般的にゆっくりになる。また，構音位置がずれたり，
構音器官の動きも不正確になりやすくなったりするため，子音だけでなく母
音も歪み，発話は全般的に不明瞭になる。

1.4 構音障害児の指導と支援の方法

　機能性構音障害への対応の仕方は，障害のタイプによって異なる。タイプ
ごとの指導・支援の概要は以下のように整理される。具体的な手続きについ
ては加藤・竹下・大伴（2012）などを参照されたい。

　機能性構音障害：構音の誤り方は1人ずつ異なる。そこで誤りのパターン
を明らかにするために構音検査を行う。［p］を含む「パンダ」，［s］を含む
「さかな」，［k］を含む「ケーキ」などさまざまな子音の入った絵カードを
子どもに呼称してもらい，構音の正確さを評価する。また，単音節でも誤り
が生じるのかどうかを調べるために単音節を模倣してもらったり，文章を音
読してもらったりするとともに，自由会話の様子からも誤りの特徴を把握す
る。機能性構音障害の場合は比較的一貫性のある誤りを示すので，まずは表
9-2に示したような誤りのパターンを明らかにする。機能性構音障害の子ど
もでは，舌をとがらせたり平らにしたり，上唇をなめるように舌先を持ち上
げたりするという口腔運動が苦手な児童が多いため，構音器官の動きについ
ても評価を行う。

　練習を始める前に，子どもが正しい音と誤り音とを聞き分けることができ
るかどうかを確認する（「語音弁別」と呼ぶ）。例えば，「カラス」を「タラ
ス」と発音する子どもの場合，「カ」と「タ」は同じか違うかを尋ねる。聴
覚的な弁別ができてはじめて目標を自覚することができる。構音の練習にあ
たっては，単音で目標音を正しく構音することから取り組む。例えば，［k］
音の場合は，奥舌を上げる練習を行う。うがいのときの舌の構えから［k］
に導くこともある。正しい舌の構えの手がかりとして鏡を使用し，視覚的フ
ィードバックを行う。単音での構音が習得できると，次に単音節，音節の繰

り返し，単語や文・会話の中での構音の指導に移行していく。指導者は，子どもの発音が少しでも目標に近ければそれをほめることで，構音の適切さに応じてフィードバックを与え，正しい構音に近づけていく。

器質性構音障害：口蓋裂では，本来は口腔を通るべき呼気が鼻腔に抜けることにより，発音が不明瞭になる。そこで，軟口蓋を挙上させ，呼気を口腔のみから出すことができるように練習する。例えば，水を入れたコップにストローをさし，ストローに息を吹き込んで上手に泡が出せるように練習する。自分の呼気の流れのコントロールの程度を泡という視覚的フィードバックから知ることができる。鼻息鏡と呼ばれるステンレス製の板を鼻の下に置いて発音すると，鼻から息が漏れた場合は呼気の通り道が白く曇る。これも視覚的フィードバックを与える手立てとなる。なるべく曇りが生じないように長く話せるように練習する。

運動障害性構音障害：神経学的原因がある場合には，機能性構音障害のように改善していくことは難しい。肢体不自由の特別支援学校に通う児童生徒のように，音声表出が顕著に困難な場合には，AAC（Augmentative and Alternative Communication；補助［または拡大］代替コミュニケーション）の活用も選択肢となる。タブレット端末やスイッチを使用して音声を再生するVOCA（Voice Output Communication Aids）や，イラストや図案化されたシンボルの指さしによる伝達のように，ツールを用いる方法がある。また，ジェスチャーや手話に似たマカトンサインのような，ツールを使わない伝達方法が有効な場合もあり，子どもの実態や生活環境に沿って選択する。

1.5 構音障害に応じた指導と支援の場

機能性構音障害：幼児期や学齢期では，保護者や保育・幼児教育の担当者，教師といった周囲の大人が子どもの構音の誤りを心配し，専門家との相談に至ることが多い。その一方で，園や学校の仲間が当該の子どもの発音の誤りを指摘したり，からかったりすることをきっかけに本人が発音を気にかけ，それを知った大人が心配し，相談につながることも多い。幼児期には，地域の相談機関や医療機関が主な支援の場となり，言語聴覚士（ST：Speech Language Therapist）による構音指導を受ける。学齢児の場合は，公立小学校に設置された「ことばの教室」において「通級による指導」として担当

教員による構音指導が週1回程度行われる。通級による指導とは，小・中学校の通常の学級に在籍している児童生徒に対して，障害による学習上又は生活上の困難を改善するため，障害に応じた特別の指導を受ける指導形態である。言語障害を対象とする通級指導の場は「ことばの教室」と呼ばれ，機能性構音障害の指導を受ける児童が最も多い。構音障害以外にも吃音等話し言葉におけるリズムの障害，話す・聞く等言語機能の基礎的事項における発達の遅れも対象としている。児童が在籍する学校に「ことばの教室」が設置されている場合は自校通級，他校に開設されている通級指導の場に出向いて指導を受けることを他校通級と呼ぶ。

器質性構音障害：口蓋裂・口唇裂などの器質性構音障害の場合は，医療機関とつながっていることが一般的であるため，形成外科的な対応と並行してSTによる構音訓練が実施される。学齢に達すると「ことばの教室」でも支援を受けることが多い。

運動障害性構音障害：肢体不自由や知的障害を対象とした特別支援学校には，運動障害性構音障害のために意思疎通が困難な子どもがいる。このような児童生徒には，学校での自立活動の時間や医療機関での言語訓練が提供される。知的障害を伴うことが多いため，明瞭度の向上を目指す構音に特化した指導よりも，自分の要求や思いを相手にうまく伝えられるようにコミュニケーション全般を円滑にするような工夫が行われることが多い。

（大伴　潔）

【引用・参考文献】

○加藤正子・竹下圭子・大伴潔（2012）特別支援教育における構音障害のある子どもの理解と支援. 学苑社.

2. 吃音

2.1 吃音とは

吃音の定義は研究者間で異なるが，吃音の言語症状が音・音節の繰り返し，引き伸ばし，ブロックで特徴づけられる点では一致しているようである。吃音の主たる症状は以下のとおりである。

- ・音・音節の繰り返し（連発）「ぼ，ぼ，ぼく」
- ・引き伸ばし（伸発）「ぼーーく」
- ・ブロック（難発）「……ぼく」

これらの言語症状に加え，顔をしかめる，こぶしを握る等の随伴症状がみられる場合もある。

吃音の多くは20〜48カ月の間に発症し，急に（1〜3日で）始まる傾向にある（Yairi & Ambrose, 2005）。

では，吃音はどのくらいの割合で生じるのだろうか。この点については，有病率（prevalence）と発症率（incidence）に言及する。有病率とは，現在どの程度の割合でその障害や病気がある人がいるのかを示すものである。一方，発症率は，生涯のある時期にその病気を経験した人がどのくらいいるのかを示すものである。吃音の有病率は1％程度であり，発症率は5％程度と言われている（Yairi & Ambrose, 2005）。有病率と発症率の間に差があるのは，吃音の自然回復（または自然治癒ともいう）があるからである。吃音を発症した子どもは，特別な指導等を受けることなく，吃音が自然に消失することがある。この自然回復は発吃（吃音の言語症状の始まり）から3年以内に生じやすく，特に女児の回復率が男児に比して高いことがわかっている（Yairi & Ambrose, 2005）。吃音の男女比は，学齢期だと3：1〜6：1と男児の方が高いが，より発吃に近い段階では1：1〜1.6：1と男女間の差は小さい。時期によって男女比に差がある理由の1つが，先に示した女児の回復率の高さである（Yairi & Ambrose, 2005）。

2.2 吃音の原因・種類

これまで，吃音の原因についてはさまざまな仮説が提唱されてきたが，現在も吃音の原因は明らかになっていない。近年では，吃音の発症に言語能力

の高さや（Reilly, et al., 2013），脳活動の問題が関与している可能性が示唆されているが（今泉，2003；佐藤ら，2006），これらのことと吃音がどのように結びついているかの詳細はわかっていない。吃音が生じる理由として，保護者の育て方のため，友人の話し方を真似たから等が見聞きされるが，これらには根拠がないことをここで強調しておく。ただし，吃音を進展させる，つまり悪化させる要因は明らかになっている。例えば，聞き手の否定的な態度がそれに当たる。

このように，現時点では，吃音の原因が明らかになっていないため，原因そのものを取り除くことは困難であるが，悪化させないことについては対応が可能であり，この点が指導・支援上の要である。

なお，本節では幼児期に発症する吃音について扱うが，成人期の脳損傷による吃音も存在する。脳損傷による吃音は，吃音の神経病理学的基礎と発話の流暢性にかかわる神経学的メカニズムについて貴重な情報を提供するものと期待されているが，症例数は少ない（伊藤，2007）。

2.3 吃音の特性

吃音の特性と関連して，吃音症状そのものを評価する吃音検査法第2版（小澤ら，2016）について大まかに説明する。これは，自由会話場面，絵の説明場面，音読場面等の発話から発話の非流暢性の頻度や特徴を明らかにするものである。発話の非流暢性は，大きく①吃音中核症状と，②その他の非流暢性に分けられる。①は先に述べた，音・音節の繰り返し，引き伸ばし，ブロックである（小澤ら，2016の検査法では，語の部分の繰り返しも吃音中核症状に含む）。これに対して，②には，語句の繰り返し（例：「ぼく，ぼく」）や挿入（例：「ぼく，えー，昨日」），言い直し（例：「ぼくと／ぼくが」）等が含まれる。吃音のない子どもにも非流暢な発話がみられることがあるが，その頻度は吃音のある子どもに比して低く，その他の非流暢性（特に挿入）が多いことで特徴づけられる。

吃音の言語症状以外にも指導・支援上知っておくべき吃音の特徴がいくつかある。そのうちの1つが，吃音の波現象といわれるものである。これは，発話の流暢性の問題（吃音）が多い時期と少ない時期が交互に繰り返される状態を指す（小林，2014）。つまり，流暢に言えるときとそうではないとき

があるということである。また，吃音が持続している子どもは，だんだんと吃音を生じにくくする工夫をして話すようになることも正しく理解しておく必要がある。例えば，発話の途中で挿入（「あのー」や「えーと」等）を入れる，ことばを言い換える等の工夫をして，吃音を目立たなくさせる。さらに，工夫の１つとして，話すこと自体を回避する場合もある。図9-2は大橋（1976）に基づく伊藤（2017）に，筆者が加筆したものである。

言語症状（繰り返し，引き伸ばし，ブロック）のみ

⬇

随伴症状の出現

⬇

苦手な語音，場面の固定化

⬇

工夫（挿入，言い換え，発話場面の回避等）

図9-2　吃音の進展の特徴（伊藤，2017より作成）

　吃音は不安や緊張から生じるものではないが，吃音をきっかけとして，話すことに対する不安や恐怖，思うように話せないことへの不全感や欲求不満，自信や自己肯定感の低下等さまざまな心理症状を呈するという（小林，2014）。また，この心理症状は吃音症状の程度と必ずしも一致するわけではない。このことから，吃音症状が目立たないからといって，必ずしも本人の困難さや苦しさがないわけではないことに注意しなければならない。

2.4 吃音のある子どもの指導と支援の方法

　以下では，学齢期の吃音のある児童生徒を対象とした指導を想定して，指導・支援法について解説する。近年，吃音のある学齢児への指導・支援では，多面的包括的アプローチが支持を得ている（小林，2020）。多面的包括的アプローチは，吃音の言語症状にのみ視点を当てるのではなく，心理症状や子ども自身の吃音に対する認識や感情，子どもを取り巻く環境等さまざまな要因に視点を当てて指導・支援するものである。

　小林（2014）は，国際生活機能分類（ICF：International Classification of Functioning, Disability and Health）に基づく吃音への包括的なアプローチ

を提案している。そのアプローチでは，①本人・保護者の困り感やニーズ，②活動・参加（発話・コミュニケーションの基礎的活動，家庭や学校での参加等），③心身機能（吃音の言語症状や認知発達等），④個人因子（吃音に関する情動や行動，吃音に関する認知等）と環境因子（家庭や学校の環境等）についてアセスメントを行い，その結果から，必要な指導・支援を組み合わせて実施する。具体的には，保護者や担任等との連絡調整，吃音に関する基礎的な情報の提供，本人の吃音の学習や自身の吃音に対する正しい把握，スピーチセラピー等である。

このスピーチセラピー，つまり言語症状に対する直接的な介入については，以下の小林（2017, p.118）の3段階の捉え方が参考になる。

① 吃音は「悪い，いけない，駄目な」ことではない。したがって，言語症状自体をなくさねばならないとは考えない。

② ただし，子どもの言語症状による困難や発話時の不安・緊張，「言語症状を何とかしたい」という願いには，きちんと応じる必要がある。

③ 言語症状へのアプローチが，これらを緩和・軽減，あるいは解消する方法として有効である場合は，②に対処する手段の1つとして導入する価値がある。

①については，指導を受ける本人もきちんと理解しておく必要がある。小林（2017）では，言語症状へのアプローチは，(a)発話場面と(b)発話方法の2つの視点から整理されている。(a)は吃音症状が出にくい発話場面を設定し，その中で発話する経験を積むものであり，(b)は吃音症状の出にくい発話方法を用いて発話する経験を積むものである。(a)の例としては，斉読（本人と指導者等が一緒のタイミングで読み合わせる）が挙げられる。(b)の例としては，ゆっくり引き伸ばし気味の発話方法が挙げられる。この発話方法で吃音症状が出にくくなるメカニズムが，言語処理に視点を当てた近年の吃音研究の成果から説明しうる可能性が示されており（松本，2016），この方法は根拠に基づいた指導といえる。

指導・支援と関連して，米国吃音財団（The Stuttering Foundation of America）から発行されている教員向けの冊子（Scott & Guiter, 2010）について触れておきたい。この冊子には，吃音に関する基礎知識や指導・支援のあり方の情報が含まれているが，その中で，指導者・支援者への助言として

次の8点が示されている。①「ゆっくり」や「落ち着いて」と言わない。②子どもの語を補うことや、子どもの代わりに言うことをしない。③クラスの全員が話し手と聞き手の交代について学べるようにする。④吃音のある子に対して、そうでない子と同じように勉強の質と量を期待する。⑤子どもと話す際は、頻繁に間をとって、かつ速くなりすぎないように話す。⑥話し方ではなく話す内容に耳を傾けていることを伝える。⑦教室で必要な対応について、子どもと1対1で話をする機会を設ける。⑧吃音を何か恥ずべきもののように扱わない。

　吃音は焦り等から生じるのではない。そのため、「ゆっくり」や「落ち着いて」等の声掛けをすると、子どもはかえって混乱してしまう。また、代わりに言うこともしてはいけない。なぜなら、子どもから話す権利と自信を奪うことになるからだ。これらの点をふまえ、周囲の大人が話すこと・聞くことの見本を子どもたちに示すべきであろう。

　近年、合理的配慮の視点から吃音を有する子どもに対する指導・支援が考えられている。先に述べた斉読を音読時に実施することはその1つであろう。また、発表場面において発話に代わる手段の提供（例：板書）、不安感が強いときの対応等、保護者を含め、子どもにかかわるすべての関係者と連携し、進めていく必要がある。また、リスクマネジメントという考え方の重要性も指摘されている（菊池，2014）。吃音を有する子どもは、さまざまなリスクにさらされる可能性がある。例えば、からかいの対象となる、周囲の大人の無理解などである。このようなリスクに備えるという視点をふまえた指導・支援が重要であると思われる。

2.5 吃音に応じた指導と支援の場

　先に述べたように、吃音は4歳までに発症することがほとんどである。したがって、相談は幼児期になされることが多い。指導・支援の場は言語聴覚士のいる医療機関や地域の発達支援センター、小学校等に設置された言語障害通級指導教室（ことばの教室）等が考えられる。学齢期以降、ことばの教室で指導を受ける場合、学校以外の専門機関で指導を受けるのに比べ、在籍する学級との連携がとりやすくなることに大きな利点がある。学齢期以降の子どもは多くの時間を学校で過ごすため、教育的視点からのアプローチが重

要になってくる。

（村尾　愛美）

【引用・参考文献】

○今泉敏（2003）発話中枢機構と吃音のメカニズム．音声言語医学，44, 111-118.

○伊藤友彦（2007）吃音研究の現状と展望．笹沼澄子（編），発達期言語コミュニケーション障害の新しい視点と介入理論．医学書院，pp.233-250.

○伊藤友彦（2017）吃音の基礎知識と新たな視点．日本言語障害児教育研究会（編），基礎からわかる言語障害児教育．学苑社，pp.91-106.

○菊池良和（2014）吃音のリスクマネジメント―備えあれば憂いなし．学苑社．

○小林宏明（2014）学齢期吃音の指導・支援 改訂第2版．学苑社．

○小林宏明（2017）吃音児の支援．日本言語障害児教育研究会（編），基礎からわかる言語障害児教育．学苑社，pp.107-123.

○小林宏明（2020）吃音のある学齢児の指導（訓練）・支援．子どものこころと脳の発達，11, 48-54.

○松本幸代（2016）吃音の生起に関わる心理言語学的要因に関する研究―音韻的側面を中心に．風間書房．

○大橋佳子（1976）小児の吃音の進展過程に関する横断的研究．児童精神医学とその近接領域，17, 57-68.

○小澤恵美・原由紀・鈴木夏枝・森山晴之・大橋由紀江・餅田亜希子・坂田善政・酒井奈緒美（2016）吃音検査法 第2版解説．学苑社．

○Reilly, S., Onslow, M., Packman, A., Cini, E., Conway, L., Ukoumunne, O. C., Bavin, E. L., Prior, M., Eadie, P., Block, S., & Wake, M. (2013) Natural history of stuttering to 4 years of age: A prospective community-based study. *Pediatrics*, 132, 460-467.

○佐藤裕・森浩一・小泉敏三・皆川泰代・田中章浩・小澤恵美・若葉陽子（2006）吃音児の音声言語に対する左右聴覚野の優位性―近赤外分光法脳オキシメータによる検討．音声言語医学，47, 384-389.

○Scott, L., & Guitar, C. (2010) *Stuttering: Straight Talk for Teachers. A Handbook for Teachers and Speech-Language Pathologists* (3th ed.). https://www.stutteringhelp.org/sites/default/files/Migrate/teacher_book_2010.pdf（2021年11月2日閲覧）.

○Yairi, E., & Ambrose, N. G. (2005) *Early childhood stuttering for clinicians by clinicians.* Austin: Pro-Ed, Inc.

3. 言語発達遅滞①

3.1 言語発達遅滞とは

　これまで述べてきた構音障害と吃音は，言葉を音声で表出する際の困難である。これに対し，表現される語彙の選択や文法，文と文のつながりの適切さにおいて，ある年齢の子どもがその年齢で期待される水準を下回っている場合，その状態を言語発達遅滞と呼ぶ。なお，ダウン症や知的障害を伴う自閉スペクトラム症のある子どもでも言語発達が遅れるが，これらのように他の神経学的要因による言語発達の遅れは言語発達遅滞とは見なさない。一方，言語発達遅滞はLDやADHDなどとの合併もあり得る。言語発達遅滞の中でも，非言語的な認知には顕著な困難が認められないにもかかわらず，言語発達に遅れが見られる場合，特異的言語発達障害（SLI）と呼ばれることもある。

3.2 言語発達遅滞の特徴及びアセスメント

　言葉で意思疎通を行うには語彙の知識が基盤となる。これは言語の「語彙的側面」である。幼児期には身近な事物・出来事を表す基本的な名詞・動詞・形容詞などから始まり，次第に意味の抽象度の高い語彙（位置を表す「うえ・した」，疑問詞「なに・どこ・だれ」などを含む）へと広がっていく。また，語と語の組合せのルール（文法）は言語の「統語的側面」である。発達的には2～3語文から始まり，格助詞を含む文，受身文など助動詞の拡充，連体修飾節などへと進んでいく。文と文のつながり方にも発達に沿って巧みさが見られるようになる。複数の文のつながりは，言語の「談話的側面」と呼ばれる。1つのトピックについて語るには，複数の文が筋の通ったつながり方をするという，意味の整合性や一貫性が求められる。また，文同士が接続詞や「〜して」などの接続助詞でつながるなど，形の上でも整っていることが必要である。談話的側面の発達は，自分が経験した出来事の簡単な報告から始まって，理由の説明や，5W1Hを含む表現へと内容が豊かになっていく。これら語彙，統語，談話の3側面は，年齢とともに並行して徐々に複雑になっていく。

　言語発達遅滞の特徴：年齢段階ごとに期待される表出・理解の発達水準が

あるが，言語発達遅滞を示す子どもでは語彙，統語，談話のいずれか，あるいは複数の側面で遅れが見られる。個人差は大きいが，次のような特徴が例として挙げられる。語彙が乏しく，オノマトペ（擬音語・擬態語）や汎用性の高い「する」「やる」を多用し，知っている語であっても，想起するのに時間がかかる。文の構造は単純であり，主語や目的語が省略されることが多い。「が・を」といった格助詞や「れる・られる」などの助動詞に誤りが生じることもある。1つの出来事を複数の文をつなげて説明することが難しく，会話のやりとりが噛み合わない場面もある。文章を聞いて内容を理解することも苦手である。

　言語発達遅滞のある子どもは，上記のような言語面の特徴だけでなく，聞いた音のつながりを記憶する聴覚的ワーキングメモリにも困難を示すことが多い。

　言語発達のアセスメント：年齢相当の言語発達が認められるかどうかを判断するために評価を行う。「ことばの教室」では，**ことばのテストえほん**の状況絵を子どもに見せて語ってもらい，発話のサンプルを得ることが多い。客観的な点数化はできず聞き手の主観的な印象によるが，発話の書き起こし記録から，同年齢の子どもと比較した際の語彙の豊富さ，文の長さや複雑さ，文同士のつながりの適切さなどについて子どもの特徴を把握する。

　より客観的な評価法として以下のような検査がある。**絵画語い発達検査（PVT-R）**では，語を聞いて4つの絵の選択肢から該当する絵を選んでもらうことを通して，理解語彙の豊富さを評価する。語彙年齢（VA）を求めることができる。**LCスケール（言語・コミュニケーション発達スケール）**は幼児期の言語を対象とし，語彙，語連鎖・統語，語操作・談話等の側面を言語表出，言語理解，コミュニケーションから総合的に評価する。LC年齢やLC指数を求める。**LCSA（学齢版言語・コミュニケーション発達スケール）**では，小学生の言語について，文や文章の聴覚的理解，語彙や定型句の知識，発話表現，柔軟性，リテラシーにかかわる10の下位検査から評価する。LCSA指数が得られ，下位検査ごとの評価点からは領域ごとの長所や課題が示される。**J.COSS日本語理解テスト**では，単純な文や，受動文などの複雑な文を聞いて，該当する状況を4つの絵から選んでもらうことを通して文の理解力を評価する。

3.3 語彙・意味に困難を示す子どもの指導と支援の方法

　言葉に遅れのある子どもの多くは語彙が少ない傾向がある。より厳密には，知っている語彙が少ない（**語彙知識**），語の意味を正確に理解していない（**語の意味理解**），適切な語をスムーズに想起することが難しい（**語想起**）という３つの側面における困難が挙げられる。「ことばの教室」の担当者を対象に行った調査の回答（大伴，2019）をもとに指導方法を整理すると，これらの実態に対応する指導方法は３つに体系化できる：①文章や生活文脈から語彙を選択して特定の語彙を学習する，②語の意味について考え，説明する，③語を表出する機会を豊富に経験する。以下，それぞれについて解説する。

　①語彙の選択と学習：教科書や読み物など，子どもが学習場面や家庭で接する文章には，言語発達に遅れのある子どもにとってなじみのない語が含まれることがある。単に文章を聞いたり読んだりするだけでは，語彙知識の拡大にはつながりにくい。大人は子どもの意味理解の適切さを確認しながら，なじみの少ない語に印をつけたり，子どもと一緒にカードなどに書き出したりして，振り返りができるようにする。身近な生活用品や，学校で経験する事物・行事にかかわる語彙については，具体物や写真など視覚教材も活用して学習する。テーマ（例えば調理方法や社会生活など）に沿った調べ学習も語彙の習得の機会となる。習得を目指すこれらの語については次に述べる語の意味についての話し合いにつなげていく。

　②意味について考えるメタ言語的活動：言葉について客観的に考えることを「メタ言語」的活動と呼ぶ。例えば，①で挙げた語の意味を別の言葉で説明したり，似た意味の言葉，反対の意味の言葉などを考えたりする。辞書で意味を調べることもメタ言語的活動である。なお，大人が一方的に語の意味を教えても子どもはすぐに忘れてしまうことが多い。子ども自身が語の意味について考え，別の言葉で表現しようと試行錯誤する能動的な活動が理解を深め，意味の定着につながる。この他にもスリーヒントクイズのように，物の用途，形，材質，大きさといった言葉の手がかりから事物を想起したり，反対に，特定の物の特徴を挙げていく活動も意味について考える経験となる。通級による指導では，絵カードなどを使って，「乗り物」「野菜」「楽器」など，上位概念にもとづいて共通性のある物を選ぶ「仲間あつめ」を行うことがある。視覚的教材を分類するに留まらず，例えば車と飛行機はなぜ同じ仲

間なのか，どこが違うのかなどを考えて，自分の言葉で表現できるように導くことが重要である。

③語を表出する豊富な経験：①で学んだ語を使って文を作るなど，多様な文脈の中で語を繰り返し経験してもらう。会話の中で想起できなかった語があったり，適切でない語を児童が使ったりしたときに，教師は適宜フィードバックする。適切な語の一部を聞かせて想起を促すヒントとしたり，語の選択肢を聞かせたうえで選んでもらったり，語を口頭で教えるだけでなく文字でも示したりする。また，キーワードから意味的に関連するさまざまな語をできるだけ多く想起するという活動もある。例えば「海」というキーワードからは「魚」「船」「深い」など，品詞にとらわれず思いつく言葉を挙げて書き出す。このようなテーマを共有する語のネットワーク作りは，作文などにおける豊かな表現にもつながると考えられる。

　なお，学年が上がるにつれ，知っておくべき語彙に漢字熟語が増えてくる。したがって，漢字の習得度も語彙知識とかかわってくる。1つの漢字を足がかりとして，その漢字が含まれる複数の熟語における読み方や意味を知ることを通しても，語彙を広げていくことができる。

（大伴　潔）

【引用・参考文献】

○大伴潔（2019）言語障害通級指導における語彙を育てる指導方法に関する調査. 東京学芸大学紀要 総合教育科学系Ⅱ，70, 159-166.

4. 言語発達遅滞②

4.1 文構成に困難を示す子どもの指導と支援の方法

　語を並べれば文になるかというと，必ずしもそうではない。意味が伝わる文にするためには，文が必要とする要素をきまりに従って並べなければならない。この作業が文構成であり，また，そのきまりが文法である。したがって，文構成に困難を示すということは，文法に何かしらの困難さがあると考えられる。子どもに見られる文法面の困難として，助詞（「が」「に」など）の使用が正しくない，受身文や使役文の理解や産出が困難である，長い文の産出が少ない等が挙げられる。また，このような困難さをきっかけとして，学校場面では，友人や先生に自ら話しかけることが少ない，先生の指示を十分に理解できない等の問題に発展する場合もある。

　このような特徴を示す子どもの中には，特異的言語発達障害（specific language impairment: 以下，SLI）の子どもが存在する可能性がある。SLIとは，知的障害や聴覚障害等の言語発達を阻害する明らかな要因が認められないにもかかわらず，言語に限って遅れがみられる障害である（Leonard, 2014）。日本語を母語とするSLI児では，格助詞「が」「を」「に」の使用が著しく困難であることが明らかになっている（村尾，2021）。この格助詞「が」「を」「に」の使用の困難さは，言語発達に遅れを示す子どもに比較的共通してみられる特徴であり，聴覚障害児や知的障害児においてもその困難さが報告されている（伊藤，1998；斉藤，2003；澤，2010）。このことから，文構成の力の向上を目指す指導において，格助詞「が」「を」「に」に視点を当てた指導の必要性は高いと思われる。では，何に注意して指導を行うべきであろう。格助詞は動詞が要求する要素に付加されるものであり，動詞が決定するものである。そのため，必ず動詞が何かという点をおさえて指導すべきである。

　自然な会話場面では，モデリングを基盤としたリキャスト等を用いる方法が有効だと考える。リキャストとは，子どもの不正確な発話を正確な表現に直してモデルを示すことである（藤野，2017）。

　　リキャストの例：子ども「お父さんが　車に　押した」
　　　　　　　　　　指導者「お父さんが　車を　押したね」

このような方法を用いて，言語発達に遅れを示す子どもへの理想的な入力を目指すべきである。

4.2 文章・談話に困難を示す子どもの指導と支援の方法

　文のさらに上のレベルが文章・談話のレベルである。文章・談話ともに，基本的には2つ以上の文の連続で，一定のまとまりをもつものを指すが，文章は書き言葉の文脈で，談話は話し言葉の文脈で使用される傾向にある。以下では，言語の困難さとの関係で注目されている，談話の一形式，語り（narrative：以下，ナラティブ）について述べる。

　ナラティブは過去の自身の出来事や架空の物語について語ることを指す。李・田中（2011）では，ナラティブが「ある出来事について組織化し，意味づけ，他者に伝える活動」と定義されているように，言語能力のみならず，認知能力や社会的能力も必要とされる活動である。日本語を対象とした検討では，定型発達児のナラティブの能力は概ね5歳以降で伸びることが明らかになっている（小坂，2016）。ナラティブの分析の視点として，「指示」（例：これ）や「接続」（例：そして）「時系列」「因果関係」等があるが（仲野・長崎，2006, 2012），このような側面に困難さがあると，指示対象が不明な発話，話の時系列が逸脱する発話，因果関係が正しくない発話が目立つようになり，結果として，相手に話の内容が伝わらないという問題が生じることになる。

　このような問題を含め，文章・談話に困難を示す子どもの指導の1つとして，「いつ」「どこで」「だれと」「何をした」「どんな気持ちだった」というような話の枠組みを指定したプリントを用いる指導が考えられる。この指導では，話す内容を整理することに加え，接続詞の使い方や話の流れ，因果関係に意識を向けさせることや，話を膨らませ，より長く内容に富んだものにすることを目指すこともできる。また，従来から，4コマ漫画やそれに類する連続絵が談話能力の評価に用いられていることから（大伴，2000；斉藤，2003），これらを用いた語りや文章表現の指導も有効であろう。

4.3 言語発達遅滞に応じた指導と支援の場

　言語発達に遅れを示す児童生徒の指導・支援の場として，言語障害を対象

とした通級による指導，いわゆる「ことばの教室」がある。平成28年度に国立特別支援教育総合研究所によって行われた調査（2017）によると，通級指導教室（難聴，言語障害，難聴・言語障害を対象とした教室に限る）で指導を受ける児童生徒の障害種別は，小学校低学年では構音障害，小学校高学年では言語発達遅滞，中学生以上は吃音が最も多いことが示されている。言語発達遅滞については，吃音と同様，小学校低学年から高学年にかけて大きな変化は見られておらず，指導が長期間にわたる可能性が示唆されている（表9-3）。

表9-3　通級指導教室における児童生徒の内訳（名）：構音障害，言語発達遅滞，吃音に限る（国立特別支援教育総合研究所，2017より作成）

学年	構音障害	言語発達遅滞	吃音
小学校低学年	9,878	3,851	1,982
小学校高学年	1,658	2,824	1,486
中学生以上	34	48	72
合計	11,570	6,723	3,540

4.4　未来に向けての展望

　言葉の問題を有しているため，自発話が少なくなっている子どもは，その困難さに気づかれていない可能性が高い。また，我が国は，欧米に比して言語に対する関心が低く，その結果，言葉の問題が軽んじられる印象がある。しかし，言葉の問題は，学習上・生活上のさまざまな問題を引き起こす可能性がある。このことが広く認識され，言葉の問題が軽んじられない社会になることを強く望む。

　近年，教職課程コアカリキュラムが作成され，「特別の支援を必要とする幼児，児童及び生徒に対する理解」に関して3点の一般目標が挙げられた。そのうちの1つである「障害はないが特別の教育的ニーズのある幼児，児童及び生徒の学習上又は生活上の困難とその対応を理解する」の到達目標には「母国語や貧困の問題等により特別の教育的ニーズのある幼児，児童及び生徒の学習上又は生活上の困難や組織的な対応の必要性を理解している」とあ

る。この背景には，日本語を母語としない児童生徒の増加，それに伴うこれらの子どもたちの言語習得の促進が喫緊の課題としてある。第二言語習得としての日本語の困難さと母語としての日本語の困難さでは，困難さのメカニズムに違いがあると思われるが，これまでの我が国の言語障害児教育の制度や行われてきた実践の蓄積は，このような課題に応え得ると思われる。

（村尾　愛美）

【引用・参考文献】

○藤野博（2017）言語発達遅滞とその理解．日本言語障害児教育研究会（編），基礎からわかる言語障害児教育．学苑社，pp.31-50.
○伊藤友彦（1998）聴覚障害児における格助詞の誤用—言語学的説明の試み．音声言語医学，39, 369-377.
○国立特別支援教育総合研究所（2017）平成28年度全国難聴・言語障害学級及び通級指導教室実態調査報告書.
○小坂美鶴（2016）典型発達児のナラティブのストーリーの構造と内容の発達．音声言語医学，57, 261-271.
○李煕馥・田中真理（2011）自閉症スペクトラム障害児におけるナラティブ研究の動向と意義．特殊教育学研究，49, 377-386.
○Leonard, L. B.（2014）*Children with specific language impairment*. (2nd ed.). MIT Press, Cambridge, MA.
○村尾愛美（2021）日本語を母語とする特異的言語発達障害児の言語特徴．風間書房.
○仲野真史・長崎勤（2006）健常児と自閉症児におけるナラティブ産出—フィクショナルストーリーとパーソナルナラティブの分析から．心身障害学研究，30, 35-47.
○仲野真史・長崎勤（2012）幼児におけるナラティブの結束性の発達—ケーキ作り経験に関する報告の分析を通して．発達心理学研究，23, 66-74.
○大伴潔（2000）健常児と言語発達遅滞児における接続表現の発達—連続絵説明課題を通して．特殊教育研究施設研究年報，1-8.
○斉藤佐和子（2003）ダウン症児者の構文表出能力—構文検査（斉藤私案）と状況絵を用いて．コミュニケーション障害学，20, 8-15.
○澤隆史（2010）聴覚障害児の作文における格助詞の使用と誤用—深層格の視点から．音声言語医学，51, 19-25.

10章
情緒障害

1. 情緒障害とは

　情緒障害は，医学的な診断名ではない。文部科学省（2013a）の教育支援資料では「情緒障害とは，状況に合わない感情・気分が持続し，不適切な行動が引き起こされ，それらを自分の意思ではコントロールできないことが継続し，学校生活や社会生活に適応できなくなる状態をいう」とされている。したがって，情緒障害という用語は，このような状態を包括する用語であり，特定の障害を指しているのではない。

　図10-1のように，情緒障害は3つの段階で捉えるとわかりやすいのではないだろうか。第1段階は情緒的な問題が持続した段階であり，第2段階はそれによって引き起こされる行動の問題が継続した段階，第3段階は，第2段階の結果として，学校生活や社会生活に支障をきたしている段階であり，この状態を情緒障害と呼ぶのである。

1. 情緒的な問題が持続
（例：対人関係のストレス）

2. 行動の問題が継続
（例：爪かみ・緘黙）

3. 学校生活や社会生活に著しい支障をきたしている状態
情緒障害

図10-1　情緒障害の概念図

2. 情緒障害の原因・分類

　情緒障害が生じる背景や要因としては，対人関係におけるストレス状況，不安が高まる行事や出来事（例：転校やクラス替え），家庭環境における問題等が考えられている。

情緒障害に見られる行動の問題は，大きく内向性の問題と外向性の問題に分けられる。内向性の問題には，話さない（緘黙），集団行動・社会的行動をしない，不登校，指しゃぶりや爪かみ等で示される神経性習癖，身体を前後に揺らし続けるような同じパターンの行動の反復（常同行動）等がある。一方，外向性の問題には，離席や教室からの抜けだし，暴言・暴力，非行等が当てはまり，攻撃性を示すものが多い（文部科学省，2013a）。なお，このような問題が一時的にみられる場合があるが，この多くは情緒障害とはみなされない。以下では，学校場面で対応が求められる機会が多いと思われる場面緘黙と不登校を中心に説明する。

3.　情緒障害の特性

3.1　場面緘黙

　ここでは，場面緘黙の特徴，原因，発症時期，有病率等について述べる。場面緘黙は，話すことに必要な言語能力を有するにもかかわらず，特定の場面で話すことができない状態を指す。DSM-5（APA，2013 髙橋・大野監訳，2014）では，"selective mutism" と示されており，不安症群／不安障害群に分類されている。DSM-5の日本語訳をはじめ，文部科学省の教育支援資料や論文等で，「選択性緘黙」と記されている場合がある。この「選択性緘黙」は「場面緘黙」と同義である。しかし，当事者からは，「選択性緘黙」という用語が自ら話さないことを選択しているという誤解を招く可能性があるという意見が多く，専門家からも「選択性緘黙」ではなく「場面緘黙」が適当であると指摘されている（久田・藤田・高木・奥田・角田，2014）。そのため，ここでも「場面緘黙」という用語を使用する。

　DSM-5に示されている診断基準を表10-1に示す（APA，2013 髙橋・大野監訳，2014）。

表10-1　DSM-5の選択性緘黙の診断基準
（APA，2013 日本精神神経学会（日本語版用語監修），髙橋三郎・大野裕（監訳）：
DSM-5 精神疾患の診断・統計マニュアル. p193，医学書院，2014より作成）

A.　他の状況で話しているにもかかわらず，話すことが期待されている特定の社会的状況（例：学校）において，話すことが一貫してできない.   B.　その障害が，学業上，職業上の成績，または対人的コミュニケーションを

妨げている.
C. その障害の持続期間は，少なくとも一カ月（学校の最初の一カ月だけに限定されない）である.
D. 話すことができないことは，その社会的状況で要求されている話し言葉の知識，または話すことに関する楽しさが不足していることによるものではない.
E. その障害は，コミュニケーション症（例：小児期発症流暢症）ではうまく説明されず，また自閉スペクトラム症，統合失調症，または他の精神病性障害の経過中にのみ起こるものではない.

　DSM-5の診断基準から明らかなように，場面緘黙という症状は，「話さない」のではなく「話せない」状態であるということを正しく理解する必要がある。また，状態が悪化してくると，動作そのものに抑止が強く働き，動き自体を封じてしまう「緘動_{（かんどう）}」の状態に至ることがある（河井・河井，1994）。

　場面緘黙の原因は十分に明らかになっていない。現在までのところ，遺伝的な行動抑制的気質（新しい状況や人物に対して行動を抑制するタイプの気質）や脳の扁桃体の過敏性を下地に，入園・入学等の心理的な負荷が引き金となって話せなくなり，さらに固定化要因（防衛機制，緘黙による不安軽減の経験，緘黙を強化する周囲の態度等）が関与して，場面緘黙の病態が成立するといわれている（金原・高木，2018）。

　また，場面緘黙をきっかけに二次障害やひきこもりを呈する場合もあることから（久田ら，2014），早期発見・早期介入が重要である。近年，幼児期や学齢期のみならず，成人期においても，適切な介入を行うことによって緘黙症状が改善することが示されており（真下，2021；高木，2021a），このことは，成人期においても介入が有効であることを示すとともに，場面緘黙のある子どもへの早期支援の重要性をより示しているともいえる。

　場面緘黙の発症時期は主に幼少期である（河井・河井，1994）。場面緘黙の有病率に関する国内外の先行研究を整理したものによると，有病率は0.02〜1.89％の範囲であることが示されている（趙・園山，2018）。近年，我が国において，大規模な調査が行われ，有病率は0.21％と示されている（梶・藤田，2019）。また，従来から，場面緘黙は男児に比して女児に多くみられることが指摘されているが，その理由は明らかになっていない（河井・河井，1994）。

3.2 不登校

　ここでは，不登校の定義と不登校児童生徒の特徴について述べる。不登校児童生徒とは「何らかの心理的，情緒的，身体的，あるいは社会的要因・背景により，児童生徒が登校しないあるいはしたくともできない状況にある者（ただし，「病気」や「経済的理由」による者を除く。）」である（文部科学省，2020）。「令和元年度児童生徒の問題行動・不登校等生徒指導上の諸課題に関する調査結果について」（文部科学省，2020）の中では，目安として30日以上の長期欠席の中で上記の状況にある児童生徒を不登校とみなしている。この調査によると，小・中学校については，在籍児童生徒数が減少しているにもかかわらず，不登校児童生徒数は7年連続で増加していることが示されている。また，55.6％の不登校児童生徒が90日以上欠席していることが明らかになっており，不登校が長期化する児童生徒の割合が高いことが示されている。

　不登校児童生徒等に対する指導を行うために教育委員会等が，学校以外の場所や学校の余裕教室において，個別カウンセリング，集団での指導，教科指導等を行う組織として設置したものが教育支援センター（適応指導教室）である。平成29年度に行われた調査（文部科学省，2019a）によると，教育支援センターに在籍する児童生徒の傾向は図10-2のようである。

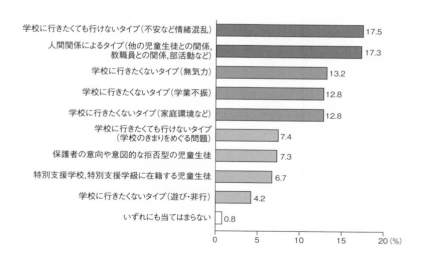

図10-2　教育支援センターに在籍する児童生徒の傾向
（文部科学省，2019aより作成）

学校に行きたくても行けないタイプ（不安など情緒混乱）や人間関係によるタイプが多い傾向にあるのに対し，学校に行きたくないタイプ（遊び・非行）は少ない傾向にある。このように，心の内では学校に行きたいと思っているが学校に通うことができない児童生徒が一定数いることがわかる。

4. 情緒障害に応じた指導と支援の場

4.1 自閉症・情緒障害特別支援学級

学校教育法第81条第2項には「小学校，中学校，義務教育学校，高等学校及び中等教育学校には，次の各号のいずれかに該当する児童及び生徒のために，特別支援学級を置くことができる。一　知的障害者，二　肢体不自由者…五　難聴者，六　その他障害のある者で，特別支援学級において教育を行うことが適当なもの」と定められているが，情緒障害者である児童生徒は，この六に該当する。

自閉症・情緒障害特別支援学級の対象となる程度については，「平成25年10月4日付け25文科初第756号初等中等教育局長通知」（文部科学省，2013b）に，「一　自閉症又はそれに類するもので，他人との意思疎通及び対人関係の形成が困難である程度のもの」「二　主として心理的な要因による選択性かん黙等があるもので，社会生活への適応が困難である程度のもの」と示されている。

この記述から明らかなように，自閉症・情緒障害特別支援学級は自閉症と情緒障害が並列的に示されているが，同一の教育的対応をすればよいということを意味しているわけではないことに注意しなければならない。小学校に設置されている自閉症・情緒障害特別支援学級では，自閉症等への対応を中心とする傾向にある。一方，中学校に設置されている自閉症・情緒障害特別支援学級では，自閉症等への対応を中心とする学級もあるが，不登校や場面緘黙等を中心に対応している場合も多い。

他の障害を対象とした特別支援学級と同様，自閉症・情緒障害特別支援学級もまた小学校や中学校に設置された学級であるため，原則として，教育課程は小学校・中学校の学習指導要領に基づくこととなる。しかし，小学校・中学校の教育課程のみでは十分な学習の効果が期待できない場合は，「特別の教育課程」を編成することができる（学校教育法施行規則第138条）。そ

の場合は，特別支援学校の学習指導要領の内容を参考にし，児童生徒の実態に即した教育課程を編成することになる。

4.2 通級による指導

　情緒障害のある者について，通級による指導の対象としては「主として心理的な要因による選択性かん黙等があるもので，通常の学級での学習におおむね参加でき，一部特別な指導を必要とする程度のもの」と示されている（文部科学省，2013b）。近隣に情緒障害を対象とした通級指導教室がない場合は，言語障害を対象とした通級指導教室（いわゆる「ことばの教室」）で指導を受ける場合もある。

　また，東京都では，平成28年度より特別支援教室という制度が導入されており，情緒障害等で通級による指導が必要な児童生徒については，本人が移動して指導を受けるのではなく，指導者が移動する巡回指導の形で指導を受けるようになっている。

5. 情緒障害児の指導と支援の方法

5.1 場面緘黙

　場面緘黙のある子どもの指導・支援を行ううえで重要なのは，適切な評価である。現在までに，我が国に場面緘黙の評価を目的として標準化された検査は存在しない。しかし，状態を把握するために最も有効と思われるものとして，場面緘黙質問票（Selective Mutism Questionnaire-Revised：以下SMQ-Rと記す）がある（図10-3）。これは，かんもくネット（2011）がBergmanら（2008）の作成したSMQを日本語に翻訳したものである。SMQ-Rは場面緘黙の症状そのものを明らかにするものであるが，この点のみを明らかにしただけでは，指導・支援につなげることはできない。すでに述べたように，場面緘黙はさまざまな要因によって引き起こされている可能性が高い。このことをふまえると，認知面の発達，言語・コミュニケーション能力，対人関係や社会性についても実態を把握する必要がある。また，子どもを取り巻く環境面の評価も重要である。

　場面緘黙のある子どもは学校場面において，音読や指名時の発言等の発話場面，グループ活動，休み時間，給食場面等，本人の主体性や対人関係に関

場面緘黙質問票 (SMQ-R)

名前 (　　　　　　　　) (男・女) (所属：　　　　　) 　　記入日 (　　年　　月　　日)
　　　　　　　　　　　　　　　　　　　　　　　　　　　生年月日 (　　年　　月　　日)
　　　　　　　　　　　　　　　　　　　　　　　　　　　年齢 (　　年　　月　　)

お子さんのこの2週間の行動についておうかがいします。
次の各文について，どれがあてはまるかお答え下さい。
(0全くない・1まれにある・2よくある・3いつも)

A　幼稚園や学校　　　　　　　　　　　　　　　　　　　　　　A計 (　　) 点
　① (　　) 必要に応じて，たいていの同級生と学校で話す
　② (　　) 必要に応じて，特定の同級生 (友達) と学校で話す
　③ (　　) 先生の問いに，声を出して答える
　④ (　　) 必要に応じて，先生に質問する
　⑤ (　　) 必要に応じて，たいていの先生や学校職員と話す
　⑥ (　　) 必要に応じて，グループの中やクラスの前で話す

B　家庭や家族　　　　　　　　　　　　　　　　　　　　　　B計 (　　) 点
　⑦ (　　) 必要に応じて，よその人が家にいても家族と話す
　⑧ (　　) 必要に応じて，慣れない場所でも家族と話す
　⑨ (　　) 必要に応じて，同居していない親戚の人 (例えば，祖父母やいとこ) と話す
　⑩ (　　) 必要に応じて，親や兄弟と電話で話す
　⑪ (　　) 必要に応じて，家族でつき合いのあるよく知っている大人と話す
　　 (　　) 必要に応じて，家で特定の友達と遊ぶとき話す (←得点に含めない※)

C　社会的状況 (学校の外)　　　　　　　　　　　　　　　　　C計 (　　) 点
　⑫ (　　) 必要に応じて，知らない子どもと話す
　⑬ (　　) 必要に応じて，家族の知り合いだが知らない大人と話す
　⑭ (　　) 必要に応じて，医者や歯医者と話す
　⑮ (　　) 必要に応じて，買い物や外食でお店の人と話す
　⑯ (　　) 必要に応じて，おけいこごとや学校外のサークル活動で話す

★　影響や悩み　(全くない・少し・かなり・大いにある)
　⑱ (　　) 話せないことによって，お子さんの学校生活にどれくらい影響がありますか
　⑲ (　　) 話せないことによって，家族関係にどれくらい影響がありますか
　⑳ (　　) 話せないことによって，お子さんの人付き合いにどれくらい影響がありますか
　㉑ (　　) 全体として，話せないことによってお子さんの人生にどれくらい影響がありますか
　㉒ (　　) 全体として，お子さんは話せないことをどれくらい悩んでいますか
　㉓ (　　) 全体として，あなたはお子さんが話せないことをどれくらい悩んでいますか

★は合計得点に含めず臨床的な目的でのみ用いる。

※SMQ原文の12項目は「ベビーシッターのうち少なくとも1人と話す」だが，SMQ-Rの⑫では「必要に応じて，
家で特定の友達と遊ぶとき話す」とした。ただし，得点には含めない。また，Bergman et al.(2008)では，「普
通の声の大きさで話すかについて，答えるように」とある。

かんもくネット 2011

図10-3　場面緘黙質問票 (SMQ-R) (かんもくネット，2011)

する能力が必要とされる場面に困難さを示すことが報告されている（奥村・園山，2018）。このような困難さに対する指導・支援としては，発話に代わる表現方法の許可，自主的に動けないときの声かけ等の必要性が示唆されている（奥村・園山，2018）。

　また，個別指導場面では，話すことに直接介入する場合がある。直接的介入の中では，行動療法の有効性が従来から指摘されており，特に，エクスポージャー法（暴露法）は海外において有効性が示唆されている（水野・関口・臼倉，2018）。エクスポージャーとは，恐怖を抱いているものや状況に対して，危険を伴うことなく直面させ，恐怖反応が生じなくなるまで身をさらす治療技法のことである（Kotrba，2015 丹監訳，2019）。エクスポージャー法を用いた指導では，エクスポージャーを行える課題を考える際，不安階層表（具体的な行動の不安度を，数値を用いて可視化したもの）を用いることで有効な手がかりが得られるといわれている（高木，2021b）。このような治療的介入は，十分な知識とスキルを有する専門家が段階的に行うものであり，慎重な介入が求められる。

5.2 不登校

　不登校児童生徒の指導・支援においても，子ども及び子どもを取り巻く環境の実態把握は欠かせない。「不登校児童生徒への支援の在り方について」（令和元年10月25日付け元文科初第698号初等中等教育局長通知）（文部科学省，2019b）では，学校教育の取り組みの充実として，「児童生徒理解・支援シート」の活用が指摘されている。このシートは，支援の必要な児童生徒一人ひとりの状況を的確に把握し，当該児童生徒の置かれた状況を関係機関で情報共有し，組織的・計画的に支援を行うことを目的としている。シートの作成は，学級担任を含む教員ら，スクールカウンセラー，スクールソーシャルワーカー等を中心に，家庭，地域及び医療等の関係機関との連携を図って行われる。具体的には，これまでの出席状況や本人の生育歴，諸検査の結果や家庭の状況，関係機関での支援，長期欠席・不登校の理由，本人や保護者のニーズ等を記録し，個別の指導計画を作成する。

　文部科学省は，平成30年12月から「義務教育の段階における普通教育に相当する教育の機会の確保等に関する法律」の施行状況についての検討を行

い，令和元年6月にとりまとめを行った（文部科学省，2019c）。それによると，不登校児童生徒への対応として，不登校が生じた後の事後的な取り組みだけではなく，事前的な取り組み，つまり予防的対応の必要性が指摘されている。この点は，指導・支援を考えるうえで重要な視点だと思われる。

6. 未来に向けての展望

　この章では，情緒障害の1つとみなされている場面緘黙を中心に述べた。我が国では，今なお「場面緘黙」という用語さえ十分に知られていない。また，場面緘黙の子は話す場を選んでいるという誤解や，人見知りや恥ずかしがり屋，大人しい子とみなされている場合も多く，場面緘黙に即した教育的配慮や環境整備が十分にはなされていないのが現状であろう。このような状況をふまえ，まずは，場面緘黙の正しい理解が進むことを望む。

　また，情緒障害の領域では，困っている本人とその保護者が，自ら情報を収集し，学校へ働きかけるという状況に置かれる傾向がある。このことには，情緒障害や情緒障害にみられる行動の問題のメカニズムに関する基礎研究が少なく，不明な点が多いことが影響している可能性が考えられる。今後，情緒障害のある子どもに対する実践が多く報告されるとともに，問題の早期発見につながる指標の解明や予防的な指導・支援法の構築につながる基礎研究が盛んに行われることを期待する。

（村尾　愛美）

【引用・参考文献】

○American Psychiatric Association（2013）*Diagnostic and Statistical Manual of Mental Disorders Fifth Edition: DSM-5*. American Psychiatric Press, Washington, DC. 日本精神神経学会（日本語版用語監修），髙橋三郎・大野裕（監訳），（2014）DSM-5 精神疾患の診断・統計マニュアル. 医学書院，p.193.

○Bergman, R. L., Keller, M. L., Piacentini, J., & Bergman, A. J.（2008）The development and psychometric properties of the selective mutism questionnaire. *Journal of Clinical Child & Adolescent Psychology*, 37, 456-464.

○趙成河・園山繁樹（2018）選択性緘黙の有病率に関する文献的検討. 障害科学研究，42, 227-236.

○久田信行・藤田継道・高木潤野・奥田健次・角田圭子（2014）Selective mutismの訳語は「選択性緘黙」か「場面緘黙」か？ 不安症研究，6, 4-6.

○梶正義・藤田継道（2019）場面緘黙の出現率に関する基本調査(4). 日本特殊教育学会第57回大会（2019広島大会）.

○金原洋治・高木潤野（2018）イラストでわかる子どもの場面緘黙サポートガイド―アセスメントと早期対応のための50の指針．合同出版．

○かんもくネット（2011）場面緘黙質問票（SMQ-R）．https://www.kanmoku.org/_files/ugd/0251a2_0678ec9bf50048e691d3bf5bc7ab8878.pdf（2022年1月20日閲覧）．

○河井芳文・河井英子（1994）場面緘黙児の心理と指導―担任と父母の協力のために．田研出版．

○Kotrba, A.（2015）*Selective Mutism: An assessment and intervention guide for therapists, educators & parents.* PESI Publishing & Media, Eau Claire. 丹明彦（監訳），（2019）場面緘黙の子どものアセスメントと支援―心理師・教師・保護者のためのガイドブック．遠見書房．

○真下いずみ（2021）緘黙症状を呈する長期ひきこもり事例の発語と社会参加に作業療法が有効であった一例．作業療法，40，79-86．

○水野雅之・関口雄一・臼倉瞳（2018）日本における場面緘黙児への支援に関する検討―2001〜2015年の論文を対象として．カウンセリング研究，51，125-134．

○文部科学省（2013a）教育支援資料．

○文部科学省（2013b）平成25年10月4日付け25文科初第756号初等中等教育局長通知．https://www.mext.go.jp/a_menu/shotou/tokubetu/material/1340331.htm（2021年11月2日閲覧）．

○文部科学省（2019a）教育支援センター（適応指導教室）に関する実態調査結果．

○文部科学省（2019b）令和元年10月25日付け元文科初第698号初等中等教育局長通知．https://www.mext.go.jp/a_menu/shotou/seitoshidou/1422155.htm（2021年11月2日閲覧）．

○文部科学省（2019c）義務教育の段階における普通教育に相当する教育の機会の確保等に関する法律の施行状況に関する議論のとりまとめ．

○文部科学省（2020）令和元年度児童生徒の問題行動・不登校等生徒指導上の諸課題に関する調査結果について．

○奥村真衣子・園山繁樹（2018）選択性緘黙のある児童生徒の学校場面における困難状況の理解と教師やクラスメイトに求める対応―経験者への質問紙調査から．障害科学研究，42，91-103．

○高木潤野（2021a）青年期・成人期の場面緘黙当事者に対するエクスポージャーと心理教育を用いた治療的介入の効果．特殊教育学研究，58，207-217．

○高木潤野（2021b）臨床家のための場面緘黙改善プログラム．学苑社．

11章
重度・重複障害

1.　重度・重複障害とは

　重度・重複障害は，1970年代から使用され始めた教育分野の用語である。文部省（現在の文部科学省）は，1975（昭和50）年に特殊教育の改善に関する調査研究会による「重度・重複障害児に対する学校教育の在り方について（報告）」を示し，それ以降，教育分野で重度・重複障害の用語が使用されている。同報告では，重度・重複障害児は，①学校教育法施行令第22条の2に規定する障害（盲・聾・知的障害・肢体不自由・病弱）を2つ以上あわせ有する重複障害児，②精神発達の遅れが著しく，ほとんど言語を持たず，自他の意思の交換及び環境への適応が著しく困難であって，日常生活において常時介護を必要とする程度の者，③破壊的行動，多動傾向，異常な習慣，自傷行為，自閉性，その他の問題行動が著しく，常時介護を必要とする程度の者を含むものとしてまとめられている。

　なお，同報告では，重度・重複障害児に対する教育のための基本的な考え方が示されるとともに，重度・重複障害児に対する教育の改善のための施策として，①盲・聾・養護学校の整備，②在宅児に対する訪問指導，③就学猶

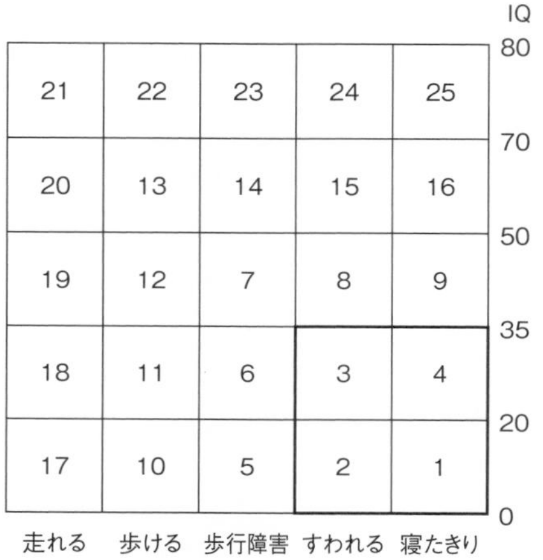

図11-1　大島の分類

予・免除の運用，④就学指導体制の整備，⑤専門教員の養成・確保が指摘され，1979（昭和54）年の養護学校教育の義務制実施を後押ししている。

　重度・重複障害と関連する概念として，重症心身障害がある。重症心身障害は，医療や福祉の分野で用いられることの多い用語である。重症心身障害という用語は，重症心身障害施設が法制化された1967（昭和42）年8月の児童福祉法一部改正において法律上で初めて示されたものであり，「重度の知的障害及び重度の肢体不自由が重複している」状態として定義されている。図11-1は，重症心身障害の位置づけを整理するために東京都立府中療育センター院長大島一良博士により作成された「大島の分類」である。知的障害の指標として知能指数（IQ）を，肢体不自由の指標として可能な移動形態を用いて，知的障害の程度と肢体不自由の程度との関係が整理されている。大島の分類の区分1～4の範囲に入るものが重症心身障害である。区分5～9は重症心身障害児の定義には当てはまらないが，医療的管理を常時必要とする者や障害の状態が進行的である者，合併症を伴うものが多く，「周辺児」と呼ばれ，重症心身障害児に含まれる場合もある。また，区分5，6，10，11，17，18は，重度の知的障害がありながらも歩行移動が可能であることから，「動く重症心身障害児」あるいは「動く重症児」と呼ばれている。「周辺児」と「動く重症心身障害児」はいずれも重症心身障害児施設に入所して

						〈知的発達〉
E6	E5	E4	E3	E2	E1	簡単な計算可
D6	D5	D4	D3	D2	D1	簡単な文字・数字の理解可
C6	C5	C4	C3	C2	C1	簡単な色・数理解可
B6	B5	B4	B3	B2	B1	簡単な言語理解可
A6	A5	A4	A3	A2	A1	言語理解不可
戸外 歩行可	室内 歩行可	室内 移動可	座位 保持可	寝返り 可	寝返り 不可	
		〈移動機能〉				

〈特記事項〉
C：優位な眼瞼運動なし
B：盲
D：難聴
U：両上肢機能全廃
TLS：完全閉じ込め状態

図11-2　横地分類

いることが少なくない。なお，重症心身障害児施設は，2012（平成24）年の児童福祉法及び障害者自立支援法の改正に伴って名称が廃止され，満18歳未満は児童福祉法に基づく医療型障害児入所施設となり，満18歳以上は障害者自立支援法に基づく療養介護事業所となっている。近年では，重症心身障害児（者）施設である聖隷あおぞら療育センターの横地健治氏によって，

超重症児（者）・準超重症児（者）の判定基準

以下の各項目に規定する状態が6か月以上継続する場合※1に，それぞれのスコアを合算する。

1. 運動機能：座位まで

2. 判定スコア　　　　　　　　　　　　　　　　　　　　　　　　　　　（スコア）
　　（1）レスピレーター管理※2　　　　　　　　　　　　　　　　　　　　＝10
　　（2）気管内挿管，気管切開　　　　　　　　　　　　　　　　　　　　＝8
　　（3）鼻咽頭エアウェイ　　　　　　　　　　　　　　　　　　　　　　＝5
　　（4）O₂吸入又はSpO₂ 90%以下の状態が10%以上　　　　　　　　　　＝5
　　（5）1回／時間以上の頻回の吸引　　　　　　　　　　　　　　　　　＝8
　　　　　6回／日以上の頻回の吸引　　　　　　　　　　　　　　　　　＝3
　　（6）ネブライザー 6回／日以上または継続使用　　　　　　　　　　＝3
　　（7）IVH　　　　　　　　　　　　　　　　　　　　　　　　　　　　＝10
　　（8）経口摂取（全介助）※3　　　　　　　　　　　　　　　　　　　　＝3
　　　　　経管（経鼻・胃ろう含む）※3　　　　　　　　　　　　　　　　＝5
　　（9）腸ろう・腸管栄養※3　　　　　　　　　　　　　　　　　　　　＝8
　　　　　持続注入ポンプ使用（腸ろう・腸管栄養時）　　　　　　　　＝3
　　（10）手術・服薬にても改善しない過緊張で，
　　　　　　発汗による更衣と姿勢修正を3回／日以上　　　　　　　　＝3
　　（11）継続する透析（腹膜灌流を含む）　　　　　　　　　　　　　＝10
　　（12）定期導尿（3回／日以上）※4　　　　　　　　　　　　　　　　＝5
　　（13）人工肛門　　　　　　　　　　　　　　　　　　　　　　　　＝5
　　（14）体位交換 6回／日以上　　　　　　　　　　　　　　　　　　＝3

〈判 定〉
　　1の運動機能が座位までであり，かつ，2の判定スコアの合計が25点以上の場合を
　超重症児（者），10点以上 25点未満である場合を準超重症児（者）とする。

　　※1 新生児集中治療室を退室した児であって当該治療室での状態が引き続き継続する児
　については，当該状態が1か月以上継続する場合とする。ただし，新生児集中治療室を退室
　した後の症状増悪，又は新たな疾患の発生についてはその後の状態が6か月以上継続する
　場合とする。
　　※2 毎日行う機械的気道加圧を要するカフマシン・NIPPV・CPAPなどは，レスピレーター管理
　に含む。
　　※3 （8）（9）は経口摂取，経管，腸ろう・腸管栄養のいずれかを選択。
　　※4 人工膀胱を含む

図11-3　超重症児（者）・準超重症児（者）の判定基準（厚生労働省，2014）

大島の分類の改訂版に当たる「横地分類」も作成されている（図11-2）。

　重症心身障害児のうち，特に医療的ケアを継続的に必要とするグループは超重度障害児（超重症児）や準超重度障害児（準超重症児）と呼ばれる。これらは1995年に東京小児療育病院の鈴木康之らによって提唱されたものである。判定基準として，医療的ケアの必要度を得点化したいわゆる「超重症児スコア」がまとめられている。図11-3は，平成26年度厚生労働省の「平成26年3月5日保医発第0305第1号」別添6の別紙14「超重症児（者）・準超重症児（者）の判定基準」を示したものである。スコアの合計が25点以上の場合に超重症児（者），10点以上25点未満である場合に準超重症児（者）と判断される。なお，日本重症心身障害学会が作成した用語集では，重症心身障害の英訳はSMID（severe motor and intellectual disabilities）あるいはPIMD（profound intellectual and multiple disabilities）であるとされている。さらに，超重症児はSMID-MCDG（SMID-medical care dependent group）あるいはMD-SMID（medically dependent-SMID）とされ，準超重症児はsub-SMID-MCDGあるいはsub-MD-SMIDとされている。

2.　重度・重複障害の出現率・要因

　重度・重複障害児・者は，必ずしも少なくない。重症心身障害の出現率を見てみると，愛知県が実施した調査などに基づいて，約0.037％（10万あたり37人）であり，全国で約4万人程度と見積もられている。このうち在宅生活をしている重症児・者数が70％程度で，施設に入所している重症児・者数がおよそ30％であるとされている。児童生徒に限定すると重症心身障害児数は約4万人より少なくなるとはいえ，これに加えて，重度の知的障害のある児童生徒，視覚障害と聴覚障害を併せもつ児童生徒など重症心身障害以外の重度障害や重複障害のある児童生徒が含まれるため，全体として重度・重複障害の児童生徒の人数は一定数に上ると考えられる。

　重度・重複障害の原因は，中枢神経系の障害である。重症心身障害の原因は脳障害であるが，それをもたらす要因は発生時期別に異なる。胎生期（受精から周産期直前まで）における主な要因は，遺伝子異常，染色体異常，脳血管障害，低酸素症，脳形成異常である。周産期から新生児期（生後4週まで）における主な要因は，低酸素脳症，脳循環障害，頭蓋内出血，低血糖症，

髄膜炎，高ビリルビン血症である。生後5週から18歳までにおける主な要因は，脳炎，髄膜炎，脳症，頭部外傷，脳血管障害，低酸素症などの後遺症である。また，超重症児・準超重症児における基礎疾患を示した研究では，神経系疾患（脳奇形，二分脊椎，脳性麻痺・てんかん，低酸素脳症，脳炎・脳症）が40.2％と最も多く，次いで新生児疾患（超低出生体重児，新生児仮死・低酸素性虚血性脳症など）が22.8％，筋疾患（筋ジストロフィー，脊髄性筋萎縮症，先天性ミオパチー）が13.0％，染色体異常（13トリソミー，18トリソミー，21トリソミーなど）が8.7％，多発奇形（Joubert症候群，先天性四肢短縮症など）が8.7％，その他（色素性幹皮症，ミトコンドリア異常症）が2.2％，外因（溺水，窒息）が4.3％であることが報告されている（山岡，2015）。

　重度・重複障害の要因として，超・極早産児及び超・極低出生体重児が注目されている。特に，重症心身障害児の増加傾向の背景にあると考えられている。低出生体重児とは，出生体重が2,500g未満の子どもである。出生体重が1,500g未満の子どもは極低出生体重児と呼ばれ，1,000g未満の子どもは超低出生体重児と呼ばれる。さらに，出生体重と関連する在胎週数や在胎週数に応じた身体の大きさによっても分類される。在胎週数の分類では，在胎週数37週以上42週未満の子どもは正期産児と呼ばれ，37週未満の子どもは早産児と呼ばれる。32週未満の子どもは極早産児と呼ばれ，28週未満の子どもは超早産児と呼ばれる。2017年の厚生労働省による人口動態調査では，低出生体重児の出生率は9.4％であり，そのうち極低出生体重児の出生率は0.7％，超低出生体重児の出生率は0.3％であることが示されている。また同調査では，早産児（在胎週数22週未満を含む）は5.7％であり，そのうち後期早産児は4.4％，極早産児は0.5％，超早産児は0.2％であることが示されている。早産児及び低出生体重児の出生率は，近年の周産期医療の進歩や晩婚化に伴う出産年齢の上昇などの社会的背景に基づいて増加傾向にある。

　超・極早産児及び超・極低出生体重児は，さまざまな脳病理と関連している。脳発達が急速化及び複雑化する在胎週数20〜40週の間に子宮外生活を送る超・極早産児は，同時期を子宮内で過ごす正期産児と比べて脳発達の異常を経験しやすい（Volpe, 2009）。早産児は，胎膜の微生物感染などに基づく炎症に加えて，神経細胞の損傷や死滅をもたらす低酸素症や無酸素症を含

む低酸素性虚血のリスクが高いため，びまん性白質病変（ミクログリオーシスやアストログリオーシスといった神経膠症に基づく髄鞘化遅延によって起こる白質容積の減少や側脳室拡大，脳梁の菲薄化，脳回形成の未熟さ）や脳室周囲白質軟化症（periventricular leukomalacia, PVL：細胞死の1つであるネクローシスによって起こる脳室周囲白質の軟化），脳室内出血（intra-ventricular hemorrhage, IVH：毒性や炎症，酸化ストレスが原因で生じる側脳室の背外側にある胚芽層における出血），神経疾患や軸索障害（白質や視床，大脳基底核，大脳皮質，脳幹，小脳の神経細胞や軸索の異常）などの脳損傷を経験しやすい（Josev & Anderson, 2018; Volpe, 2009）。これらの脳病理は，結果として灰白質や白質の構造的・機能的特異性をもたらすと考えられている。

　超・極早産児及び超・極低出生体重児は，神経発達上の問題を発症しやすい。例えば，Woodwardら（2009）は，出産予定日から計算した修正年齢4歳の極早産児62名と超早産児43名を対象として，神経発達領域のアセスメントを実施し，多様な領域において障害リスクが高いことを報告している。まず，脳性麻痺と診断された極早産児の割合は14.5%，超早産児の割合は18.6%であり，極早産児と超早産児を合わせるとその割合は16.2%となり，いずれも正期産児の割合0.9%よりも著しく高いことが示された。次に，知能検査で評価された知的機能の弱さ（正期産児の平均IQ −1SD 未満の値）を示した極早産児の割合は35.5%，超早産児の割合は32.6%であり，極早産児と超早産児を合わせるとその割合は34.3%となり，いずれも正期産児の割合13.1%よりも著しく高いことが示された。そして，受容言語及び表出言語を含む言語の弱さ（正期産児の平均IQ −1SD 未満の値）を示した極早産児の割合は30.5%，超早産児の割合は31.7%であり，極早産児と超早産児を合わせるとその割合は31.0%となり，いずれも正期産児の割合15.2%よりも著しく高いことが示された。さらに，行為，情緒，多動・不注意，仲間関係を含む行動面の弱さ（正期産児の90パーセンタイル以上の値）を示した極早産児の割合は13.3%，超早産児の割合は37.2%であり，極早産児と超早産児を合わせるとその割合は23.3%となり，いずれも正期産児の割合11.2%よりも著しく高いことが示された。また，複数の領域にまたがって困難を示す極早産児の割合は29%，超早産児の割合は30%であり，いずれも正期産児の

割合10%よりも高いことが示されている。このように極早産児や超早産児は，正期産児と比べて運動，知的機能，言語，行動において単一のあるいは複数の弱さを抱えやすいことが指摘されている。

3. 重度・重複障害の特性

　重度・重複障害児は，身体運動やコミュニケーション，視覚などの一次障害を示しやすい。重症心身障害の場合，寝たきりの状態で手足をほとんど動かさなかったり，言葉を発しなかったり，目の前にあるものが認識できていなかったりすることが少なくない。脳性麻痺が基礎疾患にあると，骨格筋の過緊張・低緊張や不随意運動がみられ，姿勢や運動の発達が未熟になりやすく，年齢とともに異常な姿勢や運動が固定化し，側弯拘縮を示すことが少なくない。視覚障害は，中心暗点や視野狭窄などの「眼球周辺の機能障害」と，「脳へ情報を伝達する部分や脳に問題がある中枢性視覚障害」に大きく分かれるが，重症心身障害の場合は中枢性視覚障害を示すことが少なくない。中枢性視覚障害には，まったく見えないわけではないが，見えたとしても反応に時間がかかったり，静止しているものよりも動いているものを認識しやすかったり，見えている範囲の中心よりも周辺にあるものの認識の方が良かったりするという特徴がある。

　重度・重複障害児は，身体運動やコミュニケーションなどの一次障害から派生する二次障害も示しやすい。重症心身障害の場合，二次障害として，中枢神経系（常同行動，自傷・他害行為など），骨・筋肉系（骨粗しょう症に伴う骨折，筋萎縮，変形拘縮，股関節脱臼など），呼吸器系（軌道狭窄による喘鳴，呼吸困難，睡眠時無呼吸，誤嚥による反復性肺炎など），消化器系（摂食障害，胃食道逆流に伴う嘔吐，呑気症による腹部膨満，イレウス，便秘など），泌尿器系（尿路結石，反復性尿路感染症による水腎症，神経因性膀胱など），皮膚（湿疹，褥瘡など）の症状が含まれる。体温調節機能の弱さも見られ，発汗機能が十分に働かないため，外気温や湿度の影響を受けやすく発熱しやすい一方で，平熱が35℃未満の慢性低体温症の場合も少なくない。また，重症心身障害の場合，日常生活における身体活動のすべてが介助者の手に委ねられることが多く，結果として身体活動水準が低下しやすいことが知られている。これらの身体活動水準の低さは，重症心身障害児・者

の人としての機能のほぼすべての領域で制約を与えることが指摘されている（van der Putten et al., 2017）。

4. 重度・重複障害に応じた指導と支援の場

　重度・重複障害に応じた教育形態が用意されている。重度・重複障害のある児童生徒には，他の障害のある児童生徒と同様に，学校教育の目的や目標の達成に向けて，教育内容を児童生徒の障害の状態及び発達段階や特性等に応じた教育を行うため，特別な教育課程を編成することが可能である。まず，教科の代替等である。学習が困難な場合は，各教科の目標・内容の一部を取り扱わないこと，下学年の各教科の全部又は一部と代替すること，小・中学部において，幼稚部の各領域の一部を取り入れることができる。視覚障害と知的障害を伴う場合は，知的障害特別支援学校の各教科の全部又は一部と代替することができる。重複障害で学習が著しく困難な場合は，各教科，道徳，特別活動の一部又は各教科若しくは総合的な学習の時間に替えて自立活動を主とした指導を行うことができる。次に，各教科等を合わせた授業である。特に必要がある場合，各教科，道徳，特別活動及び自立活動の全部又は一部を合わせた授業を行うことができる。例えば，日常生活の指導，遊び，生活単元学習，作業学習などの授業が含まれる。そして，訪問教育等である。障害のために通学して教育を受けることが困難な児童生徒に対して，教員を派遣して教育を行うことができる。その場合も，教科の代替等や各教科等を合わせた授業を行うことができる。

　訪問教育は，1979（昭和54）年の養護学校教育の義務制実施と同時に開始された教育形態である。それに先立つ1978（昭和53）年7月に，当時の文部省は「訪問教育の概要（試案）」を示し，訪問教育は，「就学可能であるが，心身の障害の状態が重度であるか又は重複しており，学校へ通学して教育を受けることが困難な者」を対象として，「養護学校等の教員が家庭，児童福祉施設，医療機関を訪問して行う教育」であるとしている。同試案では，授業は年間35週以上にわたって行うよう計画するものであり，週当たり時数は4時間程度（週2日，2時間ずつ）を原則とすることが示されているが，実際には「週6時間（週3日，2時間ずつ）」が最も多い取り組みとなっているようである。訪問教育を受けている児童生徒の約9割は重度・重複障害

児であり，健康の保持・増進などを図る自立活動を主とした指導を受けている。

5. 重度・重複障害児の指導と支援の方法

　重度・重複障害児の指導内容は，日常生活動作や身体運動，コミュニケーションなど多岐にわたる。日常生活動作の指導には，食事や排泄，更衣などの指導が含まれる。身体運動の指導には，筋肉の柔軟性維持のためのストレッチや関節可動域訓練，姿勢保持や歩行の訓練，水泳指導などが含まれる。コミュニケーションの指導には，インリアルアプローチや拡大・代替コミュニケーション（Augmentative and Alternative Communication）の技法を用いた指導などが含まれる。他にも，専門的な指導法として，ボバース法，動作訓練法，感覚統合療法，音楽療法，静的弛緩誘導法，スヌーズレンなどがある。

　重度・重複障害において重要な支援の1つは，医療的ケアである。医療的ケアには，痰や唾液の吸引や酸素吸入，気管切開部の管理，経管による栄養物の注入，導尿などの行為が含まれる。2011（平成23）年12月の社会福祉士及び介護福祉法の一部改正に伴い，2012（平成24）年4月より一定の研修を受けた介護職員等は一定の条件の下に痰の吸引等の医療的ケアができるようになったことを受け，特別支援学校教員についても制度上実施することが可能となった。教員が実施できる行為（特定行為）は，喀痰吸引及び経管栄養の2点である。学校で医療的ケアを実施することの意義は，それにより訪問教育を受けていた児童生徒の通学が可能となる場合が多いこと，子どもの学習と成長を促進できること，家族のQOLを高められることなどにある。

6. 未来に向けての展望

　医療的ケア児の権利保障に向けた取り組みが加速している。2021（令和3）年6月18日に「医療的ケア児及びその家族に対する支援に関する法律（令和3年法律第81号）」が公布された。これは，医療的ケア児及びその家族に対する支援に関し，①基本理念を定めること，②国，地方公共団体等の責務を明らかにすること，③保育及び教育の拡充に係る施策その他必要な施策並びに医療的ケア児支援センターの指定等について定めることを通して，

医療的ケア児の健やかな成長を図るとともに，その家族の離職の防止に資し，
ひいては安心して子どもを生み，育てることのできる社会の実現に寄与する
ことを目的としたものである。同法律は，端的に言えば，特別支援学校だけ
ではなくすべての学校において，医療的ケアを必要とする子どもを保護者の
介添えなどなしに責任をもって受け入れることを意味している。医療的ケア
児への支援の充実は，重度・重複障害のある児童生徒の学びの質や社会的受
容を促すのみならず，共生社会の形成に向けても大きな意義を有している。
同法律に示された理念の実現を図るための具体的な施策を確実に実行するこ
とが期待される。

（池田　吉史）

【引用・参考文献】

○樋口和彦（編著）（2021）重度・重複障害児の学習とは？―障害が重い子どもが主体的・対話的で深い学びを行うための基礎．ジアース教育新社．

○Josev, E. K., & Anderson, P. J. (2018). Executive dysfunction in very preterm children and associated brain pathology. In S. Wiebe, J. Karbach (Eds.), *Executive Function: Development across the Life Span*. New York: Routledge, pp. 217-232.

○河合康・小宮三彌（編著）（2018）わかりやすく学べる特別支援教育と障害児の心理・行動特性．北樹出版．

○厚生労働省（2014）超重症児（者）準超重症児(者)の判定基準．https://hodanren.doc-net.or.jp/iryoukankei/20kaitei/bessi/kb_14.pdf（2021年10月25日閲覧）．

○松元泰英（2018）目からウロコの重度重複障害児教育．ジアース教育新社．

○大城昌平・儀間裕貴（編）（2018）子どもの感覚運動機能の発達と支援．メジカルビュー社．

○坂口しおり（2019）障害の重い子どもの評価と支援―コミュニケーション支援の実践から．ジダイ社．

○東京学芸大学特別支援科学講座（編）（2007）インクルージョン時代の障害理解と生涯発達支援．日本文化科学社．

○van der Putten, A. A., Bossink, L. W., Frans, N., Houwen, S., & Vlaskamp, C. (2017). Motor activation in people with profound intellectual and multiple disabilities in daily practice. *Journal of Intellectual & Developmental Disability*, 42, 1-11.

○Volpe, J. J. (2009). Brain injury in premature infants: A complex amalgam of destructive and developmental disturbances. *Lancet Neurology*, 8, 110-124.

○Woodward, L. J., Moor, S., Hood, K. M., Champion, P. R., Foster-Cohen, S., Inder, T. E., & Austin, N. C. (2009). Very preterm children show impairments across multiple neurodevelopmental domains by age 4 years. *Archives of Disease in Childhood-Fetal and Neonatal Edition*, 94, 339-344.

○山岡祐衣（2015）超重症児・準超重症児の医療利用状況と家族の身体的・精神的健康，社会的経済的影響について―小児在宅医療を支える医療提供体制の課題に関して．2014年度公益財団法人在宅医療助成勇美記念財団研究助成報告書．

12章

通常学校における特別支援教育

1. 特別支援教育コーディネーターの役割

　本節では，小学校，中学校，高等学校などの通常学校（以下，小学校等）の特別支援教育コーディネーターの意義や役割等について概説する。

　ほとんどの特別支援学校でも，地域のセンター的機能（学校教育法第74条に定められている，小学校等の要請に応じて必要な助言又は援助などを行う特別支援学校の役割）を発揮するために特別支援教育コーディネーターが指名されているが，ここでは，小学校等の特別支援教育コーディネーターに限定する。

1.1　特別支援教育コーディネーターの意義

1.1.1　特別支援教育コーディネーターの定義

　2007（平成19）年4月，特殊教育に代わって特別支援教育が始まった。特別支援学校（特殊教育では盲・聾・養護学校）や特別支援学級（特殊教育では特殊学級）に加えて，小学校等の通常の学級で学ぶ発達障害児も支援の対象となった。

　小学校等においては，学級担任教員だけが障害のある子どもの指導・支援の責任を負うことには限界があり，学校全体で特別支援教育を推進し，障害のある子どもの学習と生活を支えることが求められることとなった。その推進のキーパーソンが特別支援教育コーディネーターである。

　特別支援教育コーディネーターについての国の定義をみると，「学校内の関係者や福祉・医療等の関係機関との連絡調整及び保護者に対する学校の窓口として，校内における特別支援教育に関するコーディネーター的な役割を担う者」とされており，まさに小学校等の特別支援教育を推進する中核者として位置づけられている。

1.1.2　特別支援教育開始までの特別支援教育コーディネーター

　特別支援教育コーディネーターは，2003（平成15）年3月に示された特別支援教育の在り方に関する調査研究協力者会議による「今後の特別支援教

育の在り方について（最終報告）」において，小学校等の特別支援教育を推進する重要な役割の1つとして明確に位置づけられた。そこには次のように記述されている。

「小・中学校においては，特別支援学校（原文は盲・聾・養護学校）や医療・福祉機関との連携協力が一層重要である。保護者や関係機関に対する学校の窓口として，また，学校内の関係者や福祉，医療等の関係機関との連絡調整役としての役割が必要となり，各学校において，障害のある児童生徒の発達や障害全般に関する一般的な知識及びカウンセリングマインドを有する者を，学校内及び関係機関や保護者との連絡調整役としてのコーディネーター的な役割を担う者（特別支援教育コーディネーター）として，学校の校務として明確に位置づける等により，関係機関との連携協力の体制整備を図ることが重要である（下線は筆者。文言の一部を筆者が改変）」。

その後に発表された2005（平成17）年12月の「特別支援教育を推進するための制度の在り方について（答申）」では，すべての小学校等において特別支援教育コーディネーターを指名することなどが示され，2003年「最終報告」の内容をさらに発展させるものとなった。

2007（平成19）年4月，特別支援教育の開始にあたって文部科学省初等中等教育局長より通知された「特別支援教育の推進について（通知）」では，特別支援教育コーディネーターについて次のように述べられている。

「各学校の校長は特別支援教育コーディネーターを指名し，校務分掌に明確に位置付ける。特別支援教育コーディネーターは，各学校における特別支援教育の推進のため，主に，校内委員会・校内研修の企画・運営，関係諸機関・学校との連絡・調整，保護者からの相談窓口などの役割を担う。また，校長は，特別支援教育コーディネーターが，学校において組織的に機能するよう努める（下線は筆者。文言の一部を筆者が改変）。」

以上を整理すると，第1に，特別支援教育コーディネーターの指名を含む校内体制の整備は校長のリーダーシップによって進められる。第2に，特別支援教育コーディネーターは発達障害に関する外部専門家などが配置されるのではなく，校内の教員から指名されて校務分掌に位置づけられる。第3に，その主な業務は，校内委員会や校内研修等の企画・運営，関係諸機関・学校等との連絡・調整，保護者からの相談窓口である。

　小学校等の学習指導要領では，特別支援教育コーディネーターについてどのように記述されているだろうか。学習指導要領自体には特別支援教育コーディネーターはみられないのだが，その「総則」の「解説」には説明がある。小学校学習指導要領（平成29年告示）を例にして確認してみよう（中学校，高等学校の学習指導要領もほぼ同様の表記なので，それぞれ調べられたい）。

　「総則」「第4　児童の発達の支援」「2　特別な配慮を必要とする児童への指導への指導」「(1)　障害のある児童などへの指導」に，「ア　障害のある児童などについては，特別支援学校等の助言又は援助を活用しつつ，個々の児童の障害の状態等に応じた指導内容や指導方法の工夫を組織的かつ計画的に行うものとする。」とある。この点について「解説」には次のように説明されている。

　「特別支援教育において大切な視点は，児童一人ひとりの障害の状態等により，学習上又は生活上の困難が異なることに十分留意し，個々の児童の障害の状態等に応じた指導内容や指導方法の工夫を検討し，適切な指導を行うことであると言える。そこで，校長は，特別支援教育実施の責任者として，校内委員会を設置して，<u>特別支援教育コーディネーター</u>を指名し，校務分掌に明確に位置付けるなど，学校全体の特別支援教育の体制を充実させ，効果的な学校運営に努める必要がある（下線は筆者。文言の一部を筆者が改変）。」

　また，同じく「エ　障害のある児童などについては，家庭，地域及び医療や福祉，保健，労働等の業務を行う関係機関との連携を図り，長期的な視点で児童への教育的支援を行うために，個別の教育支援計画を作成し活用することに努めるとともに，各教科等の指導に当たって，個々の児童の実態を的確に把握し，個別の指導計画を作成し活用することに努めるものとする。特に，特別支援学級に在籍する児童や通級による指導を受ける児童については，個々の児童の実態を的確に把握し，個別の教育支援計画や個別の指導計画を作成し，効果的に活用するものとする。」とあり，この点について「解説」で次のように説明されている。

　「個別の教育支援計画と個別の指導計画の作成・活用システムを校内で構築していくためには，障害のある児童などを担任する教師や<u>特別支援教育コーディネーター</u>だけに任せるのではなく，全ての教師の理解と協力が必要で

ある。学校運営上の特別支援教育の位置付けを明確にし，学校組織の中で担任する教師が孤立することのないよう留意する必要がある。（下線は筆者。文言の一部を筆者が改変）。」

これらから次の3点がわかる。第1に，学習指導要領総則の「解説」には，特別支援教育コーディネーターについて言及されている。第2に，それによれば，校長は特別支援教育コーディネーターを指名し，校務分掌に明確に位置づけて，校内の特別支援教育体制を推進，充実させる。第3に，その一方で，特別支援教育コーディネーターだけに任せるのではなく，すべての教職員が協力して校内の特別支援教育を推進することが大切である。

1.2 特別支援教育コーディネーターの指名の状況

小学校等の特別支援教育の推進に重要な役割を果たす特別支援教育コーディネーターであるが，指名の状況はどうなっているだろうか。

文部科学省は，特別支援教育コーディネーターの指名状況を含め，小学校等の特別支援教育推進状況における種々のデータを全国の学校を対象に定期的に調査している。その結果は「特別支援教育資料」として公表されているが，その中の2017（平成29）年度，2018（平成30）年度のものから，特別支援教育コーディネーターの指名の状況についてまとめる。

表12-1は，平成19年度及び26～29年度における公立小学校，中学校，高等学校における特別支援教育コーディネーターの指名率（%）である。平成19年度は特別支援教育が開始された年度であるが，すでにこのときから小学校と中学校では，ほぼ100%の指名率であり，いまでもそれが継続していることがわかる。高等学校については，平成19年度は50%に満たなかった

表12-1　平成19年度及び26～29年度における小学校等の特別支援教育
コーディネーター指名率（%）（文部科学省，2018より作成）

	19年度	26年度	27年度	28年度	29年度
公立小学校	99.6	100	100	99.9	100
公立中学校	99.2	99.9	100	100	100
公立高等学校	46.8	100	99.9	100	99.9

表12-2　平成30年度における国公私立別に見た小学校等の特別支援教育
コーディネーター指名率（%）（文部科学省，2019より作成）

	国立	公立	私立	計
小学校	95.8	99.9	41.3	99.2
中学校	90.9	99.8	38.8	95.2
高等学校	100	99.1	42.3	83.8

ものの，ここ数年はほぼ100%の指名率に達している。

　表12-2は，平成30年度における国公私立別に見た小学校，中学校，高等学校における特別支援教育コーディネーターの指名率（%）である。国立小・中学校では90～95%だが，国公立の学校はほぼ100%の指名率となっている。一方，私立の学校については，小学校，中学校，高等学校のいずれも50%に満たない状況にあり，その指名は依然として課題であることが読み取れる。

　このように，私立学校を除けば，国公立学校では特別支援教育コーディネーターがほぼ全校で指名されている状況にある。高く評価すべき現状であるが，特別支援教育コーディネーターは指名すること自体が目的ではない。実質的に活躍できる校内環境になっているかどうか常に確認していく必要があるだろう。

1.3 特別支援教育コーディネーターの役割と業務

1.3.1 「試案」から「ガイドライン」へ

　2017（平成29）年３月に文部科学省が発表した「発達障害を含む障害のある幼児児童生徒に対する教育支援体制整備ガイドライン」（以下「ガイドライン」とする）は，2004（平成16）年１月の「小・中学校におけるLD（学習障害），ADHD（注意欠陥／多動性障害），高機能自閉症の児童生徒への教育支援体制の整備のためのガイドライン（試案）」（以下「試案」とする）を土台としつつ，その内容を大幅に発展させたものである。「試案」はLD等の発達障害に限定されていたが，2013（平成25）年９月の就学システムの改正などに伴い，「ガイドライン」では，障害により教育上特別の支援を必要とするすべての子どもが対象になっていることは注目すべきである。

「ガイドライン」には，設置者用，学校用，専門家用，保護者用それぞれについて，必要となる情報が網羅的に整理されている。また，学校用には，校長，特別支援教育コーディネーター，通常の学級の担任・教科担任，通級担当教員・特別支援学級担任及び養護教諭それぞれの役割や必要な資質などが具体的に示されている。改めて小学校等の特別支援教育の推進が，特定の教員の力によるものではなく，校内全体で進めるものであることがわかるだろう。

1.3.2 「ガイドライン」にある特別支援教育コーディネーター

表12-3は，「ガイドライン」にある特別支援教育コーディネーターの役割や業務について要約したものである。関係する専門用語の説明は，文部科学省の定義をもとにして表12-4に示した。表12-4を参照しつつ，表12-3でその役割について確認してみる。

特別支援教育コーディネーターの第1の役割は，学校内の関係者や関係機関との連絡調整である。業務の例としては，校内委員会（表12-4参照）の企画・運営に代表される校内の連絡調整，ケース会議の開催，個別の教育支援計画及び個別の指導計画の作成（表12-4参照。詳しくは12章2.参照），教育，医療，保健，福祉，労働等の外部関係機関との連絡・調整，そして保

表12-3 「ガイドライン」で示されている特別支援教育コーディネーターの役割や業務（文部科学省，2017より作成）

役　　割	業　務・活　動
学校内の関係者や関係機関との連絡調整	・学校内の関係者との連絡調整 ・ケース会議の開催 ・個別の教育支援計画及び個別の指導計画の作成 ・外部の関係機関との連絡調整 ・保護者に対する相談窓口
各学級担任への支援	・各学級担任からの相談状況の整理 ・各学級担任とともに行う子ども理解と学校内での教育支援体制の検討 ・進級時の相談・協力
巡回相談員や専門家チームとの連携	・巡回相談員との連携 ・専門家チームとの連携
学校内の子どもの実態把握と情報収集の推進	・学校内の子どもの実態を把握するための校内体制構築 ・研修の実施の推進等

表12-4 「特別支援教育資料（平成29年度）」に示されている特別支援教育
コーディネーターの役割に関連する専門用語（文部科学省，2018より作成）

用　語	定　義
校内委員会	学校内に置かれた発達障害を含む障害のある子どもの実態把握及び支援の在り方等について検討を行う委員会。
実態把握	在籍する子どもの実態の把握を行い，特別な支援を必要とする幼児児童生徒の存在や状態を確かめること。
個別の指導計画	子ども一人ひとりの障害の状態等に応じたきめ細かな指導が行えるよう，学校における教育課程や指導計画，当該の子どもの個別の教育支援計画等をふまえて，より具体的に子ども一人ひとりの教育的ニーズに対応して，指導目標や指導内容・方法等を盛り込んだ指導計画。
個別の教育支援計画	障害のある子ども一人ひとりのニーズを正確に把握し，教育の視点から適切に対応していくという考え方の下に，福祉，医療，労働等の関係機関との連携を図りつつ，乳幼児期から学校卒業後までの長期的な視点に立って，一貫して的確な教育的支援を行うために，障害のある子ども一人ひとりについて作成した支援計画。
巡回相談	指導上の助言・相談が受けられるよう専門的知識をもった教員・指導主事等が，幼稚園・幼保連携型認定こども園・小学校・中学校・高等学校等を巡回し，教員に対して，障害のある子どもに対する指導内容・方法に関する指導・助言を行うこと。
専門家チーム	幼稚園，幼保連携型認定こども園，小学校，中学校，高等学校等に対して発達障害等か否かの判断，望ましい教育的対応等についての専門的意見を示すことを目的として，教育委員会等に設置された，教育委員会関係者，教員，心理学の専門家，医師等の専門的知識を有する者から構成する組織。

護者に対する相談窓口などである。なお，教育，保健，医療，福祉，労働等の関係機関の例としては，市町村の教育センター，特別支援学校（センター的機能），保健所・保健センター，医療機関，放課後等デイサービス，障害者職業センターなどがあるだろう（13章参照）。

　第2の役割は，各学級担任教員への支援である。業務の例としては，各学級担任教員からの相談状況の整理，各学級担任教員と一緒に行う子ども理解と学校内の教育支援体制の検討，進級時の相談・協力などである。教科担任制では，その支援も重要となるだろう。

　第3の役割は，巡回相談員や専門家チーム（表12-4参照）との連携である。支援を必要としている担任教員と巡回相談員・専門家を架橋することや，連携に基づいて，個別の教育支援計画の修正や，支援方法・内容の改善などにつなげていくことなどが業務である。

第4の役割は，学校内の子どもの実態把握（表12-4参照）と情報収集の推進である。そのための校内体制構築や，特別支援教育に関連する校内研修を研修担当教員と協働して推進する。

1.3.3 特別支援教育コーディネーターを支えるために

　特別支援教育コーディネーターの役割はこのように多岐にわたっており，高度な専門性が求められるとともに，多様なネットワークづくりが求められている。一方で，特別支援教育コーディネーターは教員として別の業務も有している。例えば，小学校の学級担任であれば，自分の学級における学習指導や生活指導などは当たり前の業務である。言うまでもなく，特別支援教育コーディネーターの業務だけが教師としての仕事の範囲ではない。

　障害のある子どもの支援を担任教員1人だけで抱え込まぬよう，支えるための特別支援教育コーディネーターが，逆に1人で抱え込んでしまわぬよう，教職員全員で業務を分担したり，支えたりする仕組みづくりが不可欠である。例えば，特別支援教育コーディネーターを複数指名して業務分担を図る，特別支援教育コーディネーターだけに任せきりにしないよう各教員が特別支援教育や発達障害などの専門性を高めるよう努める，などである。

1.4 未来に向けての展望

　障害者権利条約の理念に則り，国は「インクルーシブ教育システム」を進めている（1章参照）。2012（平成24）年7月の「共生社会の形成に向けたインクルーシブ教育システム構築のための特別支援教育の推進（報告）」では次のように述べられている。

　「インクルーシブ教育システムにおいては，同じ場で共に学ぶことを追求するとともに，個別の教育的ニーズのある幼児児童生徒に対して，自立と社会参加を見据えて，その時点で教育的ニーズに最も的確に応える指導を提供できる，多様で柔軟な仕組みを整備することが重要である。小・中学校における通常の学級，通級による指導，特別支援学級，特別支援学校といった，連続性のある『多様な学びの場』を用意しておくことが必要である。」

　インクルーシブ教育システムの推進に伴い，特別支援教育コーディネーターの役割はますます重要となるだろう。以下，2点にまとめてみたい。

　第1に，障害のある子どもとない子どもができる限り同じ場で共に学ぶこ

図12-1　文部科学省（2012）の示す義務教育段階における連続性のある
「多様な学びの場」

とが追求されていることに関することである。支援の対象は知的な遅れのな
い発達障害に留まらず全障害に広がり，その結果，特別支援教育コーディネ
ーターに必要とされる知識・技能はますます多岐にわたるだろう。専門性向
上のための研修の充実はもちろんではあるが，特別支援教育コーディネータ
ーが特別支援学校教諭免許状をより積極的に取得できるための条件づくりが
必要かもしれない。

　第2に，連続性のある「多様な学びの場」に関することである（図12-1）。
2021（令和3）年6月の「障害のある子供の教育支援の手引」（文部科学省，
2021a）にあるように，これから先は，通常の学級，通級による指導，特別
支援学級，特別支援学校の間の転学がより柔軟になり，その結果，学級や学
校間の連携がこれまで以上に進められるだろう。また，2021（令和3）年6
月に公布された「医療的ケア児及びその家族に対する支援に関する法律」に
より，すべての小学校等での医療的ケアが可能となった。同年，文部科学省
初等中等教育局特別支援教育課から発表された「小学校等における医療的ケ
ア実施支援資料」（文部科学省，2021b）には，医療的ケア推進のための教
員の役割や看護師との連携などが示されている。これらから，特別支援教育
コーディネーターの校内関係者や外部関係機関との連絡・調整機能は，ます
ます増加するだろう。

　特別支援教育コーディネーターを中心にして，教職員，保護者，そして地
域が連携・協働しながら特別支援教育を推進し，すべての子どもの主体的に
学ぶ権利を保障することが求められている。

（奥住　秀之）

【引用・参考文献】

○ 文部科学省（2004）小・中学校におけるLD（学習障害），ADHD（注意欠陥/多動性障害），高機能自閉症の児童生徒への教育支援体制の整備のためのガイドライン（試案）.
○ 文部科学省（2012）共生社会の形成に向けたインクルーシブ教育システム構築のための特別支援教育の推進（報告）.
○ 文部科学省（2017）発達障害を含む障害のある幼児児童生徒に対する教育支援体制整備ガイドライン.
○ 文部科学省（2018）特別支援教育資料（平成29年度）.
○ 文部科学省（2019）特別支援教育資料（平成30年度）.
○ 文部科学省（2021a）障害のある子供の教育支援の手引—子供たち一人一人の教育的ニーズを踏まえた学びの充実に向けて.
○ 文部科学省（2021b）小学校等における医療的ケア実施支援資料—医療的ケア児を安心・安全に受け入れるために.

2. 個別の指導計画・個別の教育支援計画

2.1 個別の教育支援計画・個別の指導計画の意義

　1994年にサラマンカ声明が提唱され，多様な存在である子どもたちが共に学び，一人ひとりの教育的ニーズに対応した教育を柔軟に行うインクルーシブ教育が世界中に発信された。我が国においても従来の「場による教育」であった特殊教育から，「個への対応」を目指す特別支援教育への転換に向けて動き出すこととなる。平成11（1999）年公示の盲学校，聾学校及び養護学校学習指導要領では，盲・聾・養護学校（当時）における自立活動，重複障害児への指導に対して個別の指導計画を策定するよう記載された。次いで「今後の特別支援教育の在り方について（最終報告）」（文部科学省，2003）では，さらに長期的な支援かつ関係機関との切れ目ない連携ができるよう，個別の教育支援計画の策定が提案された。また，同年より実施された障害者基本計画においても，個別の教育支援計画の作成の重要性について述べられている。これらを受けて平成21（2009）年の学習指導要領改訂では，特別支援学校においては，すべての幼児児童生徒について個別の教育支援計画及び各教科等の指導についても個別の指導計画を作成することとなった。

　なお，この時点では，通常の学校にある特別支援学級，通級による指導では個別の教育支援計画・指導計画を作成することが適当，通常の学級では作成・活用を推進するものとしていた。直近の平成29（2017）年の幼稚園，小学校及び中学校学習指導要領，平成30（2018）年高等学校学習指導要領の改訂では，総則の中にそれぞれ「幼児／児童／生徒の発達の支援」の項が設けられ，特別支援学級に在籍する者や通級による指導を受ける者については，個別の教育支援計画・個別の指導計画の作成が義務化，通常の学級のみで学んでいるものの特別なサポートを求める者に対してはそれらの作成と活用に努めることとされ，より強く促すものとなった。2018年からは高等学校での通級による指導も開始されており，特別な教育的ニーズをもつ子どもたちへのきめ細やかで切れ目ない支援を実現するため，インクルーシブ教育システム構築へのたゆみない変革が行われている。

　個別の教育支援計画とは，教育，医療，福祉，労働等が連携協力を図り，障害のある子どもの生涯にわたる継続的な支援体制を整え，それぞれの年代

における子どもの望ましい成長を促すために教育機関が中心となって策定するものである。つまり，複数の機関連携というヨコのつながりと，幼少期から青年期までの長期的なタテのつながりとを包括的に示すものになる。本人や保護者の願いや困り感を中心として，教育機関だけでなく医療，福祉，労働などが共通理解を図り，それぞれの専門性を活かし連携していくためのツールであり，これを用いて就学前から高等学校，就職までの多角的かつ切れ目ない一貫した支援を行うことが期待される。なお，その作成にあたっては，当該児童生徒等又は保護者の意向をふまえつつ，関係機関等と当該児童生徒等の支援に関する必要な情報の共有を図ることが2018年の学校教育法施行規則一部改正で明記されている。また，教育と福祉の連携については，「児童福祉法等の改正による教育と福祉の連携の一層の推進について（事務連絡）」（厚生労働省・文部科学省，2012）で，障害児相談支援事業所等において作成される障害児支援利用計画等との連携を図ることの重要性も指摘されている。

　個別の指導計画とは，教育課程を具体化し，障害のある子ども一人ひとりの指導目標，指導内容及び指導方法を明確にすることで，個々の実態に応じたきめ細やかな指導を行うために作成するものである。障害のある子どもは心身や認知の状態，学習の様子などが一人ひとり大きく違う。彼らの実態を多角的に把握したうえで，具体的な目標を立て，支援方法を熟考しておくことが適切な指導につながる。また，より具体的なねらいや指導方法にまで言及しておくことで，教員としても日常の指導の見通しをもって実践することができるというメリットもあるだろう。

　2016年に施行された障害者差別解消法では，障害者に対する不当な差別的取り扱いが禁止され，合理的配慮の提供についても明記された。この法律はWHOが2001年に提唱したICF（International Classification of Functioning, Disability and Health：国際生活機能分類）の理念をふまえている。ICFは，障害をもつもたざるにかかわらず，すべての人を対象とした生活機能，生きることの全体を表すものであるとされており，生活機能に影響を与えるものは個人に起因する「個人因子」や「健康状態」だけでなく，「環境因子」との相互作用の中で生じるとしている（図12-2）。例えば同様の健康状態，個人因子をもつ人間がいたとするときに，一方は周囲の理解があり，適切な支

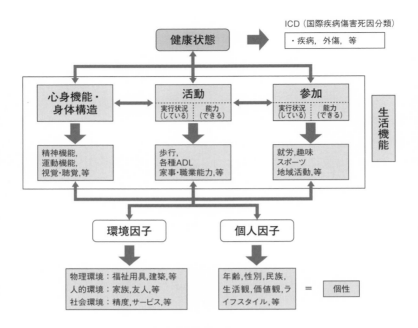

ICD（国際疾病傷害死因分類）
・疾病，外傷，等

健康状態

心身機能・
身体構造

活動
実行状況（している）／能力（できる）

参加
実行状況（している）／能力（できる）

生活機能

精神機能，
運動機能，
視覚・聴覚，等

歩行，
各種ADL
家事・職業能力,等

就労,趣味
スポーツ
地域活動,等

環境因子

個人因子

物理環境：福祉用具,建築,等
人的環境：家族,友人,等
社会環境：精度,サービス,等

年齢,性別,民族,
生活観,価値観,ラ
イフスタイル,等

＝

個性

図12-2　ICFの概念図（厚生労働省，2007より作成）

援やサービスにアクセスできているが，もう一方は理解が得られず，十分な
支援を受けられていないとしたら，実際のQOLは前者の方が高くなるだろ
うことは想像に難くない。QOLを向上させるためには，個人の状態の改善
を図る「医学モデル」だけではなく，環境や社会の状態改善を求める「社会
モデル」の考え方も取り入れ，両者の統合が不可欠であるとするものである。
なお，2021年の法改正で私立学校を含む「事業者」に対しても合理的配慮の
提供が努力義務から法的義務になったことにも留意したい。
　平成29，30年の学習指導要領改訂で通常の園・学校の通常学級でも教育
的ニーズのある子どもに対しては個別の教育支援計画・個別の指導計画の作
成に努める（特別支援学級，通級指導教室で支援を受ける場合は義務）とな
ったことを述べた。もちろん，目的は計画をつくることではなく，より適切
で手厚い支援を実践することになるが，通常の学級といっても多様な子ども
たちが混在しており，どのように対応してよいのか教師を悩ませることもあ
るだろう。米国ではRTI（Response To Intervention）モデルが国家レベル

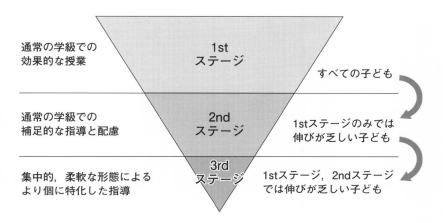

図12-3　通常の学級におけるMIM（海津・杉本，2016より作成）

で推奨されており，これは前提としてすべての子どもに対して通常教育の中で適切な指導を提供し，その段階では十分力を伸ばしきれない子どもを同定し，さらに体系的なアセスメントを行っていくというものである（海津・杉本，2016）。ただ，日本の教育システムの中では活用しにくい点も指摘されており，海津・杉本（2016）はRTIモデルを参照しつつ，日本での教育によりフィットするものとしてMIM（Multilayer Instruction Model）を提案している。MIMとは通常の学級内外における多層指導モデルで，子どもの習熟度，教育的ニーズに合わせて補足的，集中的，柔軟な形態での指導を行うとするものである。RTI・MIMでは，学びのつまずきの原因を個人要因に帰結する前に，環境や指導方法など環境要因の評価や見直しを行い，その困難を多角的に捉えようとしている。個別の教育支援計画・個別の指導計画を作成する際にはこういった視点ももって子どもの実態把握，指導の工夫について十分に検討していきたい。

2.2　現在の状況

　文部科学省はこれまで特別支援教育の体制整備状況調査の中で，個別の教育支援計画・個別の指導計画の作成状況等について調査，報告してきた。平成30年度の調査結果では，特別支援学級においては小，中学校ともに個別の指導計画で99％以上，個別の教育支援計画も95％以上とほとんどの対象

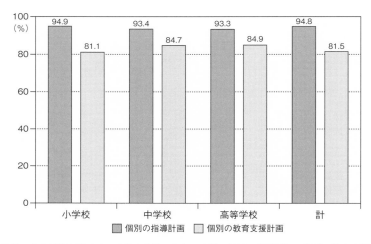

※通級による指導を受けている児童生徒のうち，実際に個別の指導計画，個別の教育支援計画が作成されている人数の割合。
※小学校には義務教育学校前期課程，中学校には義務教育学校後期課程及び中等教育学校前期課程，高等学校には中等教育学校後期課程を含める。

図12-4　通級での作成状況（文部科学省，2018）

児に対して作成されており，日々の教育実践に活用されている様子がうかがえる。通級による指導を受けている児童生徒では，個別の指導計画はどの年齢群でも90％以上の作成率であるが，個別の教育支援計画は小学校で81.1％と最も低率で中学校，高等学校と徐々に微増している（図12-4）。通級指導教室の設置数では小学校が圧倒的に多いなど母数の違いがあるが，対象の年齢が高くなっていくにしたがって作成率が高くなるのは興味深い点である。卒業後を見据え，切れ目ない支援を準備することへの意識が高まることも影響しているのかもしれない。次に，通常の学級に在籍し，特別な支援が必要とされている幼児児童生徒への作成率を見ると，個別の指導計画については70～80％台と全体的に支援の必要性は感じているものの，個別の指導計画の作成までには至らないケースが特別支援学級，通級と比較して多くなっていた（図12-5）。また，幼稚園等及び小学校では80％を超えている一方，中学校，高等学校では70％前半まで漸減していた。特別支援教育に関する支援を専門に担当する教員が明確に決まっていないこと，特に中学校，高等学校では教科担任制になり，かかわる教員が多くなり，策定にかかわる作業量が

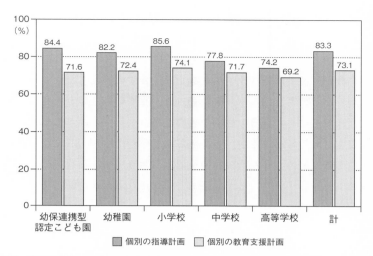

※通常の学級に在籍する幼児児童生徒（通級による指導を受けている児童生徒を除く）で，学校等が個別の指導計画，個別の教育支援計画を作成する必要があると判断した者のうち，実際に個別の指導計画，個別の教育支援計画が作成されている人数の割合。
※幼稚園には幼稚園型認定こども園，小学校には義務教育学校前期課程，中学校には義務教育学校後期課程及び中等教育学校前期課程，高等学校には中等教育学校後期課程を含める。

図12-5　通常の学級での作成状況（文部科学省，2018）

増えやすいこと，部活動等教員の多忙さが指摘されており書類作成に負担感があること等の理由が考えられる。また個別の教育支援計画については，学校間での大きな差は見られなかったものの約70％程度で，特別支援学級，通級での作成率と比べると個別の指導計画よりもさらに低い結果となっていた。直近の指導につながる個別の指導計画と比べ，中長期的な支援を計画する個別の教育支援計画の方が作成の優先順位が後回しになりやすいのかもしれない。先述したように，平成29，30年の学習指導要領改訂において，通常の学級においても特別な支援が必要な者に対して個別の指導計画及び教育支援計画の作成が強く求められるものとなった。作成自体が目的とならないよう，教員にとっても有効な支援ツールになるような工夫をし，作成を通して子どもたちにより良い支援が提供できるようにしていくことが課題である。

2.3 個別の教育支援計画・個別の指導計画の作成と活用

これらの計画を立てる際にはPDCAサイクル［Plan（計画）→Do（実行）

→Check（評価）→Action（改善）〕を活用した随時の見直しと改善が推奨されている。子どもの状態や環境の変化に伴う教育的ニーズの変化を的確に把握し、適切に対応できるよう、必要な改善を柔軟に行うことが重要である。

　個別の教育支援計画を作成するにあたり、まず大切にしたいことは、本人及び保護者がどのように学び、生活し、成長していきたいと考えているかを十分に聞き取ることである。個別の教育支援計画自体は確かに学校を中心として作成するものではあるが、本人たちの思いがないがしろにならないように丁寧な理解に努めたい。その願いをできる限り実現するために、どのような教育的支援をしていくことが効果的と考えられるのかを常に見据えながら計画作成していく。図12-5にもあったように、就学前の段階でも個別の教育支援計画（就学支援シート）等を作成しているケースも増えている。例えば、放課後等デイサービス等の福祉サービスの活用状況、かかっている医療機関や健康状態にかかわる情報などは新たな就学先における支援を速やか、かつ充実したものにするために重要な情報である。これらを引き継ぎ、整合性や一貫性をもって計画作成していくこととなる。

　また、その際には本人及び保護者の了解を得て情報共有するよう、個人情報の取り扱いには十分留意したい。個別の教育支援計画の書式には特定の様式はなく、各教育委員会や学校等で実情に合わせて作成することとなっている。文部科学省（2021）などインターネット等で公開されているものも多いので、より使いやすい様式を検討するとよいだろう（図12-6）。記入する基本的事項としては、本人に関する教育歴や健康状態、各種検査結果や、支援を受けている連携機関（医療、福祉等）に関する情報、本人や保護者の願い、生活の様子、合理的配慮事項と支援のねらい・評価などである。作成後は就学、進学、進級、卒業などの節目はもちろん、年度途中であっても連携先の情報更新や教育支援の目標・内容の設定や見直しに活かしたい。また、文部科学省（2021）で指摘されるように、就学後に子どもの実態に合わせて就学先や学びの場の変更を検討することもある。各教育委員会や学校、担当者が綿密な連携を図りつつ、子どもにとってより良い学びの機会をスムーズに提供するためにも積極的に役立てたい。

　個別の指導計画の作成においては、担任だけでなく、各教科の担当教員、特別支援教育の担当教員、特別支援教育コーディネーターなどから情報を集

個別の教育支援計画の参考様式

【支援シート（本年度の具体的な支援内容等）】

1．本人に関する情報

①氏名

（フリガナ）

②学年・組

③担当者

担任	通級指導教室担当	特別支援教育 コーディネーター		
○○○○	●●●●	□□□□		

※本計画の作成（Plan）・実施（Do）・評価（Check）・改善（Action）にかかわるすべての者を記入すること。

④願い

本人の願い	
保護者の願い	

⑤主な実態

学校・家庭 でのようす	得意なこと 好きなこと	
	苦手なこと	

※「苦手なこと」の欄には，学校生活，家庭生活で，特に支障をきたしている状況を記入すること。

2．支援の方向性

① 支援の目標	

② 合理的配慮を含む支援の内容	

※（上段：アミ枠）必要な合理的配慮の観点等を記入，選択すること。
　（下段：白枠）上段の観点等に沿って合理的配慮を含む支援の内容を個別具体に記入すること。

③ 支援の目標 に対する関 係機関等と の連携	関係機関名	支援の内容

3. 評価

① 支援の目標の評価	
② 合理的配慮を含む支援の内容の評価	

※年度途中に評価する場合も有り得るので，その都度，評価の年月日と結果を記入すること。

4. 引継ぎ事項（進級，進学，転校）

① 本人の願い	
② 保護者の願い	
③ 支援の目標	
④ 合理的配慮を含む支援の内容	
⑤ 支援の目標に対する関係機関等との連携	

5. 備考（特に配慮すべき点など）

6. 確認欄
　このシートの情報を支援関係者と共有することに同意します。
　　　　年　　　月　　　日
　保護者氏名

　このシートの情報を進学先等に引き継ぐことに同意します。
　　　　年　　　月　　　日
　保護者氏名

図12-6　個別の教育支援計画様式例（文部科学省，2021より作成）

め，校内委員会を活用してよく協議することが重要である。まずは実態把握のために，子どもの現在の課題やできていること，苦手なものや好きなもの，得意なことは何か，各種検査結果など，主観的にも客観的にも情報を集め多面的にアセスメントする。その際，診断のある場合に障害名に子どもを当てはめて見すぎないよう，実際の子どもの姿をしっかりと把握したい。それら

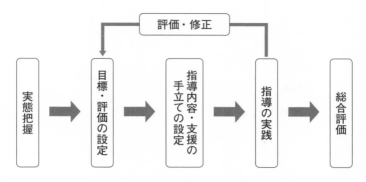

図12-7　個別の指導計画作成の流れ

を受けて目標を設定するが，どんなに理想的な目標であっても達成が著しく
困難では適切とは言えない。実態把握をふまえ段階的に達成の見通しがもて
る目標を立てるとよい。1年間とか1学期のような中長期的目標と，その達
成のためのスモールステップとしての短期目標を立てる方法もある。

　また，目標の設定と同時に評価方法も検討するが，その際できるだけ具体
的かつ客観的に評価できる方法（例えば，○○を授業中に△回以上する，○
○について△％以上正解できるようにするなど）にしておくことで，指導経
過を的確に振り返りやすく，教員側の自己評価にもつながる。続いて，子ど
もが目標を達成できるようにするためにどのような指導内容，支援の手立て
を講じたらよいかを考える。本人の現状や得意なこと等をふまえてどのよう
な支援をするのか，また校内体制の整備についても現状では難しいものもあ
るかもしれないが，今後どのように実現していくのか前向きに検討すること
が重要である。

　通常の学級での支援を検討する際には，特別支援教育の担当教員に助言を
求めたり，特別支援学校のセンター的機能を活用したりするなどしてサポー
トしてもらうこともできる。支援を受けた子どもが「できた，わかった，周
りに認めてもらえた」というような成功体験を積めるよう教員としての専門
性を発揮したい。同時に，目標設定は妥当であったか，教育内容や手だては
適切であったかなどを適時評価し，必要に応じて修正を行うことでより効果
的な指導を展開できるよう研鑽していく。また，年度末や学期末にはその中
長期間で子どもがどのように変化したのかを改めて評価し，次年度に向けて

年間の「個別の指導計画」　作成者（　　　　・　　　・　　　　）令和　　　年度

氏名		性別		学年		担任		作成日	

<table>
<tr><td rowspan="3">①
前年度
までの
気付き</td><td rowspan="3">学　習</td><td>国check</td><td colspan="2">- -</td></tr>
<tr><td>数check</td><td colspan="2">- -</td></tr>
<tr><td>その他</td><td colspan="2">- -</td></tr>
<tr><td>日常生活
対人関係</td><td colspan="3"></td></tr>
<tr><td>得意なこ
と・好き
なこと</td><td colspan="3"></td></tr>
</table>

<table>
<tr><td rowspan="8">②
検査
結果

保護者

他機関</td><td>検査名</td><td>実施期日</td><td colspan="2">結　果</td><td rowspan="5">他
機
関
と
の
か
か
わ
り</td></tr>
<tr><td>ＰＲＳ</td><td></td><td>言語性　　　非言語性　　　総合</td><td></td></tr>
<tr><td>知能検査</td><td></td><td>ＳＳ　　　　ＩＱ</td><td></td></tr>
<tr><td>学力検査</td><td></td><td>国語ＳＳ　　　算数ＳＳ</td><td></td></tr>
<tr><td>学力検査</td><td></td><td>国語ＳＳ　　　算数ＳＳ</td><td></td></tr>
<tr><td>WISCⅢ</td><td></td><td colspan="2">ＶＩＱ　　　　ＰＩＱ　　　　ＦＩＱ</td><td rowspan="3">保
護
者
の
気
付
き</td></tr>
<tr><td>K-ABC</td><td></td><td colspan="2">数理処理　同時処理　認知処理　習得度</td></tr>
<tr><td>備考</td><td colspan="3"></td></tr>
</table>

③ 支援の 方針	学習	
	日常生活 対人関係	

④ 学期ご との支 援計画	学期	支援の重点	支援体制
	1		
	2		
	3		

支援形態	①担任の配慮で　②複数の教師で　③個別で取り出して ④専門家の協力で
学習形態	①一斉　②グループ　③個別　④コース別
学習内容	①同じ内容　②一部別内容　③別内容
時間	①時間内　②時間外
場所	①通常の学級で　②特別な場を設けて ③通級指導教室を利用して　④校外で

図12-8　個別の指導計画様式例①（文部科学省，2010より作成）

令和　　年度

| 対象児童生徒 | 年　　　組
(名前) | | 記載日 | 年　月　日～
　年　月　日 | 記載者
(全員) | |

	単元名	本児の目標	目標設定理由 (本児の実態)	目標についての 評価		具体的な手立て	手立てへの 評価
教科 全体					教科 全体		
国語					国語		
算数 数学					算数 数学		
他の 教科					他の 教科		
生活 行動 面					生活 行動 面		
家庭					家庭		

図12-9　個別の指導計画様式例②（文部科学省，2010より作成）

の情報の引き継ぎを行っていくこととなる（図12-7）。これら一連の流れは
PDCAサイクルとして常に評価と修正を加えながら，らせん状に伸びていく
イメージでつなげていきたい。

　なお，個別の指導計画は個別の教育支援計画と同様，特定の様式は決まっ
ていないので，文部科学省（2010）（図12-8，図12-9）や各教育委員会が公
開する手引き等を参照したい。題材や単元ごとに書き込めるようになってい
るものや，学期ごとの重点支援を書くもの等，子どもや学校の実態に合わせ
てさまざまなものがあるので，実効的に使えるものを選択するとよいだろう。

2.4 未来に向けての展望

　個の教育的ニーズに合わせた教育を行うための具体的方策の１つとして作
成されるようになった個別の教育支援計画・個別の指導計画は，通常の学校
でも作成が求められるようになり，その役割は今後もますます大きくなると
考えられる。さらに作成率を向上し，効果的に活用されるためには，記入項
目の検討，ICTの活用による物理的連携や引き継ぎの負担軽減，教員の業務
精査，専門家等のサポートなども同時に充実させていくことが求められる。
切れ目ない支援で子どもたちの育ちを支えられるよう，活用していきたい。

（大鹿　綾）

【引用・参考文献】

○海津亜希子・杉本陽子（2016）多層指導モデル―MIMアセスメントと連動した効果的な
　読みの指導．学研プラス，p.8.
○厚生労働省・文部科学省（2012）児童福祉法等の改正による教育と福祉の連携の一層の
　推進について（事務連絡）．https://www.mext.go.jp/a_menu/shotou/tokubetu/materi
　al/1322204.htm（2021年7月29日閲覧）．
○文部科学省（2003）今後の特別支援教育の在り方について（最終報告）．https://www.
　mext.go.jp/b_menu/shingi/chousa/shotou/054/shiryo/attach/1361204.htm（2021年7月
　29日閲覧）．
○文部科学省（2010）資料5 個別の指導計画の様式例．https://www.mext.go.jp/a_menu/
　shotou/tokubetu/material/1298214.htm（2021年7月29日閲覧）．
○文部科学省（2018）平成30年度特別支援教育に関する調査の結果について．https://
　www.mext.go.jp/a_menu/shotou/tokubetu/1402845_00003.htm（2012年7月29日閲覧）．
○文部科学省（2021）障害のある子供の教育的支援の手引き．https://www.mext.go.jp/a_
　menu/shotou/tokubetu/material/1340250_00001.htm（2021年7月29日閲覧）．

3. 通級による指導の役割

3.1 通級による指導の意義と位置づけ

通級による指導は，1993（平成5）年に発出された「学校教育法施行規則の一部改正等について（文初特第278号初等中等教育局長通達〔H5.1.28通知〕）において，我が国における教育制度として正式に位置づいた。通級による指導は，昭和28年に市川市真間小学校に設置された「国語科治療教室」における読みの指導実践を端緒とし（伊藤，2000），言語障害児学級（ことばの教室）の開設，親の会による全国的な活動などを経て，1970年代中頃より指導形態として確立されてきた。その後，通常学校における軽度の障害児に対する教育課程や教育方法についての議論を経て，ようやく法的に整備され制度化を迎えることとなった。1993年の制度化以降は，対象となる障害種や学校種の拡大が徐々に進み，現在に至っている（表12-5参照）。通級

表12-5 通級による指導の展開

年	元号	概要	関連通知
1950代〜	昭和30〜	言語障害児学級（ことばの教室）の開設と通級指導の拡大	
1978	昭和53	小・中学校における弾力的，柔軟な教育形態への方策の提示	「軽度心身障害児に対する学校教育の在り方（報告）」
1992	平成4	通級による指導の充実に向けた方策の提示	「通級学級に関する調査研究協力者会議報告」
1993	平成5	通級による指導の制度化	「学校教育法施行規則の一部改正等について」
2006	平成18	通級による指導の対象拡大	「通級による指導の対象とすることが適当な自閉症者，情緒障害者，学習障害者又は注意欠陥多動性障害者に該当する児童生徒について」
2013	平成25	就学先の決定に関する考え，個別の指導	「障害のある児童生徒等に対する早期からの一貫した支援について」
2018	平成28	高等学校での通級による指導の開始	「学校教育法施行規則の一部を改正する省令等の公布について」
2019	平成29	教員配置の基礎定数化	「公立義務教育諸学校の学級編制及び教職員定数の標準に関する法律の一部改正」
2021	令和3		「新しい時代の特別支援教育の在り方に関する有識者会議報告」

による指導により，主体となる教育の場を在籍する通常の学校に置きながら，それぞれの障害に応じた特別な指導を行うことが可能となり，児童生徒の学習上・生活上の困難を改善・克服していくうえで大きな成果を上げている。インクルーシブ教育の理念のもと，通常の学校における特別支援教育を進めるにあたって，通級による指導は欠くことのできない教育の場として位置づいている。

通級による指導の法的な位置づけは，学校教育法第81条第1項に定められている「幼・小・中・高等学校及び中等教育学校においては…（中略）…障害による学習上又は生活上の困難を克服するための教育を行う」という特別支援教育の実施義務をふまえ，学校教育法施行規則第140条，第141条に示されている。

学校教育法施行規則第140条では，「小学校，中学校，義務教育学校，高等学校又は中等教育学校において，次の各号のいずれかに該当する児童又は生徒（特別支援学級の児童及び生徒を除く。）のうち当該障害に応じた特別の指導を行う必要があるものを教育する場合には，…（中略）…特別の教育課程によることができる」とされており，当該障害として「言語障害者，自閉症者，情緒障害者，弱視者，難聴者，学習障害者，注意欠陥多動性障害者」及び「その他障害のある者で，この条の規定により特別の教育課程による教育を行うことが適当なもの」が挙げられている。

さらに第141条では「…特別の教育課程による場合においては，校長は…他の小学校，中学校，義務教育学校，高等学校，中等教育学校又は特別支援学校の小学部，中学部若しくは高等部において受けた授業を，当該小学校，中学校，義務教育学校，高等学校又は中等教育学校において受けた当該特別の教育課程に係る授業とみなすことができる。」とされている。このように通級による指導は，在籍している学校を離れ，他の学校に設置された通級指導教室で授業を受けた場合（いわゆる他校通級）でも，特別の教育課程による授業と見なして授業時数としてカウントされ欠席扱いにはならない，という制度である。

小・中学校での通級による指導では，年間35〜280単位時間（学習障害及び注意欠陥多動性障害の者については年間10〜280単位時間）までの授業時数を標準として，個々の子どもの実態に応じて指導時間を設定している。外

国人児童生徒など，日本語に通じない児童生徒については「日本語の能力に応じた特別の指導」も含めて「おおむね年間280単位時間以内」の授業時間が規定されているが，特別の必要がある場合には280単位時間を超えて指導することも可能である。なお高等学校では，卒業認定を取得単位の数によって定めているため，通級による授業時数は年間7単位を超えない範囲とすること，必履修教科・科目，総合的な学習の時間，特別活動など一部の授業については通級による指導で代替できないこと，2年以上の年次にわたる授業時数を合算して単位認定ができることなど，小・中学校とは異なる規定で実施されている。

　通級による指導は，学習上又は生活上の困難を改善・克服することが目的であるため，基本的に特別支援学校での自立活動にあたる内容を扱う。各教科の内容を取り扱いながら指導を行うことも可能だが，いわゆる補習授業や補充授業とは目的が異なることに留意する必要がある。自立活動的な内容を指導するうえで，通級による指導にあたっては「個別の教育支援計画」及び「個別の指導計画」を作成し，効果的に活用するものとされている（文部科学省，2017）。

　個別の教育支援計画は医療や福祉機関との連携のもとに，生涯を通じた支援体制を見据えて教育機関（学校）が作成するものである。また個別の指導計画では，障害の種類や様態等の情報に加え，指導に対する保護者の希望，種々のアセスメントなどによる子どもの実態把握と実態に応じた指導上の工夫など明確化し，教育課程を具体化していく。いずれの計画とも，子どもの成長を促すために適切な支援や指導を行ううえで，教員，保護者，関係者を含めた情報共有のための重要なツールとなる。特に通級による指導が高等学校まで拡大された現在では，就学前から小学校への入学，さらにその後の進級や進学をふまえた連携や引き継ぎに配慮した作成や活用が求められている。

3.2 通級による指導の状況

　通級指導教室の設置数及び通級による指導を受けている児童生徒の数は，1993年の制度化以降，年を追って増加している。「通級による指導実施状況調査（文部科学省，2020）」によると，令和元年現在で通級による指導を受けている児童生徒数は13万人以上に達している。特に学習障害，注意欠陥

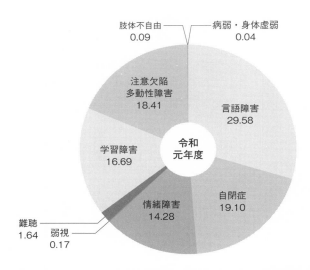

図12-10　通級による指導を受けている児童生徒の障害別割合（%）
（文部科学省，2020より作成）

　多動性障害，自閉症などの発達障害児の増加は顕著であり，指導の対象に含まれた平成18年度から令和元年度までの13年間で児童生徒の数は約10倍に増加しており，通級による指導を受けている児童生徒全体の約半数，緘黙等の情緒障害を含めると約7割を占めている（図12-10，表12-6参照）。通級による指導が制度化された当初は，対象児の約8割が言語障害の子どもであったが，その割合は徐々に減少傾向にある。これは言語発達遅滞に該当する子どものうち，発達障害による言語やコミュニケーションの困難を有する子どもを対象として分化するようになったことによる。他の障害についても，通級による指導を受けている児童生徒数に占める割合は減少しているが，いずれの障害でも子どもの実数は増加傾向にある。
　また通級による指導を受けている子どもの数は，小学校で圧倒的に多く，中学校，高等学校と進むにつれてその数は少なくなっている（図12-11）。これは小学校，中学校，高等学校と進むにつれて学校数（通級指導教室の数）自体が少なくなることによって，通級するため経路や時間が長くなること，構音障害などに代表されるように小学校での通級指導によって改善する子どもがいること，などによる。高等学校については，制度の開始から間も

表12-6　通級による指導を受けている児童生徒数の推移（文部科学省，2020より作成）

年度	言語障害（人）	自閉症	情緒障害	弱視	難聴	学習障害	注意欠陥多動性障害	肢体不自由	病弱・身体虚弱	総計
平成7	13,486	−	1,858	132	1,206	−	−	6	12	16,700
10	20,461	−	2,320	152	1,403			6	−	24,342
15	27,718	−	4,184	162	1,581	−	−	1	6	33,652
*18	29,713	3,912	2,898	138	1,777	1,351	1,631	6	22	41,448
20	29,860	7,047	3,589	153	1,915	3,682	3,406	14	19	49,685
25	33,606	12,308	8,613	179	2,044	10,769	10,324	26	13	77,882
令和元	39,691	25,635	19,155	222	2,207	22,389	24,709	124	53	134,185

＊：平成18年度より，自閉症等の障害が対象化

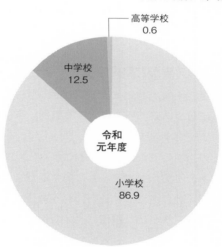

図12-11　通級による指導を受けている児童生徒の学校種別割合（％）
（文部科学省，2020より作成）

ないため通級指導教室が設置されている学校や対象となる生徒の数も少ないが，生徒数は平成30年の508人から令和元年の787人と増加している（増加率は1.55倍）。

　通級による指導の対象となる児童生徒の障害の程度については，2013（平

成25）年の「障害のある児童生徒等に対する早期からの一貫した支援について（通知）」において示されている。例えば，自閉症については「自閉症又はそれに類するもので，通常の学級での学習におおむね参加でき，一部特別な指導を必要とする程度のもの」とされており，具体的な数値（弱視者の視力，難聴者の聴力レベルなど）等の基準は明確ではない。就学先の決定については，「保護者の意見については，可能な限りその意向を尊重しなければならない」「障害の判断に当たっては，障害のある児童生徒の教育の経験のある教員等による観察・検査，専門医による診断等に基づき教育学，医学，心理学等の観点から総合的かつ慎重に行う」といった留意事項が示されており，現状では保護者の意向が強く尊重される。インクルーシブ教育や特別支援教育に関する情報が広く理解されるようになった現在，特別支援教育の対象となる児童生徒はさらに増加することが予想され，今後教室の設置や整備が一層進むことによって，通級による指導の対象児童生徒もさらに増えていくことが考えられる。

3.3 通級による指導の実際と教員の役割

3.3.1 指導の進め方

　通級による指導は，自立活動的内容に関する個別による指導を基本としている。それぞれの障害や個々の子どもの実態に応じて，指導の内容や方法は異なるが，おおよその指導の流れは図12-12に示したとおりである。

　指導を開始するにあたって，まず子どもに関するさまざまな情報を入手し，整理する必要がある。入級にあたって最初に行う面談はインテーク（受理面接）と呼ばれる。インテークでは，指導に対する保護者の要望や主訴を聞き取るとともに，それまでの生育歴や教育歴などに関する情報を収集する。情報収集にあたって必要な質問項目をあらかじめ整理しておき，一つひとつの事項を確認しながら慎重に進めていくこと，保護者の思いや感情に寄り添いながら受容的に面談を行うことが大切になる。

　次に，保護者との面談によって収集した情報に基づいて，子どもの実態についてより深く具体的に把握するために，子どもとの面談ややりとりを行う。子どもに直接かかわって実態把握をする際，さまざまなアセスメントツールを活用することも多く，主訴に応じた学習上・生活上の具体的な困難を想定

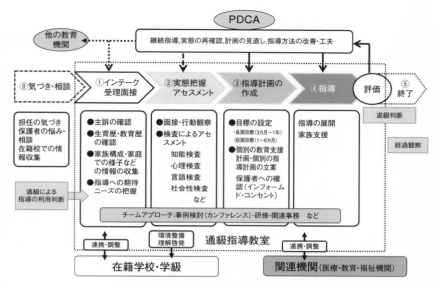

図12-12　通級による指導の流れ・業務

しながら，知能検査，心理検査，言語検査，社会性検査などを実施する。これらの検査の実施にあたっては，それぞれの検査の特徴や実施方法について十分に理解しておくことが必要である。またアセスメントの場面は，多かれ少なかれ子どもにとって緊張を強いる場面でもある。教員の言葉遣いや態度などに敏感に反応して，十分に力を発揮できないこともしばしば生じる。子どもの行動や態度などに注意を向けながら，できるだけニュートラルな状態で取り組むことができるような雰囲気づくりや，やりとりの展開に配慮することが必要となる。

　実態把握の結果をふまえて子どものニーズや指導目的を明確にし，指導に必要とされる時間などを想定して，「個別の指導計画」を立案する。指導計画の立案においては，一般的に学期や年間の目標となる長期目標と，長期目標を達成するための段階を想定した短期目標を設定する。また短期目標を達成するための具体的な指導内容や指導方法の要点を整理して，計画としてまとめていく。個別の指導計画の作成においては，計画案を保護者に提示して説明し，内容や方法の同意を得ること（インフォームド・コンセント）が必須となる。指導計画を作成する際に重要なのは，子どもの指導を担当する教

員のみではなく，通級による指導を担当する教員，在籍学級の担任教員を含めたチームで行うことである。さまざまな観点から子どもの実態について意見を交換し，障害による活動の困難のみではなく，学校や家庭での生活全般を視野に入れて立案することが求められる。

　指導計画に基づいて実際の指導を行うにあたっては，それぞれの指導に充てる時間配分の想定，効果的な教材・教具，子どもに合わせた言葉かけや態度など，きめ細やかな準備が必要となる。実際に指導を行ってみると，教員の想定どおりに進まないこともしばしば生じる。用意した教材が子どもに合っていないことや興味を示さないこと，さらにはその日の子どもの体調や気分によっても指導の成果は変わってくる。指導が順調に進む場合，うまく進まない場合のいずれにおいても，適宜，内容や方法を見直しながら進めるPDCA（Plan-Do-See-Action）による取り組みが求められる（図12-12参照）。

3.3.2 教員の役割

　通級による指導では，子どもに対する直接的な指導とともに在籍学級での生活や学習への適応を促すための間接的な指導や支援が求められる。間接的な支援には，障害に応じた在籍学級の環境調整，指導にあたっての担任教員へのアドバイスや気持ちの受け止め，保護者の心理的安定を図る働きかけなどがあり，さまざまな人や場面を含めた子どもの生活全般への配慮が必要となる。通級による指導を担当する教員は，「障害」という視点を常に有しながら，知識や技術を教える（インストラクター），学習環境を調整する（デザイナー），子どもにとっての良い例となる（モデル），学習への意欲を引き出す（プロンプター），他の教員や保護者の気持ちを受け止める（カウンセラー）（藤岡，1997），さらには子どもの指導にかかわる情報共有や連携を行う（コーディネーター）といったさまざまな役割が求められる専門職，ということができるだろう。

　通級による指導を担当する教員の数は，2017（平成29）年の「公立義務教育諸学校の学級編制及び教職員定数の標準に関する法律の一部改正」によって基礎定数が設けられ，児童生徒13人に対し教員1人が配置されるように定められた。対象となる子どもの数は年々増加しているが，1人の教員で通級指導教室を運営しなければならない地域も少なくない。例えば，国立特別支援教育総合研究所（2017）の調査によると，全国の難聴・言語障害通級

指導教室の教員のうち，46.5％が経験３年以下の教員であることが報告されており，障害児への指導にかかわる専門性の担保が懸念されている。このような状況を鑑み，2020（令和２）年に文部科学省より「初めて通級による指導を担当する教師のためのガイド」が提示された。このガイドでは，通級による指導の役割や年間の指導の流れ，実践例等が紹介されており，経験の少ない担当者への支援ツールとして活用が期待される。また通級による指導の対象となる障害種が増えたことや，障害に関する研究の進展に伴う新たな知識のアップデート，コーディネートにかかわる業務が増加したことなどにより，経験を有する教員にとっても専門的知識や技量の向上が強く求められている（福田ら，2021）。

3.4 未来に向けての展望

　特別支援教育に対する理解や認識の高まりとともに，教育制度やシステムの整備も進んできており，通級による指導を求める児童生徒の数は今後も大きく増加することが予想される。このような状況の中，「新しい時代の特別支援教育の在り方に関する有識者会議 報告」（2021）では，児童生徒が在籍する学校で専門性の高い通級による指導を受けられるように，通級による指導の担当教師が小学校等を巡回して行う指導や，ICTや遠隔技術を活用した授業の推進・充実の必要性が報告されている。東京都では，発達障害児への指導の充実を企図して，2019（平成30）年度より，従来の通級による指導の形態を維持しながら，既設の情緒障害通級指導学級等を拠点校として担当教員が各校を巡回して指導を行う「特別支援教室」を設けている。特別支援教室は，2005（平成17）年に「特別支援教育を推進するための制度の在り方（答申）」において構想が提示され，具体化と展開に向けての検討が進められている。特別支援教育を進展させていくには，幼稚園，小学校，中学校，高等学校，さらには大学までを含めた年齢段階に応じた学校種と，通常の学校，通級による指導，特別支援学級，特別支援学校といった障害の実態に応じた教育の場を連続性のある多様な学びの場として捉えることが必要であるが，その中にあって通級による指導はさまざまな障害に対応し，個に応じた柔軟な指導を展開できる場として重要な位置を占める。障害のある児童生徒が原則として通常の学級に在籍しながら，特別の場で適切な指導及び必要な

支援を受けることができるよう，通級による指導を軸としながらより柔軟で弾力的な教育システムの構築が求められるだろう。

　教育システムの整備とあわせて通級による指導の充実を図るうえでは，教員の専門性を向上・拡充することが大きな課題となる。特に高等学校での通級による指導は端緒についたばかりであり，担当できる教員の養成とともに，指導実践や事例を積み上げ，効果的な指導方法や研修体制の確立を進める必要がある。幼児期から高等学校までの段階を見通し，それぞれの段階における通級による指導の専門性を継承・発展させることが求められる。

（澤　　隆史）

【引用・参考文献】

○藤岡完治（1997）学校を見直すキーワード―学ぶ・教える・かかわる．鹿毛雅治・奈須正裕（編），学ぶこと教えること―学校教育の心理学．金子書房，pp.1-24.
○福田弥咲・大伴潔・橋本創一・李受眞・山口遼・澤隆史・奥住秀之・藤野博・濵田豊彦・増田謙太郎（2021）特別支援教育における教員の研修ニーズと専門性向上に関する調査報告―首都圏調査と全国調査の比較から．東京学芸大学教育実践研究，17, 7-15.
○伊藤友彦（2000）言語障害を理解する―教育の視点から．鮫島宗弘（監修），障害理解への招待．日本文化科学社，pp.104-107.
○国立特別支援教育総合研究所（2017）平成28年度全国難聴・言語障害学級及び通級指導教室実態調査報告書．
○厚生労働省（2007）生活機能分類の活用に向けて―ICF（国際生活機能分類）：活動と参加の評価点基準（暫定案）．
○高等学校における特別支援教育の推進に関する調査研究協力者会議（2016）高等学校における通級による指導の制度化及び充実方策について．
○文部科学省（2017）小学校学習指導要領（平成29年告示）．
○文部科学省（2020）特別支援教育資料（令和元年度）．
○文部科学省（2021）新しい時代の特別支援教育の在り方に関する有識者会議報告．https://www.mext.go.jp/content/20210208-mxt_tokubetu02-000012615_2.pdf（2021年7月31日閲覧）．
○東京都教育委員会（2015）小学校における特別支援教室の導入ガイドライン（改定版）．
○全国公立学校難聴・言語障害教育研究協議会調査・対策部（2015）全国基本調査報告．

学校における特別なニーズへの対応

1. "障害によらない特別な教育的ニーズ" をめぐる動向と組織的対応

1.1 「特別な教育的ニーズ」をめぐる動向

　「特別な教育的ニーズ（Special Educational Needs）」という概念は，1978年にイギリスの「ウォーノック報告」で提唱され，1981年教育法によって制度化されたものであり，その定義は次のように説明される。

　「『特別な教育的手だて』（special educational provision）を必要とするほどに『学習における困難さ』（a learning difficulty）があるならば，その子どもは『特別な教育的ニーズ』を有する」

　つまり，障害の有無ではなく「学習における困難さ」や「特別な教育的手立て」に着目した教育学的概念であり，①障害はあるが特別な教育的ニーズはない，②障害があって特別な教育的ニーズもある，③障害はないが特別な教育的ニーズがあるという場合が存在する（徳永，2005）。また，「個体要因」と「環境要因」の相互作用によって，同一児であっても「特別な教育的ニーズのある状態」「特別な教育的ニーズのない状態」というように動的に把握されるところに特徴がある（真城，2003）。

　一方，我が国の「特別支援教育」は，平成19年に，障害の程度等に応じ特別の場で指導を行う「特殊教育」から障害のある児童生徒一人ひとりの教育的ニーズに応じて適切な教育的支援を行うものへと転換が図られたものの，障害のある幼児児童生徒を対象としている点で，より限定的である。

　日本とイギリスの小学校において子どもの課題を捉える認識枠組みを調査した原田（2018）は，イギリスの教師らが子どもの学習・行動上の課題を「特別な教育的ニーズ」という枠組みで把握していたのに対し，日本の教師らは子どもの行動上の課題を「生徒指導面の課題」と「発達障害」の２つから捉える傾向があり，この２つの概念は区別して捉えられつつも運用場面では混乱して用いられたことを報告している。その中で「グレーゾーン」の子どもたちを表す表象として「発達遅滞」「発達障害系」が用いられるなど，

学校現場には障害以外の多様な子どものニーズが現前しているにもかかわら
ず，それらを的確に捉える概念の用意がなく，実践者らは既成の発達障害概
念の拡張適用により対応を試みていることを指摘している。

　この事例にもみられるように，学校における子どもたちの困難は生徒指導
上の諸問題として現れることが少なくなく，我が国において，障害に限らな
い多様な背景から生じる課題の多くは生徒指導の枠組みで対応されてきた。
近年，これらは「学校が抱える課題の多様化・複雑化」と捉えられ，平成
27年12月の「チームとしての学校の在り方と今後の改善方策について（答
申）」において，その課題解決に向けた「チームとしての学校づくり」が提
唱され，「生徒指導上の課題解決」「特別支援教育の充実」「新たな教育課題
への対応（帰国・外国人児童生徒等への対応等）」のための体制整備の必要
性が挙げられた。当該答申では，これらの諸課題を横断的・連続的に捉える
概念や体制の提示まではないが，「生徒指導上の課題や特別支援教育の充実
等の課題は，限られた子供たちだけの問題ではない」として，課題の複雑
性・多様性に着目し，心理・福祉等の専門職を学校の教育活動に位置づける
ことや学校全体のマネジメント機能の強化を公的に提言した点で意義深い。

　さらに，学習指導要領の改訂に向けて平成28年12月にまとめられた「幼
稚園，小学校，中学校，高等学校及び特別支援学校の学習指導要領等の改善
及び必要な方策等について（答申）」においては，基本的な方向性の中で，
「子供たち一人一人の成長を支え可能性を伸ばす視点の重要性」として「子
供の発達や学習を取り巻く**個別の教育的ニーズ**を把握し，一人一人の可能性
を伸ばしていくことも課題となっている」と言及され，特別支援教育の枠組
みを超えた言及の中で初めて「教育的ニーズ」という用語が公的に用いられ
た。そして，改訂学習指導要領においては，総則に「児童生徒の発達の支
援」が盛り込まれ，特別な配慮を必要とする児童生徒への指導として，「障
害のある児童生徒などへの指導」「海外から帰国した児童生徒などの学校生
活への適応や，日本語の習得に困難のある児童生徒に対する日本語指導」
「不登校児童生徒への配慮」「学齢を経過した者への配慮」が明記された。

　こうした動向について，渡部（2019）は，学校教育法施行規則では不登校，
日本語指導が必要な場合，夜間中学等に対し，「特別の教育課程」が設けら
れていることを挙げ，これらの場合を「特別ニーズ教育」という概念に充て，

「特別の支援及び指導の拡がり」と捉えている。平成29年に文部科学省が提示した教育課程コアカリキュラムにおいて，「教育の基礎的理解に関する科目」に「障害はないが特別の教育的ニーズのある幼児，児童及び生徒の把握や支援」が盛り込まれたのは，こうした「生徒指導の機能の拡がり」や「特別の支援・指導の拡がり」といった流れを受けたものと捉えられ，従来の障害のある子どもたちに限定した特別支援教育のあり方を転換し，多様な困難性を有する子どもたちの理解と支援を進める大きな第一歩であると言えよう。

1.2 "障害によらない特別な教育的ニーズ"に関する現状と政策動向

上述のとおり，我が国において「障害はないが特別の教育的ニーズのある」という概念は新しくその定義は必ずしも明確でない。二通・猪狩（2020）は，特別支援教育の対象を歴史的経緯から三層で捉える考え方を示しており，第一の層が特殊教育から引き継がれる各種障害，第二の層が特別支援教育への転換によって拡大された「知的な遅れのない発達障害」，そして第三の層に「障害はないが特別の教育的ニーズのある」とされる貧困や日本語未修得などを挙げている。ここでは第三の層にあたるものとして，渡部（2019）の指摘にある「不登校」「日本語指導が必要な子ども」「夜間中学」に加え，「子どもの貧困」「児童虐待」「性的マイノリティ」を取り上げ，その現状と政策動向を整理する。

1.2.1 不登校

不登校とは「何らかの心理的，情緒的，身体的若しくは社会的要因又は背景によって，児童生徒が出席しない又はすることができない状況（病気又は経済的理由による場合を除く。）」をいい，令和元年度の全国の国公私立の小・中学校の不登校児童生徒数は18万1,272人，高等学校は5万100人である。かつては「学校ぎらい」「登校拒否」などと表現されていたが，文部科学省は平成14年に「不登校問題に関する調査研究協力者会議」を設置し，「今後の不登校への対応の在り方について（報告）」において「特定の子どもに特有の問題があることによって起こることとしてではなく，どの子どもにも起こり得ることとして捉え，当事者への理解を深める必要がある」と表明し，平成17年には特例校（不登校児童生徒等を対象とする特別の教育課程を編成し教育を実施する学校）の指定を可能とした。

しかしながら，不登校児童生徒数の高水準での推移に歯止めがかからず，文部科学省は，平成27年に再び「不登校に関する調査研究協力者会議」を立ち上げるとともに，「フリースクール等に関する検討会議」も設置し，それぞれ「不登校児童生徒への支援に関する最終報告」「不登校児童生徒による学校以外の場での学習等に対する支援の充実（報告）」をまとめている。さらに，平成28年12月には不登校児童生徒への支援について体系的に規定した「義務教育の段階における普通教育に相当する教育の機会の確保等に関する法律」（以下「教育機会確保法」）が成立し，令和元年には，これまでの不登校施策に関する通知について整理した「不登校児童生徒への支援の在り方について（通知）」が発出されるなど，近年不登校支援をめぐる検討が急速に進展した。

　この中で，着目すべき事項を3点挙げておく。第1は，支援の視点として「不登校児童生徒への支援は，『学校に登校する』という結果のみを目標にするのではなく，児童生徒が自らの進路を主体的に捉えて，社会的に自立することを目指す必要があること」が表明されたことである。第2は，「『児童生徒理解・支援シート』を活用した組織的・計画的支援」が提言され，不登校児童生徒，障害のある児童生徒及び日本語指導が必要な児童生徒等についての支援計画をまとめて作成する場合の参考様式が別途通知されたことである。そして第3は，「不登校児童生徒の一人一人の状況に応じて，教育支援センター，不登校特例校，フリースクールなどの民間施設，ICTを活用した学習支援など，多様な教育機会を確保する必要があること」「夜間中学において，本人の希望を尊重した上での受入れも可能であること」などが明記され，学校外の公的機関や民間施設で指導・助言等を受けている場合や自宅でICT等を活用した学習活動を行った場合の指導要録上の出席の取り扱いが改めて通知されたことである。

| 1.2.2 | 日本語指導が必要な子どもたち

　学校に在籍する外国人児童生徒に加え，日本国籍ではあるが日本語指導を必要とする児童生徒も増加しており，日本語指導が必要な児童生徒（外国籍・日本国籍含む）は平成30年5月現在5万1,126人と10年前の1.5倍となっている。また令和元年度に実施した「学齢相当の外国人の子供の就学状況に関する調査」では約2万人の外国人の子どもが就学していない可能性があ

るという実態が示された。文部科学省は令和元年に成立した「日本語教育の推進に関する法律」「日本語教育の推進に関する施策を総合的かつ効果的に推進するための基本的な方針」（令和2年6月閣議決定）に基づき「外国人の子供の就学促進及び就学状況の把握等に関する指針」を策定した。

　日本語指導が必要な児童生徒を対象とした特別の教育課程の編成・実施は，2014年より年間10単位時間から280単位時間までの幅で可能となっている。日本語指導を受ける児童生徒が在学する学校には，日本語の能力や学校生活への適応状況を含めた生活・学習状況等の把握に基づく指導計画の作成と学習評価が求められており，指導は巡回指導も含め在籍校での実施を原則として指導者の確保が困難な場合には他校での実施も認められている。日本語指導が必要な子どもたちの抱える課題としては，言語（母語）の多様化や国際結婚によるダブルリミテッド（どの言語も年齢相応のレベルに達していない状況），文化的な背景の多様性による学習活動や給食等への参加の困難，来日理由や将来設計の多様性などがあり，支援の課題としては，日本語指導が必要な子どもの不就学・不登校問題，特別支援教育と日本語指導の二重サポートを必要とする子どもの増加，母語の保持や母文化の継承問題，義務教育後の進路の問題などが指摘されている（二通・猪狩，2020）。

　こうした動向をふまえ，文部科学省は2019年に「外国人児童生徒受入れの手引き」を改訂し，外国人児童生徒等教育にかかわるさまざまな人々の役割と連携・協力の在り方を示している。

1.2.3 | 夜間中学

　夜間中学とは，市町村が設置する中学校において夜の時間帯に授業が行われる公立中学校の夜間学級をいう。歴史的には戦後の生活困窮などにより昼間就労等を余儀なくされた者の義務教育の機会の保障のために設けられたものであるが，教育機会確保法第14条において，すべての都道府県及び市町村に対して夜間中学等の設置を含む就学機会の提供その他の必要な措置を講ずることが義務づけられた。令和3年現在12都府県30市区に36校設置され，文部科学省は各都道府県・指定都市に1校は設置されるよう促している。

　また，文部科学省は，平成27年に「義務教育修了者が中学校夜間学級への再入学を希望した場合の対応に関する考え方について（通知）」を発出し，さまざまな事情から十分な教育を受けられないまま卒業した者で，中学校で

の学び直しを希望する者の夜間中学での受入れが可能であることを示した。例えば不登校や児童虐待等により中学校の課程の大部分を欠席していた者が想定され，指導要録上十分な出席日数が記録されていてもいわゆる保健室登校であった場合なども含め，一律の外形的な基準ではなく個々の事情に応じて柔軟に入学許可判断をすることを求めている。なお，教育機会確保法を受け，入学希望既卒者を対象とする特別の教育課程編成は学校教育法施行規則第56条の4（昼間の中学校で不登校となっている学齢生徒に対する特別の教育課程編成は同第56条）に規定された。

さらに，「外国人材の受入れ・共生のための総合的対応策の充実について」（令和元年6月関係閣僚会議決定）や「子供の貧困対策に関する大綱（令和元年11月閣議決定）」等においても，夜間中学の設置促進や受け入れ生徒の拡大等が表明されており，夜間中学には義務教育の機会を実質的に保障するさまざまな役割が期待されている。

| 1.2.4 | 子どもの貧困

2019年の国民生活基礎調査によれば，我が国の18歳未満の子どもの貧困率は14.0%であり，7人に1人の子どもが相対的貧困状態にあるとされる。また，ひとり親世帯の子どもの貧困率は48.3%にのぼっている。貧困の子どもへの現れ方は，子ども期の特徴（家族依存度の高さや身体的脆弱性，成長と発達の過程にあること，学校制度とのかかわりが深いこと，アイデンティティ形成の時期であることなど）とかかわって理解する必要があり，子ども期の貧困は，疾病や不健康，成長・発達の阻害や不利，学校・教育からの排除と教育達成の不利，スティグマや選択可能性の制約による意識と意欲形成の制約などとして経験されやすいことが指摘されている（松本，2016）。

平成26年1月に「子どもの貧困対策の推進に関する法律」が施行され，令和元年6月の同法改正を経て，目的に「児童の権利に関する条約の精神にのっとり，子どもの『将来』だけでなく『現在』の生活等に向けても子どもの貧困対策を総合的に推進すること」，基本理念に「子どもの最善の利益が優先考慮されること」等が明記され，新たに市町村にも貧困対策計画策定の努力義務が課され，教育の機会均等が図られるべきことなどが明確化された。

また，同法改正等をふまえ，令和元年11月には新たな「子供の貧困対策に関する大綱」が閣議決定され，教育の支援の基本方針では「学校を地域に

開かれたプラットフォームと位置付けて，スクールソーシャルワーカーが機能する体制づくりを進めるとともに，地域において支援に携わる人材やNPO等民間団体等が中核となって放課後児童クラブや地域福祉との様々な連携を生み出すことで，苦しい状況にある子供たちを早期に把握し，支援につなげる体制を強化する。」「将来の貧困を予防する観点から，高校中退を防止するための支援や中退後の継続的なサポートを強化するとともに，教育の機会均等を保障するため，教育費負担の軽減を図る。」ことが示されている。

| 1.2.5 | 児童虐待

　令和元年度の児童相談所における児童虐待相談対応件数は19万3,780件と過去最多となり深刻な問題となっている。また，数々の痛ましい事案を受け，児童虐待防止対策に関する関係閣僚会議は，平成30年に「児童虐待防止対策の強化に向けた緊急総合対策」，31年に「『児童虐待防止対策の強化に向けた緊急総合対策』の更なる徹底・強化について」「児童虐待防止対策の抜本的強化について」を決定した。これを受けて令和元年6月には，「児童虐待防止対策の強化を図るための児童福祉法等の一部を改正する法律」が公布

表13-1　虐待への気づきの視点（文部科学省，2019より作成）

子供についての異変・違和感	表情が乏しい，触られること・近づかれることをひどく嫌がる，乱暴な言葉遣い，極端に無口，大人への反抗的な態度，顔色を窺う態度，落ち着かない態度，教室からの立ち歩き，家に帰りたがらない，性的に逸脱した言動，集中困難な様子，持続的な疲労感・無気力，異常な食行動，衣服が汚れている，過度なスキンシップを求めるなど
保護者についての異変・違和感	感情や態度が変化しやすい，イライラしている，余裕がないように見える，表情が硬い，話しかけても乗ってこない，子供への近づき方・距離感が不自然，人前で子供を厳しく叱る・叩く，連絡が取りにくい，家庭訪問・懇談などのキャンセルが多い，行事に参加しない，家の様子が見えない　など
状況についての異変・違和感	説明できない不自然なケガ・繰り返すケガ，体育や身体計測のときによく欠席する，低身長や低体重，体重減少，親子でいるときには親を窺う態度や表情が乏しいが親がいなくなると急に表情が晴れやかになる，子供が具合が悪くなったなどで保護者に連絡しても緊急性を感じていない様子，その家庭に対する近隣からの苦情や悪い噂が多い　など

され，文部科学省は，学校・教育委員会等の対応の留意事項（虐待が及ぼす子供への影響や学校・教職員等の役割，日頃の観察から通告，子供・保護者との関わり方，転校・進学時の対応等）をまとめた「学校・教育委員会等向け虐待対応の手引き」（表13-1）を作成するとともに，翌年には具体的な虐待対応のケースを取り上げた「学校現場における虐待防止に関する研修教材」（文部科学省，2020）を作成している。

| 1.2.6 | 性的マイノリティ

平成15年に「性同一性障害者の性別の取扱いの特例に関する法律」が議員立法により制定されて以降，文部科学省は，性同一性障害に係る児童生徒の心情等に十分配慮した対応を要請してきたが，改めて平成27年4月に「性同一性障害に係る児童生徒に対するきめ細かな対応の実施等について」（文部科学省，2015）を通知した。その中で，性同一性障害に係る児童生徒についての特有の支援と，性同一性障害に係る児童生徒や「性的マイノリティ」とされる児童生徒に対する相談体制等の充実における配慮事項を示している（表13-2）。また，平成28年4月には教職員向けの周知資料も発出し，性同一性障害や性的指向・性自認に係る児童生徒への対応について，学級担任や管理職，養護教諭，スクールカウンセラー等が協力して実情を把握したうえ

表13-2 「性的マイノリティ」に対する配慮事項（文部科学省，2015より作成）

項目	学校における支援の事例
服装	自認する性別の制服・衣服や，体操着の着用を認める
髪型	標準より長い髪型を一定の範囲で認める（戸籍上男性）
更衣室	保健室・多目的トイレ等の利用を認める
トイレ	職員トイレ・多目的トイレの利用を認める
呼称の工夫	校内文書（通知表を含む）を児童生徒が希望する呼称で記す 自認する性別として名簿上扱う
授業	体育又は保健体育において別メニューを設定する
水泳	上半身が隠れる水着の着用を認める（戸籍上男性） 補習として別日に実施，又はレポート提出で代替する
運動部の活動	自認する性別に係る活動への参加を認める
修学旅行等	1人部屋の使用を認める 入浴時間をずらす

で相談に応じ，必要に応じて関係医療機関とも連携するなど，子どもの心情に十分配慮した教育相談の徹底を図るよう関係者に対して依頼している。

1.3 "障害によらない特別な教育的ニーズ"への組織的対応

1.3.1 基本的な考え方

　ここまで見てきたように，"障害によらない特別な教育的ニーズ"への対応は，近年目まぐるしく政策が動いており，現在はその過渡的な状況にあると言える。前項で挙げた課題は，障害との重なりや連続性も含めて重複課題が多く想定される（例えば，日本語指導が必要な子どもの不登校問題，発達障害のある子どもの児童虐待問題等）が，検討は既存の政策体系や課題事象ごとになされており，複雑化する「特別な教育的ニーズ」を横断的・連続的に把握し対応するための組織的・包括的なシステムが提示されているとは言い難い。さらに，"障害によらない特別な教育的ニーズ"という概念ないし状態は，家庭環境要因や社会・経済・文化的要因を背景とする不利・困難に焦点が当てられたものであり，学校における「学習上の困難」の背景要因には「生活上の困難」が複雑に絡み合っている場合が多い。このため，子どもの「学習上の困難」と「生活上の困難」の両面への気づきから情報収集・共有，アセスメント，支援内容の検討，支援の展開，モニタリング・評価に至る対応には，多職種・多機関協働や地域との協働が欠かせない。ここでは，課題を横断的・連続的に捉え，かつ「学習上の困難」と「生活上の困難」の両面にアプローチするための組織的・包括的な支援システムを想定し，近年の動向からそこにつながる考え方を3点取り上げ示すこととしたい。

　1つは，統合的な校内の支援体制構築のための生徒指導の体制と特別支援教育の体制の柔軟な一体化である。"障害によらない特別な教育的ニーズ"への対応に向けては，「生徒指導機能の拡がり」と「特別な支援及び指導の拡がり」の方向性が捉えられることはすでに述べた。文部科学省は，「チームとしての学校づくり」の提言を受けて，平成29年1月に「児童生徒の教育相談の充実について〜学校の教育力を高める組織的な教育相談体制づくり〜（報告）」（以下「教育相談報告」）をまとめている。その中で「事後の個別事案への対応に重点を置いた教育相談」から「未然防止・早期発見及び支援・対応等への一貫した支援体制構築」への転換をうたい，そのための体制

整備として，既存の校内組織を活用した定期的なスクリーニング会議と必要に応じたケース会議の実施，これらの会議への校内の生徒指導・教育相談担当教員，養護教諭，特別支援教育コーディネーター，スクールカウンセラー（SC），スクールソーシャルワーカー（SSW）等関係教職員，校外の関係機関職員の参加の有効性を挙げている。また，学校の組織的対応のための教育相談コーディネーターの配置・指名においては，特別支援教育コーディネーター等がこれを兼ねたり，複数の教職員が担ったりするなどの柔軟な対応が提案されている。

　実際，生徒指導上の問題を抱える子どもの中には，特別支援の課題を抱えている子どももいることから，定例のスクリーニング会議に「校内委員会」が活用される事例も少なくない。従来の特別支援教育の校内支援体制が，障害との連続性や複合性への着眼も含めて“障害によらない特別な教育的ニーズ”についても包括的に把握するプラットフォームとなり，この基盤にきめ細かな生徒指導・教育相談機能が備わることは有効な方策の1つと考えられる。

　第2に，すでに述べた事項であるが，児童生徒ごとに作成される支援の計画の統一化（包括的な「児童生徒理解・支援シート」の作成・活用による組織的・計画的支援）である。これは，児童生徒が複数の課題を抱えている場合も想定し，支援に必要な情報を集約し，それに基づく支援計画を学校内や関係機関で共通理解し校種間で適切に引き継ぐことにより多角的な視野に立った指導体制を構築できるように企図されたものであり，業務の適正化と効果的な指導が期待されている。従来「個別の教育支援計画」等を通じて一貫した支援を展開してきた特別支援教育の拡張ともみなすことができよう。

　第3に，子どもたちの生活を支え，学びを拡げるための学校外教育機会の充実と関係機関や地域との連携・協働体制づくりである。上述のとおり，不登校，日本語指導が必要な子どもの支援，貧困状況にある子どもの支援等においては，学校の教育課程の特別編成のみならず，学校外の教育機会の充実が積極的に求められている。清水（2019）は，「学校内の『特別なニーズ教育』プラットフォームは，すべての子どもの学習上の困難・遅滞や不適応（生きづらさ）状態に継続的に対応していくための地域社会のプラットフォームである」としている。先の教育相談報告においても校内の支援体制はコ

ミュニティ・スクール等と連携・協働した体制とすることが推奨されており，今後推進が必要な重要課題となっている。

1.3.2 チームアプローチによる支援モデル

　これらをふまえ，ここでは，「子どもの貧困」問題への支援を事例として取り上げ，筆者らが教育委員会や学校と取り組んだ実践研究をもとに作成した研修資料を用い，そこで示したチームアプローチの支援モデルを概説する。

　まず，「子どもの貧困」問題は，貧困が本来「親の貧困」であるにもかかわらず，「子どもの不利・困難」として現れる事象であり，親の貧困にばかり着目することは子どもが直面している困難を見過ごす恐れがあることから，背景要因としての親の貧困と，結果として子どもに生じている不利・困難を区別して捉え支援する視点を提示し，4つのアプローチを設定した（図13-1）。

　そして，貧困を背景として子どもに生じている不利・困難に対し，教育現場がチームとして取り組む理論と実践をテキストとしてまとめ，教員，養護教諭，特別支援教育コーディネーター，スクールカウンセラー，スクールソーシャルワーカー，事務職員などさまざまな関係者の気づきや役割，対応を示した。さらに，次の2つの具体的事例を用いて，多職種・多機関協働や学

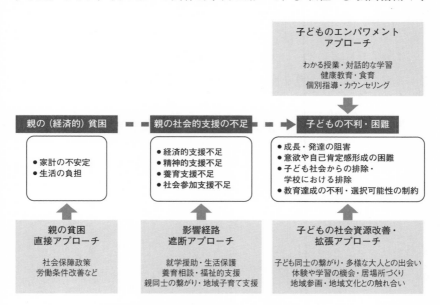

図13-1　子どもの貧困問題に取り組む4つのアプローチ（入江，2020）

校と地域の協働によるチームアプローチの手がかりを示す映像教材を作成している。

事例①：父親の失業による母親へのDV・児童虐待，貧困の複合課題を背景要因として低い自己肯定感と孤立を抱える女子児童に対し，学級担任の気づきから校内支援体制を形成して支援を展開する小学校の例。

事例②：親の離婚による貧困を背景として非行に至る男子生徒に対し，学校運営協議会（コミュニティ・スクール）委員を務める民生委員の気づきから，学校運営協議会と校務分掌上の生徒指導の組織が協働して支援を展開する中学校の例。

これらの事例では，スクールソーシャルワーカーや学校運営協議会委員が結び目となり，校内の支援組織が関係機関や地域との協働体制を有している。そして，この協働体制を基盤として，子どものエンパワメント（自己肯定感を高める学習指導や学級経営，心理的ケアなど）と社会資源の改善・拡張（地域の学習機会・居場所づくりなど），保護者の困難の子どもへの影響を軽減する支援（福祉的支援や就労支援）を展開している。つまり，多職種や地域を含めたチームでのアセスメントとアプローチによって，背景要因としての親の貧困（親の生活上の困難）と，結果として子どもに生じている不利・困難（子どもの学習・生活上の困難）を区別して捉えつつ，それぞれへの支援を協働して展開している。また，これを個人の支援に留めず学校経営方針等に反映し，不利・困難を抱える子どもに寄り添う学校全体の協働力を高めている点が特徴である。

1.4 未来に向けての展望

令和3年1月，中央教育審議会は，「『令和の日本型学校教育』の構築を目指して〜全ての子供たちの可能性を引き出す，個別最適な学びと，協働的な学びの実現〜（答申）」をまとめ，「2020年代を通じて実現すべき『令和の日本型学校教育』の姿」として「個別最適な学び」という概念を提示した。これは「指導の個別化」（教師が支援の必要な子どもにより重点的な指導を行うことなどで効果的な指導を実現することや，子供一人一人の特性や学習進度，学習到達度等に応じ，指導方法・教材や学習時間等の柔軟な提供・設定を行うことなど）と「学習の個性化」（教師が子供一人一人に応じた学習

活動や学習課題に取り組む機会を提供することで，子供自身が学習が最適となるよう調整する）から成る概念である。

　そして今後の方向性の第1に，「学校教育の質と多様性，包摂性を高め，教育の機会均等を実現する」を掲げ，「インクルーシブ教育システムの理念の構築等により，様々な背景により**多様な教育的ニーズのある子供**たちに対して，自立と社会参加を見据えて，その時点で教育的ニーズに最も的確に応える指導を提供できる，多様で柔軟な仕組みを整備することが重要であり，実態として学校教育の外に置かれることのないようにするべきである。（中略）。このため，学校に十分な人的配置を実現し，1人1台端末や先端技術を活用しつつ，生徒指導上の課題の増加，外国人児童生徒数の増加，通常の学級に在籍する発達障害のある児童生徒，子供の貧困の問題等により多様化する子供たちに対応して個別最適な学びを実現しながら，学校の多様性と包摂性を高めることが必要である」と言及している。

　この答申から読み解けば，多様な教育的ニーズのある子どもたちに対するさまざまな手立ては，一方で特別支援教育の拡張を導きながら，また一方で学校教育全体のあり方の転換を牽引する重要な事項となっている。

　この新たな学校像の実現に向けて，次の3点を今後の課題として提示し本稿を閉じたい。1つは，やはり教育現場が共通理解可能な「特別な教育的ニーズ」概念の明確化の必要性である。すでに述べたとおり，"障害によらない特別な教育的ニーズ"という概念ないし状態には，「学習上の困難」と「生活上の困難」が密接に関連している場合が多く，課題の未然防止や早期発見のための「潜在的なニーズ」を捉えることも含め，「学習上の困難」と「生活上の困難」の両面をチームとして把握し対応するための柱となる概念が必要である。第2に支援の基盤となる校内組織の事例の蓄積の必要性である。背景要因や困難な状況によって支援の基盤となる校内組織はさまざまなパターンが考えられるが，校内の生徒指導・教育相談体制と特別支援教育の校内支援体制，地域学校協働体制（コミュニティ・スクール等）の有機的連携事例の蓄積を通して，学校が備えるべきプラットフォーム機能を明らかにしていくことが求められる。第3に，教員・教育支援者養成における実践的で協働的な学びの充実である。新たな学校像に向けた教員・教育支援者養成にあたっては，背景課題や子ども理解を深め，多職種が協働するための実践

的な学びが重要となる。「教育の基礎的理解に関する科目」と併せて実践的な知識・技能を習得できる科目の充実が求められる。

　これらの課題へのアプローチも含め，“障害によらない特別な教育的ニーズ”への着目を通して，すべての子どもたちの学びを保障していく包摂性を備えた学校づくりの検討が深められていくことが必要である。

（入江　優子）

【引用・参考文献】

○原田琢也（2018）インクルーシブ教育に関する日英比較研究―「特別な教育的ニーズ」概念の違いに注目して．法政論叢，54(2), 159-178.
○入江優子・加瀬進（編著）（2020）子どもの貧困とチームアプローチ．書肆クラルテ.
○松本伊智朗・湯澤直美・平湯真人・山野良一・中嶋哲彦（編著）（2016）子どもの貧困ハンドブック．かもがわ出版.
○文部科学省（2015）性同一性障害に係る児童生徒に対するきめ細かな対応の実施等について．https://www.mext.go.jp/b_menu/houdou/27/04/1357468.htm（2021年10月26日閲覧）.
○文部科学省（2019）学校・教育委員会等向け虐待対応の手引き．https://www.mext.go.jp/a_menu/shotou/seitoshidou/1416474.htm（2021年10月26日閲覧）.
○文部科学省（2020）児童虐待防止と学校（研修教材）．https://www.mext.go.jp/a_menu/shotou/seitoshidou/1280054.htm（2021年10月26日閲覧）.
○文部科学省（2021）令和2年度文部科学白書.
○二通諭・猪狩恵美子（2020）マイノリティの教育・支援．日本特別ニーズ教育学会（編），現代の特別ニーズ教育．文理閣，pp.33-44.
○真城知己（2003）図説 特別な教育的ニーズ論―その基礎と応用．文理閣.
○清水貞夫（2019）「特別なニーズ教育」とノンカテゴリーの教育システム．SNEジャーナル，25, (1), 32-45.
○東京学芸大学児童・生徒支援連携センター（編）（2020）困っている先生のための「チームアプローチ」入門．（DVD）.
○徳永豊（2005）「特別な教育的ニーズ」の概念と特殊教育の展開―英国における概念の変遷と我が国における意義について．国立特殊教育総合研究所研究紀要，32, 57-67.
○渡部昭男（2019）特別の支援および指導の拡がり―学校教育法等の改正・学習指導要領の改訂にそくして．教育科学論集，22, 31-36.

2. 多様な教育的ニーズのある子どもの理解と支援 —個別性，集団性，地域連携から見えてくること

2.1 はじめに

　本節では，子どもの貧困を1つの観点にしながら，特別な教育的ニーズがある子どもの把握・理解やその支援について，(1)子どもとの個別のかかわりにおいてできること，(2)子どもを取り巻く集団づくりや環境づくりとしてできること，(3)学校と学校外の居場所との連携・協働でできること，の3つの側面から考えていくこととする。

2.2 子どもとの個別のかかわりにおいてできること

2.2.1 子どもと信頼関係を構築し，つながる

　現代の教員は，義務教育段階の子どもと最も身近で接する可能性の高い保護者以外の大人といってよい。貧困等の特別な教育的ニーズのある子どもは，人との社会的なつながりが絶たれ，孤立することでその支援や教育がより困難になることがある。そのため，子どもと身近で接する教員が，まずはありのままの子どもを受け止め，子どもと信頼関係を構築し，子どもが孤立しないようにつながっておくということ，それ自体が重要となる。

　目の前の子どもは，教員自身が経験したこともないような状況に置かれている可能性がある。子どもとつながるためには，自身の経験や教員としてのものさしを一度相対化し，子どもが感じている気持ちや子どもから見た世界を共感的に理解できるように努めることが重要である。

　子どもに共感し，子どもとの関係性を深めるための方法の1つに，「共視」の関係性を用いたコミュニケーションがある。「共視」とは，横に並んで同じものや景色を共に視るコミュニケーションのありようのことである（北山，2005）。北山は，江戸時代の浮世絵に描かれた母子像にこの「共視」の関係性が多く現れていることを発見し，そこに母子の信頼関係の構築の基盤をみている（図13-2，図13-3）。言葉を多く交わすわけではないが，なんとなく傍にいる他者を感じながら，同じものをみて，同じようなことを感じている感覚が「共視」にはある。

図13-2　国貞「雪月花　雪」　　　　図13-3　歌麿「遊君鏡八契　水鏡」
　　　（北山，2005　p.15）　　　　　　　（北山，2005，p.15）

　学校教育の中には，授業の場面に象徴されるように，教師が教室の前に立ち，子どもたちと対面してコミュニケーションするような「対視」の関係性が多く現れる一方で，「共視」の関係性が生じ得る場面も多くある。小学校であれば休み時間に子どもたちと一緒になって遊んだり，中学校，高等学校であれば部活動や行事の運営等の中で共同作業を行ったりする場面には，「共視」の関係性が生まれることがあるだろう。また，個別に子どもたちと話すときに，対面ではなく並んで座りながら話すことなども「共視」の関係性を利用したかかわりになる。「共視」の関係性を用いたかかわりは，子どもとの共感的理解を図るうえで有効である。

　現実の場面では，子どもとかかわることに強い責任感を感じれば感じるほど，「個別にかかわるときには何か明確に目的がないとかかわりをもちづらい」とか，「何をしてあげられるかわからないから中途半端にかかわるべきではない」というように考えてしまうかもしれない。しかし，そのような考え方は複雑，かつ深刻な困難を抱えている児童生徒ほど排除してしまうことになる。ある時点で子どもとの１対１の関係では即効性のある支援が達成できそうになくても，子どもとつながってさえいれば，その後あるとき急に子

どもからSOSが出ることもあるかもしれないし，子どもとつながっていることで，他の教員や支援専門職（スクールカウンセラーやスクールソーシャルワーカー等）に支援の橋渡しをすることができるかもしれない。子どもと身近に接しやすい教員と子どもとの信頼関係は，その後の協働による教育・支援の糸口になることがある。

2.2.2 教員が子どもの貧困に気づくサイン

さまざまな様子から子どもの困難状況に気づくことができるのも，身近で接している教員ができることであろう。図13-4は，小・中学校の教員が子どもの貧困状況に気づく手がかりとして，「とても有用である」と回答した割合を示すものである（伊藤，2021）。これを見ると，お風呂に入っていない様子や，同じ洋服を続けて着ていることなど，教員は衛生的な面から子どもの貧困状況を感じとることが最も多くなっている。中学校以降は制服着用の学校も多くなるが，頭髪の乱れや体臭等からお風呂に入っていない様子等を感じとることが子どもの貧困状況の気づきのきっかけとなっていることが推察される。

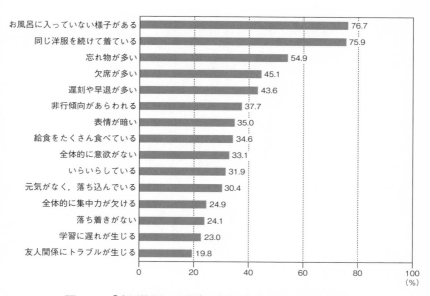

図13-4 「生活資源の不足」に気づく手がかりとして教員が
「とても有用である」と思う割合 (伊藤，2021)

また，衛生面での気づきに続き，忘れ物や欠席，遅刻・早退，非行傾向などからも，教員は子どもの貧困状況を感じとっていることがわかる。これらは学校内では改善すべき「問題状況」として，教員にとって「指導すべきこと」として捉えられがちであるが，指導の対象としてのみ状況を認識するのではなく，そうした状況の背後には子どもの貧困状況や多様な教育的ニーズが存在する可能性があるという視点をもつことが重要である。

2.2.3 「子どもの貧困」の捉え方

　このように教員は子どものさまざまな様子から子どもの貧困状況に気づいたり，感じたりすることがある一方で，現代の子どもの貧困は「見えにくい」とも言われている。松川（2021）は，学校現場で子どもの貧困が可視化されにくい理由として，(1)「貧困」という言葉からは「絶対的貧困」のイメージが思い浮かべられやすいこと，(2)学校で教員は児童生徒のさまざまな事項について配慮しており，貧困はその中の1つにすぎず，行動特性や発達上の特徴といった目に見えやすい配慮事項の影に隠れてしまうこと，(3)「貧困」がネガティブなイメージをもたれており，他の子どもたちに見える形での特段の配慮ができないこと，(4)保護者も子どもも家庭の経済的な貧しさを隠そうとすること，の4点を挙げている。

　子どもの成長や学習に必要な資源や機会の不足が問題となる「相対的貧困」は，生きていくために必要な栄養素の不足状況が問題となる「絶対的貧困」と比べ，一見するとわかりづらい。現代の日本社会における「貧困」の問題は，「絶対的貧困」のみならず，「相対的貧困」の問題として広がっているということをまず理解する必要がある。

　そのうえで，学校では家庭の経済的な貧しさに対して直接的アプローチをすることは難しいため，家庭の経済的な貧しさ自体というよりはむしろ，そのような経済的な貧しさにかかわって生じている子どもの生活や発達・成長，学習上の制約やリスク（例えば，家庭での養育の不安定さや，健康状態の悪さ，虐待・ネグレクト等のリスク）の方に着目し，それらの困りごとを解決・改善していけるようなアプローチを考えることが肝要である。伊藤（2021）は，貧困を「経済的な"貧"（貧しさ）によって様々な"困"（困りごと）が生まれる」ものとして見ることを提案している。このような視点で子どもたちと接していると，いち早く子どもの貧困状況に気づき，適切な支

援をより適切なタイミングで行えるようになるかもしれない。

| **2.2.4** | 学校内でできる個別の具体的対応

　例えば，忘れ物の多い子どもは，単に本人の不注意だっただけではなく，家庭の状況が不安定で学用品が十分に揃っていなかったり，壊れてしまっていても買い替えられなかったり，本人の心がけのみではどうしようもない事情がある場合がある。そうしたときに学用品等をいつでも貸し出せるようなストックを学校でつくっておくなどの対応が考えられる。

　中学校・高校では，部活動の選択の際に，遠征費や用具の購入が負担となり，部活動への加入を諦めるという生徒もいることがある。車などで送迎可能な保護者に複数の生徒が乗り合わせて会場に行けるようにするなど，なるべく遠征費のかからない活動の仕方を工夫したり，学校の方で貸し出すことのできる用具を充実させたりすることで，生徒たちが同じスタートラインに立てるようになるかもしれない。

2.3 | 子どもを取り巻く集団づくりや環境づくりとしてできること

| **2.3.1** | 他の子どもとの関係形成や集団活動への参加の促進

　教員は，一人ひとりの子どもたちの個性を尊重しながら個に応じたきめ細やかな指導を展開することを求められる一方で，学級集団，学年集団，学校集団という集団づくりの視点をもった教育を推進していくことも求められている。貧困等の特別な教育的ニーズのある子どもたちは，さまざまな理由から学校における集団から孤立してしまうリスクが高い存在となっている。特別な教育的ニーズは，個人に起因するものではなく，個人の状態と個人を取り巻く環境との相互作用によって生じているという理解のもと，個人を取り巻く環境の側としての学校の環境づくりを推進していく視点をもつ必要がある。

　学級担任であれば，行事や係活動・委員会活動等の際に子どもたちの役割分担を検討し，場合によっては新しい役職をつくるなどしながら，一人ひとりの子どもが主体的に学校内のさまざまな活動に参加できるような工夫を考えてみたり，周囲の子どもたちとかかわることが難しそうな状況にある子どもがいたら，会話や共同作業等に参加できるように教員が中継役を担ってみたりするような工夫が考えられる。

　授業のあり方を考えていく視点も不可欠である。学校における学習の遅れ
やレディネスの差を個人の能力・努力の問題に帰属させることなく，それら
は学校外における体験・学習の機会や，他者との対話・コミュニケーション

Ⅰ. 提示に関する 多様な方法の提供	Ⅱ. 行動と表出に関する 多様な方法の提供	Ⅲ. 取り組みに関する 多様な方法の提供
1: 知覚するための多様なオプションを提供する 1.1 情報の表し方をカスタマイズする多様な方法を提供する 1.2 聴覚的に提示される情報を，代替の方法でも提供する 1.3 視覚的に提示される情報を，代替の方法でも提供する	4: 身体動作のためのオプションを提供する 4.1 応答様式や学習を進める方法を変える 4.2 教具や支援テクノロジーへのアクセスを最適にする	7: 興味を引くために多様なオプションを提供する 7.1 個々人の選択や自主自律性を最適な状態で活用する 7.2 課題の自分との関連性・価値・真実味を高める 7.3 不安材料や気を散らすものを軽減させる
2: 言語，数式，記号のためのオプションを提供する 2.1 語彙や記号をわかりやすく説明する 2.2 構文や構造をわかりやすく説明する 2.3 文や数式や記号の読み下し方をサポートする 2.4 別の言語でも理解を促す 2.5 様々なメディアを使って図解する	5: 表出やコミュニケーションに関するオプションを提供する 5.1 コミュニケーションに多様な手段を使う 5.2 制作や作文に多様なツールを使う 5.3 支援のレベルを段階的に調節して流暢性を伸ばす	8: 努力やがんばりを継続させるためのオプションを提供する 8.1 目標や目的を目立たせる 8.2 チャレンジのレベルが最適となるよう求める（課題の）レベルやリソースを変える 8.3 協働と仲間集団を育む 8.4 習熟を助けるフィードバックを増大させる
3: 理解のためのオプションを提供する 3.1 背景となる知識を提供または活性化させる 3.2 パターン，重要事項，全体像，関係を目立たせる 3.3 情報処理，視覚化，操作の過程をガイドする 3.4 学習の転移と般化を最大限にする	6: 実行機能のためのオプションを提供する 6.1 適切な目標を設定できるようにガイドする 6.2 プランニングと方略開発を支援する 6.3 情報やリソースのマネジメントを促す 6.4 進捗をモニタする力を高める	9: 自己調整のためのオプションを提供する 9.1 モチベーションを高める期待や信念を持てるよう促す 9.2 対処のスキルや方略を促進する 9.3 自己評価と内省を伸ばす
学習リソースが豊富で， 知識を活用できる学習者	方略的で，目的に向けて 学べる学習者	目的を持ち， やる気のある学習者

図13-5　学びのユニバーサルデザイン・ガイドライン (ver.2.0)

の機会の不足から生じていることを理解する必要がある。目の前の子どもたちには多様なレディネスが存在していることを前提にした授業づくりに注力していくことが求められる。その際に，ユニバーサルデザインの視点は有効である。

CAST（Center for Applied Special Technology）は，目指す学習者（子ども）の姿に対応した学びのユニバーサルデザインの方略について，「Ⅰ.提示に関する多様な方法の提供」，「Ⅱ.行動と表出に関する多様な方法の提供」，「Ⅲ.取り組みに関する多様な方法の提供」の3つの柱を立て提示している（CAST, 2011）。

図13-5はその全体像である。3つの柱には，それぞれ段階ごとに3つのガイドラインが掲げられており，さらにそれぞれのガイドラインには，ユニバーサルデザイン方略の具体的なチェックポイントが示されている。ここでは特に貧困等の特別な教育的ニーズに関連があると考えられるチェックポイントをいくつか取り上げ，それぞれに提示されている実践例を示すこととする。これらは，学校外における子どもの学習・体験や人との出会いの機会格差が学校における学習への参加のしやすさの差になるべく直結しないようにするための工夫であったり，身体的・心理的・社会的に脆弱性のある子どもが，安心して学校の教育活動に参加できるようにするための工夫であったりする。

チェックポイント3.1　背景となる知識を活性化または提供する

実践例：
- 関連する予備知識と結びつけ活性化することによるアンカーインストラクション（例 視覚イメージ，概念アンカーリング，概念理解，チャートの使用）[※]
- 先行オーガナイザーを利用する（例 KWL法，概念マップ）
- 前もって理解しておくべき重要な概念について，デモンストレーションや見本を通して事前に教える
- 関連するアナロジー（類比）やメタファー（隠喩）を用いて概念どうしの橋渡しをする
- 教科をまたぐカリキュラムにおいて，つながりを明確にする（例 社会科の授業の中で読み書きの方略を教える場合など）

※【訳注】アンカーインストラクション（Anchored instruction）認知心理学者ブランスフォードらによって考案

（CAST, 2011　pp.23-24）

チェックポイント7.2　自分との関連性・価値・真実味を高める

実践例：

- いろいろな活動や情報源を用意して，次のようなことができるようにする
  - 個人に合わせたり，学習者の生活実態に合わせる
  - 学習者の文化に合わせたり関連づけたりする
  - 社会的な関連性をもたせる
  - 年齢や能力との兼ね合いを適切にする
  - さまざまな人種，文化，民族，性別との兼ね合いを適切にする
- 活動をデザインするときは，結果に真実味があり，実際にいる相手に伝達し，参加者にも明確になっている目的を反映するように計画する
- 積極的な参加，新しいことの探索や実験ができる作業を提供する
- 内容や活動に対する一人ひとりの反応，価値づけ，振り返りを促す
- 新しい問題や関連性のある問題を解いたり，複雑なことをクリエイティブなやり方で考えたりするための想像力を育むような活動を取り入れる

（CAST，2011　pp.36-37）

チェックポイント7.3　不安材料や気を散らすものを最小限にする

実践例：

- 受け入れられ支えられている雰囲気を学級に作る
- 新奇さやリスクの程度をいろいろにする
  - 日々の活動や移動の際の見通しをつけやすくするための表，カレンダー，スケジュール，視覚的にわかるタイマー，合図など
  - 学級のルーティン〈決まった流れ〉を作る
  - 学習者が活動，スケジュール，新しい行事などを予測したり準備したりできるような手助けとなる予告や事前に見せるもの
  - 上記とは逆に，ルーティンとしてしっかり確立している活動の中に，予想外のこと，ビックリするものや新奇のものを最大限取り入れられるようなオプション
- 知覚刺激のレベルをいろいろにする
  - 周囲の雑音や視覚的刺激の有無，雑音の遮断，一度に提示される要素やアイテムの数などについての変更
  - 作業ペース，作業時間の長さ，休憩や〈気持ちを落ち着かせるための〉タイムアウトの許可，活動のタイミングや順序などについての変更
- 学習や成果に求められる周りからの期待，本人が感じるサポートや保護のレベル，展示や評価のための基準をいろいろにする
- 授業での全体の話し合いに参加者全員を巻き込めるようにする

（CAST，2011　pp.37-38）

チェックポイント8.3　協働と仲間集団を育む

実践例：

- 明確な目標，役割，責任をもたせた協働学習グループを作る
- さまざまな目的や支援を用いたポジティブな行動を支援する全校プログラムを作る
- いつ，どのように仲間や先生に援助を求めたらよいかを生徒たちがわかるようにするためのプロンプトを提供する
- 仲間同士で教え合ったり助け合ったりする機会を奨励しサポートする（ピアチューターなど）
- 共通の興味や活動に取り組む学習者のコミュニティを構築する
- グループワークで何が期待されているかがわかるものを作る（例 ルーブリック，基準）

（CAST，2011　pp.39-40）

チェックポイント9.2　対処のスキルや方略を促進する

実践例：

- 以下のような事柄に関するいろいろな見本，段階的支援，フィードバックを提供する
  - ・イライラの調節
  - ・心の支えとなるようなものを見つけること
  - ・自分自身の気持ちをコントロールする力や対処スキルを伸ばす
  - ・特定の教科に対する苦手意識や“生まれつきの”才能だという考え方を適切に解決すること（例「どうせ数学は苦手だし」ではなく，「どうやって苦手な分野を解消したらいいかな」と考える）
  - ・対処スキルの例を示すのに実際の生活場面やシミュレーション場面を使う

（CAST，2011　pp.41-42）

2.3.3 チーム学校・校内支援体制

　学級担任には学年の教員や管理職，スクールカウンセラー（以下SC）やスクールソーシャルワーカー（以下SSW）といった支援専門職に子どもの情報を共有し，子どもの学習・成長のための支援のネットワークを形成していくきっかけをつくる役割も期待される。現代の子どもの困難は多様化・複雑化しており，その困難に個人で対応できる範囲には限界がある。「一人ひとりの子どもたちの思いに全力で応えたい」と思うあまり，学級担任がすべてを1人で抱え込んでしまうということがないように，チームで子どもを支援するチームアプローチの視点をもつことが重要である。

現在の学校は「チーム学校」として，さまざまな専門性をもつ教職員がそれぞれの専門性を生かしつつチームで教育活動を推進していくことが求められている。とりわけ，困難な状況にある子どもへの支援でいえば，子どもの心身の悩みや困り事に直接向き合い支援する養護教諭や，校務分掌で配置される特別支援教育コーディネーター，対人支援専門職でチーム学校の一員として配置されるSCやSSW等が役割を遂行していくことが求められるであろう。

　ここで重要なのは，あくまでそのようにしてチームで行われる支援も，最終的には子どもの最善の利益のために行われているという目的を忘れないことである。それぞれの教職員は，有する専門性や子ども・保護者とのかかわり（直接／間接）が異なる。子どもを中心にしたとき，それぞれが子どもの学びや育ちにおいてどのような支援の役割を担っているのかについて意思疎通を図りながらチームアプローチを進めていくことが重要である。

　多忙を極める現代の学校現場においては，個別の子どもたちへの支援の方針を定めるケース会議や職員会議，校内委員会などの運用方法をあらかじめ決めておくなど，子どもの困難に誰かが気づいたときの情報共有や支援・対応に関する組織的意思決定のプロセスについて教職員間で共通理解を図り，体制を整えておくこと，すなわち校内支援体制の構築がチームアプローチの効率的で効果的な推進に寄与することになろう。

　また一方で，校内支援体制のような仕組み・システムに依存しすぎることなく，時には個々の専門性に縛られずに柔軟に対応していこうとする姿勢も求められる。子どもと教職員，保護者や地域関係者と教職員，教職員と教職員といった人間対人間のコミュニケーションがベースとなる学校の職務は，職務内容を規格化し，システマチックに対応するだけで賄いきれるものではない。おそらく，既存の専門性・システムでは対応できないような事態に直面するようなことも多々あるだろう。そのようなときには，学校内のさまざまな問題を教職員間で共有して，役割を相互に補完し合いながら取り組んでいこうとする姿勢が重要である。

2.3.4 │ 地域・家庭との連携

　貧困等の特別な教育的ニーズは，家庭の状況と結びついて生じていることが多い。学校でできる教育や支援は多くあるが，それだけで子どもの十全な

生活や成長が達成されるわけではない。子どもの生活や成長にとっては，家庭や地域における過ごし方の充実も重要である。しかし，困難な状況にある家庭ほど，学校とは連携がしづらくなりがちであるのもまた事実である。もちろん，家庭には家庭の事情や価値観があり，それらは尊重されるべきである。学校がなんでもかんでも介入すれば良いというものではない。ただ，学校や家庭を取り巻く「地域」に着目し，地域への働きかけを通じて，学校と家庭，家庭と家庭同士の信頼関係が形成されたり，「地域の子どもは地域で見守る」といったコミュニティ意識が醸成されたりすることもある。

コミュニティ・スクール（学校運営協議会）などの仕組みを活用して展開される地域学校協働活動は，保護者との共同作業を通じて信頼関係を形成していくきっかけになったり，高齢者など子どものいない世代の地域住民とつながることによって，子どもを見守り，支えてくれる応援者を増やしたりすることのできる可能性を秘めた活動である。コミュニティ・スクールの委員は，学校長をはじめとした学校の教職員に加え，地域側の委員としてPTA会長や地域の家庭教育支援員，民生・児童委員，NPO等の子ども支援団体職員などから構成されるが，特に地域側から参画している委員と連携を図り，地域の行事，イベント，お祭り，ボランティア活動等への子どもの参画を促すための取り組みを立案・実施したり，「放課後子ども教室」「地域未来塾」といった学校外での学習支援の取り組みを充実させたりという形で，子どもたちの学習や体験，人とのつながりをつくる機会を広げていくようなこともできるであろう。

2.4 学校と学校外の居場所との連携・協働でできること

ここからは，地域学校協働活動の一環としても捉えることのできる学校と放課後の居場所との連携・協働による子ども支援のあり方について，具体例をみながら解説していくこととする。学校と学校外の居場所との連携・協働については，初めから大それたものをイメージするのではなく，やりとりのハードルを下げて，できることから少しずつ連携・協働を進めていくような構えがあるとよい。

まずは地域にどのような子どもの居場所があるかを知るところからはじめ，子ども支援のために気軽に相談・協力し合える関係性・ネットワークを作っ

ていこうとするところから取り組んでいけるとよいであろう。

2.4.1 学童クラブという場所

　ここでは，特に学童クラブとの連携協働について，事例を交えながら解説していく。放課後，子どもたちが自由に過ごす自宅や民間の習い事等での過ごし方については，学校が把握したり関与したりすることがなかなか難しいが，自治体の放課後子ども教室や学童クラブといった公共政策によって実施されている放課後の居場所については，学校が比較的連携を図りやすい場所となっている。そのため，子どもの支援のために連携・協働し得る学校外の居場所として，まずは地域の放課後子ども教室や学童クラブがどのような場所になっているかを理解しておくとよいであろう。

　学童クラブは，保護者が就労等により昼間家庭にいない児童に，授業の終了後に適切な遊び及び生活の場を与えて，その健全な育成を図るための場所である（厚生労働省，2017）。学童クラブは，2020年時点で，小学校1年生で全体の30.9%，2年生で全体の27.4%，3年生で全体の21.5%が登録し通う場所となっており（全国学童保育連絡協議会，2020），現代の子ども，とりわけ小学校低学年の児童が放課後を過ごす場所としては，大きな位置を占めている。

2.4.2 学童クラブからみた子ども

　図13-6は，とある学童クラブ（以下，Cクラブ）の1日の活動の流れである。細かい構成は違えど，学童クラブでは，このように「自由時間（あそび）」「おやつ」などが集団生活の時間の中に組み込まれている。また，Cクラブの「はじめの会」「おわりの会」のように，児童の出席や帰宅時間，保護者のお迎えの有無，健康状況などを把握するために全員が集合して会を行う学童クラブも多い。このように，学童クラブには学校の時間割のように内容で明確に区分されたカリキュラムがあるわけではないが，集団活動を過ごすためのゆるやかな活動の区分が存在している。つまり学童クラブは，個人の活動内容の自由度は学校より高いが，同じ空間と時間を共有して過ごすという意味では集団生活的な側面もあり，ゆるやかな集団秩序の中で活動するような場所となっている。

　このような場所において，子どもたちは学校とは違う役割を発揮することがある。学校では集団の先頭に立って活動するようなタイプではなかった子

どもが，学童クラブでは進んでミーティングリーダーを引き受けてみたり，学校ではみられなかった男の子と女の子の友人関係が，学童では遊びを通じたコミュニケーションの中にみられたり，といったこともある。

　また，学童クラブは活動の自由度の高さから，子どもの「素の姿」が見えやすいという特徴がある。例えば，「疲れた様子でソファに休んでいたので話しかけたら，家庭での両親のトラブルのことについてふっと話し始めた」「子ども同士のやりとりの中で，子どもが他の子どものことをどのように思っているかを感じとった」といったように，子どもの言動から子どもに関する情報を支援員がキャッチすることも多い。

| 2.4.3 | 学校と学校外の居場所の連携・協働

　このように，学童クラブでは学校にいるときとも，家庭にいるときとともまた違った子どもの姿がたくさん見える可能性がある。学校で見せている子どもの姿がすべてではなく，子どもたちは異なる場所では異なる姿を見せることがあり，それでよいのだという理解に立つことが重要である。それぞれの場の特徴や強み，弱みを理解したうえで，ともに子どもの育ちや学びを支え

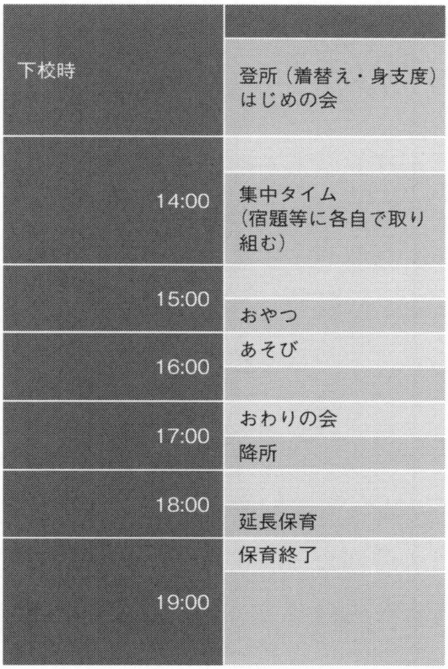

下校時	登所（着替え・身支度）はじめの会
14:00	集中タイム（宿題等に各自で取り組む）
15:00	おやつ
16:00	あそび
17:00	おわりの会
	降所
18:00	延長保育
	保育終了
19:00	

図13-6　Cクラブの1日の活動の流れ

13章　学校における特別なニーズへの対応　261

るためのパートナーシップを結びながら，情報共有や役割分担を行っていくことができるとよいであろう。学校は学校，放課後は放課後，家庭は家庭といったように，それぞれの生活の場が異なる意味空間であるからこそ，1つの場では担いきれない子どものケアや教育が可能になる（田嶌，2021）。

Cクラブでは，不定期ではあるが子どもたちの通う小学校の教員と，子どもの学校での様子，学童クラブでの様子を情報共有している。この学校–学童クラブ間の情報共有は，かしこまった会議形式で行われることはほとんどなく，多くの場合はどちらかの場所に教職員（もしくは支援員）がふらっと足を運び，立ち話をする程度にして行っている。学校外の居場所からみると，学校との連携には高いハードルを感じてしまいがちである。個人情報の保護には適切に配慮しつつ，学校の側が積極的に学校外の居場所とやりとりをできるスタンスをつくっておこうとすることも重要となろう。

2.5 未来に向けての展望

本節では，子どもの貧困を1つの観点としながら，特別な教育的ニーズがある子どもの把握・理解やその支援について，(1)子どもとの個別のかかわりにおいてできること，(2)子どもを取り巻く集団づくりや環境づくりとしてできること，(3)学校と学校外の居場所との連携・協働でできることの3つの側面から考えてきた。

目の前の子どもの特別な教育的ニーズに対峙したときに，この方法で取り組めばOKというような唯一の処方箋はないし，さまざまな教育・支援の実効性をすぐに感じることは難しいかもしれない。しかし，子どもを中心にした教育・支援であることを忘れずに，個人やチームで選択し得る方略から常にそのときそのときのベストを尽くそうと行動していけば，その先にはきっと子どもの笑顔が待っているはずである。

本節の内容は，すでに学校現場で活躍している教職員にとっては，日頃の教育実践において当たり前となっていることも多いであろう。そのような当たり前の実践が貧困等の特別な教育的ニーズのある子どもへの教育・支援においても意味があることを再確認するとともに，これから教育・支援の方略を学んでいこうとする読者の引き出しを少しでも増やすきっかけとなれば幸いである。

今日，特別な教育的ニーズはますます多様化，複雑化しているといわれている。そのような中で，貧困，虐待，不登校など，目の前の子どもが抱えている課題や困難の深刻さに直面したとき，責任の重さを感じ，重圧に押し潰されそうになってしまうときもあるかもしれない。しかし，そのようなときにこそ，しなやかな対応・支援を行うことのできるような心のゆとりが大切になるのではないだろうか。そしてそのような心のゆとりとは，連携・協働するチームのメンバーで共につくり出していくことができるものであると考える。

　近年，チームワークを効果的なものにする要素として注目されているものに，「チームの心理的安全性」がある。「チームの心理的安全性」とは，「対人関係においてリスクのある言動をしてもこのチームは安全であるという，チームメンバーによって共有された考え（筆者翻訳）」（Edmondson, 1999 p.350）のことであり，「知識が絶えず変化する組織や人々が協働する必要がある組織においては，心理的安全が必要不可欠になる」（エドモンドソン，2014 p.222）。

　エドモンドソンは，「チームの心理的安全性」を高めるために個人でできる簡単な取り組みとして，①仕事を実行の機会ではなく学習の機会と捉える，②自分が間違うということを認める，③好奇心を形にし，積極的に質問する，という3点を挙げている（Google, online）。日本の学校には，古くから職員室で何気ない雑談をして相互理解を深めたり，大きな行事等が終わった後の打ち上げ等でお互いの労をねぎらい合ったりしてきた教職員文化がある。教職員はこうした営みを通じて教職に関する知識や経験の差を超え，お互いに認め合い，学び合うような関係性をつくり出している側面があることは，誰もが認めるところであろう。このような本来の職務とは直接関係のない余白（遊び）の部分でのコミュニケーションは，失敗してもOKという感覚になりやすく気楽なコミュニケーションになりやすい。現代の学校は多忙化を極め，時間的にも，精神的にもそのような余白（遊び）がなかなか生まれづらいような状況があるが，むしろそのような余白（遊び）に営まれるコミュニケーションがチームの心理的安全性に対してポジティブな効果をもたらすことで，シリアスな対応が求められる場面におけるチームによる対応・支援のしなやかさを生み出していくこともあるのではないだろうか。

困難な状況があっても「この学校なら毎日登校したい」と子どもたちが心から思うことのできる学校や，困難な状況でも「チームで取り組めばなんとかなる」そんなふうに思うことのできる教職員集団の実現のためには，そこにかかわる人々が支援や対応の方略を洗練化させていくこととともに，こうした個々人の意識や学校の文化の面についても日頃から積極的に考え，関与・行動していこうとする姿勢が重要となるであろう。

（田嶌　大樹）

【引用・参考文献】

○Center for Applied Special Technology（CAST）（2011）学びのユニバーサルデザイン（UDL）ガイドライン全文version 2.0 February 1, 2011. 金子晴恵・バーンズ亀山静子（訳）.

○Edmondson, A.（1999）Psychological safety and learning behavior in work teams. *Administrative Science Quarterly*, 44, 350-383.

○エドモンドソン，A. C. 野津智子（訳）（2014）チームが機能するとはどういうことか──「学習力」と「実行力」を高める実践アプローチ．英治出版．

○Google（online）re:Work「効果的なチームとは何か」を知る．https://rework.with google.com/jp/guides/understanding-team-effectiveness/steps/identify-dynamics-of-effective-teams/（2021年7月26日閲覧）.

○伊藤秀樹（2021）教員から見える子どもの貧困とその対応．松田恵示（監修），入江優子・加瀬進（編著），子どもの貧困とチームアプローチ．書肆クラルテ，pp.44-50.

○北山修（2005）共視論─母子像の心理学．講談社選書メチエ.

○厚生労働省（編）（2017）放課後児童クラブ運営方針解説書．フレーベル館．

○松川誠一（2021）家族の多様化とケアの社会保障．松田恵示（監修），入江優子・加瀬進（編著），子どもの貧困とチームアプローチ．書肆クラルテ，pp.25-31.

○文部科学省（2020）これからの学校と地域 コミュニティスクールと地域学校協働活動.

○田嶌大樹（2021）子どもの「放課後」という時間．松田恵示（監修），入江優子・加瀬進（編著），子どもの貧困とチームアプローチ．書肆クラルテ，pp.102-111.

○全国学童保育連絡協議会（2020）学童保育（放課後児童クラブ）の実施状況調査結果について．http://www2s.biglobe.ne.jp/~Gakudou/pressrelease20201209.R1.pdf（2021年11月1日閲覧）.

事項・人名索引

あとがき

「まえがき」でも触れましたように，本書は，初めて特別支援教育について学ぶ大学生を主な対象にしつつ，教職経験を積まれた先生方にも手にとっていただけることを目指して，それぞれの専門家の方に執筆をお願いしました。21世紀に入り，我が国ではそれまでの特殊教育のあり方についてさまざまな議論を重ね，平成19年に特別支援教育制度へと大きく転換しました。現在は，特別支援学校はもとより通常の学校においても，特別なニーズのある子どもへの教育に関する専門性が強く求められています。

中央教育審議会による「これからの学校教育を担う教員の資質能力の向上について」の答申をふまえた教員養成教育職員免許法（平成28年）ならびに教育職員免許法施行規則の改正（平成29年）では，教員免許状の取得に係る「教育の基礎的理解に関する科目」として「特別の支援を必要とする幼児，児童及び生徒に対する理解（1単位以上修得）」が必修化されました。さらに教職課程コアカリキュラムが作成され，大学での教員養成における学修内容の充実が求められています。

本書は，コアカリキュラムを反映した特別支援教育に関する基本的事項を中心としながら，発展的な学修へと進むことを企図して内容を構成しました。特別支援教育の内容を整理して，特別支援教育を支える仕組み（1・2章），特別支援教育の対象となる各障害の特性や支援方法（3〜11章），通常学校における特別支援教育（12章），障害によらない特別な教育的ニーズ（13章）のそれぞれの視点から教育の全体像が把握できるように構成されています。またそれぞれの節において，「未来に向けての展望」の項目を設けました。ここでは，100年，200年先の教育のあり方を見据えるというよりは，現時点での特別支援教育から一歩進んだ“近未来”を想定して，各執筆者の考える課題や抱負を示していただきました。

ここで挙げられているさまざまな課題や論点をふまえつつ，今後教職に就くであろう大学生の皆さん，また現在学校で活躍されている先生方には未来の特別支援教育のあり方について，ぜひ一緒に考えていただければと思いま

す。本書をお読みいただくことで，特別支援教育への理解を深めるとともに，未来の教育の充実や発展に向けて，さらに関心や意欲を高めていただければと思います。

　（本書の目次構成からもおわかりいただけるかと思いますが）現在の特別支援教育は，従来，特殊教育や障害児教育において教育の対象とされていた障害に加え，学習障害，注意欠陥多動性障害，自閉スペクトラム症の子どもたちへの教育へと視野を広げ，さらに貧困，虐待，ネグレクト，LGBTQ，外国人児童生徒などの障害によらない特別なニーズを有する子どもへの支援に向けて発展・充実してきています。障害のある子どもたちの教育の場も，盲・聾・養護学校から特別支援学校，特別支援学級，通級指導教室，さらに通常の学校へと広がっています。

　障害に対する考え方の変化や理解の広まりとともに，特別支援学校に通う児童生徒の数は増加し，通常の学校で学んでいる障害児，学ぶことを求めている障害児の数も確実に増えています。さらに現在のICT技術の進歩は授業の遠隔化を可能にし，学校という場所にとらわれない新しい教育の方法や教育の場を拡充させていくでしょう。さまざまな障害やニーズのある子どもたちが，さまざまな場で共に学ぶという教育の姿は，まさに“インクルーシブな社会の形成”が実現されていくプロセスに重ねることができると思います。

　特殊教育あるいは障害児教育から，特別支援教育そしてインクルーシブ教育へ，という教育の理念やシステムの変遷は，時代に応じた「障害」に対する考え方とともに，教育という営みにかかわる大人の役割や責務の変遷を示していると考えます。特殊教育はしばしば“Special Education”と英訳されますが，現在，障害のある子どもへの教育はそれを担う一部の教員による“Special”な営みではなく，すべての教員がその役割を担うべき“General”な営みへと変化しています。子どものニーズの違いに応じて育ちのプロセスを支え，学習の力を伸ばし，成長へと導くことが学校教員にとってのデフォルトになっているということです。

　さらに子どもの教育については，学校の教員のみがその役割を担うのではなく，さまざまな職種における専門家，さらには保護者を含めた地域の大人が協働して取り組むべき営みとして認識されるようになっています。一つの

学校や学級あるいは家庭の中だけで子どもが育つのではなく，たくさんの大人が連携・協力することが子どもの成長を促すために必要になります。「目の前にいる子どものみではなく，すべての子どもたちにすべての大人がかかわり，教え育てていく」。もしそれが教育の"究極の姿"であるとするならば，特別支援教育の考え方はその礎になるものと思います。特別支援教育について深く学び，考え，悩み，子どもにかかわっていく喜びを感じること。本書が少しでもそのお役に立てば，この上ない幸せです。

　最後になりますが，本書の刊行を快くお引き受けいただいた金子書房代表取締役金子賢佑様，本書の編集をご担当いただくとともに内容・構成等について貴重なご示唆をいただいた井上誠様，本書の企画にあたって労をおとりいただいた金子総合研究所所長加藤浩平様に厚く御礼申し上げます。

藤野　博

澤　隆史

執筆者紹介
（五十音順，所属・肩書は2022年2月当時）

池田吉史（いけだ よしふみ）
　上越教育大学大学院学校教育研究科准教授·· 11章

入江優子（いりえ ゆうこ）
　東京学芸大学こどもの学び困難支援センター准教授······································· 13章1節

大鹿　綾（おおしか あや）
　東京学芸大学特別支援科学講座講師···································· 4章1節，12章2節

大伴　潔（おおとも きよし）
　東京学芸大学特別支援教育・教育臨床サポートセンター教授················· 9章1節，9章3節

奥住秀之（おくずみ ひでゆき）
　東京学芸大学特別支援科学講座教授·· 12章1節

小林　巌（こばやし いわお）
　東京学芸大学特別支援教育・教育臨床サポートセンター教授····································3章

小林　玄（こばやし しずか）
　東京学芸大学学生支援センター障がい学生支援室講師·· 8章2節

澤　隆史（さわ たかし）
　東京学芸大学特別支援科学講座教授··················· 4章2節，12章3節，あとがき

田嶌大樹（たじま ひろき）
　東京学芸大学こどもの学び困難支援センター講師····································· 13章2節

田中　亮（たなか りょう）
　長野県塩尻市立塩尻東小学校教諭・東京学芸大学特別支援教育教室非常勤講師·········· 7章2節

田中美歩（たなか みほ）
　東京学芸大学特別支援教育教室特任講師································· 5章1節，6章2節

濵田豊彦（はまだ とよひこ）
　監修者···まえがき

平田正吾（ひらた しょうご）
　東京学芸大学特別支援科学講座准教授····························· 6章1節，7章1節

藤野　博（ふじの ひろし）
　東京学芸大学教職大学院教育実践創成講座教授····················· 8章1節，8章3節，あとがき

村尾愛美（むらお あいみ）
　東京学芸大学特別支援教育教室特任講師················ 5章2節，9章2節，9章4節，10章

村山　拓（むらやま たく）
　東京学芸大学特別支援科学講座准教授···································1章，2章

監修者紹介

濵田豊彦（はまだ　とよひこ）

1962年三重県津市生。東北大学大学院博士課程単位取得退学。

学位・資格：博士（教育学）。言語聴覚士。

現職：東京学芸大学教職大学院教授。現在，東京学芸大学副学長，日本聴覚言語障害学会理事，
　　　日本特殊教育学会編集委員，日本教育大学協会特別支援教育研究部門代表等を兼務。

専門分野：特別支援教育・聴覚障害教育学・心理学・聴覚障害児の指導法。

主な著書：『小・中学校管理職のためのよくわかるインクルーシブ教育　課題解決Q&A』（開
　　　隆堂出版），『聴覚障害児の学習と指導 発達と心理学的基礎』（明石書店），『改訂版
　　　特別支援教育の基礎』（東京書籍），『標準言語聴覚障害学 第2版』（医学書院）。

特別支援教育のための障害理解

未来に開かれた教育へ

2022年 2 月28日　初版第 1 刷発行　　　　　　　　　　　　〔検印省略〕
2022年11月30日　初版第 2 刷発行

監修者　　濵田　豊彦

編　者　　東京学芸大学特別支援科学講座

発行者　　金子　紀子

発行所　株式会社　金子書房

〒112-0012　東京都文京区大塚3-3-7
TEL 03（3941）0111（代）／FAX 03（3941）0163
ホームページ　https://www.kanekoshobo.co.jp
振替　00180-9-103376

印刷　藤原印刷株式会社　　　製本　一色製本株式会社